家族介護と経済的支援

経済的支援はなぜ必要なのか

權 順浩

はしがき

　介護保険制度（以下、制度と略す。）が施行されてから今年（2020年）で20年を迎えた。20年という年月を経ている間、高齢化はさらに進み、介護を必要とする要介護認定者数は、制度開始当初に比べて3倍以上（2000年4月約218万人から2020年4月約669万人）も増えてきた。

　在宅介護を原則としている制度下では、要介護者の地域生活を支えていくため、地域密着型サービスや予防型サービス、地域包括ケアシステムなどを行い、できる限り地域で長く生活できるように取り組んできた。しかし、地域生活を重視しすぎてしまい、老々介護や要々介護（要介護者が要介護者を介護する）、認々介護といったありえない現象が起きており、一時期、それを薦めるような動きもあった。

　一方、要介護者が地域生活を持続的に営んでいくためには、欠かせない存在が家族介護者であり、家族介護者の支えをなくして高い生活の質はもちろん、介護の質を保つことは難しい。

　国や地方自治体は、介護と仕事の両立ができるように介護休業制度を見直したり、家族介護支援事業を行ったりしているが、家族介護者が抱えている問題は、20年前に比べてもほとんど変わっていない。それは、介護による離職はほぼ横ばい状態である点と、養護者による虐待相談件数、介護心中・殺人事件は、かえって増えている点からいえる。

　介護保険制度が始まり、介護サービスが利用しやすくなり、地域生活を支えていくためのさまざまな取り組みを行っているにもかかわらず、なぜ、家族介護者の介護問題は改善できないのか。その原因は、いろいろあろうと思われるが、どれくらい問題の本質をとらえ、取り組もうとしたのか。つまり、家族介護者の介護問題をどう位置づけるのかと深くかかわりがある。

　日本では、家族介護者の介護問題を単なる要介護者の介護問題がもたらした2次的な問題として位置づけられている。だから、要介護者に介護サービ

スさえ提供すれば、家族介護者の介護問題は自然に改善・解決できるだろうと思い、家族介護者への直接的な支援には消極的に取り組んできたと考えられる。

　確かに、家族介護者の介護問題は要介護者の介護問題が惹き起こしたことにおいては否めない。そして、在宅介護サービス利用により、一時的に息抜きができることも否めない。しかし、実際、在宅介護の場合、介護サービス利用時間よりも、家庭内で家族による介護時間が長く、心身ともに衰えつつある要介護者の介護がいつ終わるかも知れない状況のもとで、果たして介護サービスだけで、家族介護者の介護問題が改善できるかというと、それは困難であろう。

　家族介護者の介護問題を改善していくためには、それぞれの介護環境に応じて介護サービスを利用できるように、利用限度額の改善や充実した介護サービスの提供も重要であるが、何よりも家族介護者が抱えている介護問題に直接的かつ積極的な支援が必要である。

　特に、経済的問題は、介護期間中、生活の質の低下はもとより、家族介護者の身体的、精神的、社会的負担に及ぼす影響も大きい。それだけでなく、介護が終わってからの生活の質（年金や老後生活など）にも影響を及ぼしていることから、迅速に取り組まないといけないことである。

　家族介護者への経済的支援は、大きく各市町村の単独事業としての介護手当と、介護サービスを利用しない場合に受ける家族介護慰労金の２つがある。その目的は、経済的支援や慰労金、激励金などさまざまであるが、両方とも所得制限や介護サービスの利用制限、要介護度、居住年数などさまざまな制限を設けている。さらに、支給される金額も一か月全国平均額が約7,700円程度である。これは、特別児童扶養手当と児童扶養手当の約１／５である（石川県川北町は、月額50,000円を支給しており、特別児童扶養手当と児童扶養手当並み）。

　実際、家族介護者の経済的問題は、介護による離職・転職の問題だけでな

い。すべての家族介護者がスーパーマンやスーパーウーマンのように、介護と仕事の両立に家事、育児までやっていけるわけではないため、在宅介護を拒んでいる家族も少なくない。

したがって、介護と仕事の両立だけでなく、介護か、仕事か、いずれかを自由に選択できるような仕組みを作っていくことも必要である。そのためには、家族介護を（社会的）労働の観点からアプローチして、労働の代価として家族介護者に支払う必要がある。

そうなれば、家族介護者の経済的問題を改善する効果が得られる。それだけでなく、家族介護者に労働の代価として支払うから、家庭内介護に対する専門職の介入が容易になり、介護の質の向上や、虐待防止（特に、経済的虐待）、そして、施設の人材不足問題の改善などさまざまなシナジー効果まで得ることができよう。

ところが、介護保険制度実施前には、制度実施後、介護手当について検討するという話もあったが、20 年も経った未だに、在宅介護の現実に目をそらして積極的に取り組もうとしないのが現状である。

しかし、日本全国でも唯一秋田県上小阿仁村は、介護保険制度の当初から在宅介護の現実に目を向けて、家族介護を労働としてみなし、労働の代価として支給している（月 120,000 円限度）。にもかかわらず、なぜほかの地域に普及されていないのかが不思議である。

今、これまで経験したこともない新型コロナウイルス感染病が日本だけでなく、全世界を襲い、大勢の命が奪われ、社会的、経済的にも大きな被害を被っている。諸国でワクチンや治療薬の開発に全力を注いでいるが、この状況がいつ終息できるかは定かではない。特に、この感染病は、高齢者や基礎疾患のある者が重症化するリスクが高いといわれている。言い換えると、高齢者であり、基礎疾患のある要介護高齢者が最もリスクが高いということである。

感染防止のため、家族介護者、あるいは要介護者自ら介護サービスを控え

る場合もあり、クラスター発生を防ぐため、介護事業所が在宅介護サービスを中止、制限するところもある。いずれにしろ、コロナ禍により家族介護者の介護負担が大きく増えていることは確かである。

　国は、コロナ禍の対応に最善を尽くしている介護及び医療従事者に「慰労金」を支給している。ところが、コロナ禍で介護サービスの中止、制限などにより、介護従事者に代わって介護せざるを得ない家族も、家族の介護時間も増えたはずである。在宅介護を原則とする以上、介護を必要とする人に介護サービスが提供できない、利用が難しいとすれば、専門職の代わりに介護を行う家族介護者にも「慰労金」を支給すべきではないか。にもかかわらず、家族介護者の介護に対しては何の言及もない。

　家族介護者の介護問題は、要介護高齢者に限るものではない。障害児・者や難病、がん患者などの家族が抱えている問題や育児問題も同じである。

　コロナ以後、社会システム全体が大きく変わるだろう。これを機にして、家族介護者の介護問題をはじめ、家族介護の位置づけや介護手当などを改めて議論すべきである。

　本書は、介護による家族介護者の経済的損失を補うための家族介護者の経済的支援の必要性を実証的に検討し、明らかにしたもので、家族介護者の介護に関する議論に少しでも資したい。

　本書の構成は、序章から終章まで、延べ6章から構成されている。

　序章では、家族介護者に関する所得保障研究がなぜ必要か、本書の背景や目的、課題、研究方法、意義などについて述べている。

　第1章では、在宅家族介護と所得保障の概念整理や、先行研究の動向、現・経済的支援策の現状と課題について検討した。

　第2章では、要介護者の介護サービス利用が家族介護者の介護問題にいかなる影響を及ぼしているのかと、家族介護者の経済的状況が介護問題に影響を与えているのかを、統計学的な方法で検証した。

　第3章では、家族介護者の経済的問題を支援するための施策の一つとし

て、介護保険制度施行以前から自治体の単独事業として行われてきた「自治
体介護手当」と、介護保険制度以後、家族介護支援事業の一環として支給さ
れている「介護慰労金」に焦点をあてた。日本全国の各市町村で行われてい
る介護手当の目的、給付対象、給付水準、受給条件、廃止年度、廃止理由等
の実施状況を調べ、どのように展開されているのかを明らかにしている。

　第4章では、各市町村の単独事業としての介護手当の実施状況が自治体の
規模や財政状況等との関係があるのかについて検討した。そして、いくつか
の自治体をとりあげ、介護手当の受給率の実態と要因を明らかにしたうえ
で、公平性の観点から課題を検討した。

　終章では、本書のまとめと課題について述べる。本書で検討した結果を踏
まえて、なぜ家族介護者の経済的支援が必要なのか、その意義と必要性を多
角的な観点から検討した。そして最後に、本書がもつ限界点と残された課題
について述べている。

2020年11月　著者

目　次

序章

研究の目的と枠組み

第 1 節　研究の背景と目的

　日本では少子・高齢化が進むなかで、高齢者（若年要介護者を含む）の介護問題は大きな社会問題として位置づけられている。この問題を改善するため、「家族介護から介護の社会化へ」というスローガンを掲げて 2000 年に介護保険制度が施行されたが、2006 年に京都で起きた認知症の母と息子の心中事件[1] は日本社会に介護保険制度と在宅介護問題について改めて考えさせるきっかけを提示した。

　在宅で介護を行うことによって家族介護者は健康悪化、社会参加制限、家族関係悪化、仕事への影響、精神的圧迫、将来への不安、介護に対する不安、焦燥、睡眠妨害、自由時間の束縛、生活様式の変化、経済的圧迫、孤立等々、生活全般に大きな影響を受けている[2]。こうした家族介護者の経済的、社会的、身体的、精神的問題は、在宅で家族によって行われる要介護者の「介護の質」はもとより、「生活の質」まで低下させており、その影響は家族介護者世帯の生活全体にも及んでいる。それがいっそう深刻になると、虐待や心中、介護殺人までひき起こす原因にもなっている（高崎、2003；緒方ら、2003；加藤、2005；古橋、2006；鈴木；2007 等）。

　したがって、介護問題を考えるに際しては、介護を必要とする要介護者と要支援者（以下、要介護者という）の生活上の諸問題と、それらの人々を介護することによって生じる家族介護者の生活上の諸問題、その双方の問題を同時に考えなくてはならない。また、対応策も、双方の問題を同時に考えて講じなくてはならない。そのような点からみると、現行の介護保険制度は、要介護者の生活上の諸問題についてはある程度対応した制度だといえるが、家族介護者の生活上の諸問題についての支援制度がほとんど設けられていな

いことから、介護問題に対応した制度とは言いがたい。

　もちろん、家族介護者の介護問題（以下、介護問題ともいう）のなかでも社会的、身体的、精神的問題は、介護保険制度の介護サービスを利用することによって、直接的な介護時間が減り、社会参加の機会拡大、身体的疲労、精神的重圧、不安等の問題が介護サービスを利用する前と比べて改善される蓋然性が高いと思われる（新名、1992；東京都老人総合研究所社会福祉部門、1996；本間、1999；三田寺、2002、黄・関田、2004；服部、2004 等）。しかし、経済的問題は介護サービス利用だけで改善させることが難しい。それは、介護サービスを利用すればするほど、それにともなって介護費用が増加し、家族介護者の経済的状況に影響を及ぼすからである。そして、それは、介護保険制度が施行され、多様な介護サービスを利用しやすくなっても、介護による離・転職者の増加がとどまらないことからもいえる[3]。すなわち、雇用形態によって賃金格差[4] が大きい日本社会では、雇用形態の変化が、直ちに所得減少につながるからである。

　介護が家族介護者の経済的活動を阻害していることは多くの先行研究からも明らかになっていることである（岩本、2001；西本・七條、2004；小原 2008 等）。それを実証研究した岩本ら（2001）の研究結果によると、家庭内に要介護者が発生すると、要介護者 1 人に介護者 0.1 人が仕事を断念せざるを得なくなり、それによる家計所得は、要介護状態の場合、約 11%、寝たきり状態の場合、約 15% が減少している。これが介護の長期化とともに、要介護状態が悪化して介護にかかる費用が増加すると、家族介護者世帯の所得減少はますます顕著になる。それに加えて、「社会保障構造改革」（1996）と「社会福祉基礎構造改革」（1998）は、医療や社会福祉サービス利用に対する自己負担増と年金受給額の引き下げ、保険料増を引き起こし、さらに家族介護者の経済的問題を助長させている[5]。

　その影響は、図序 -1 のように、介護期間中に要介護者が利用する介護サービス利用量を抑制させたり、「生活の質」へ及んだりすることだけでは

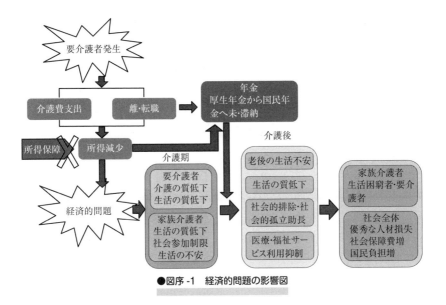

●図序 -1　経済的問題の影響図

なく、家族介護者とその他の家族構成員の生活の質にも及ぼしている[6]。また、その影響は介護の期間中だけの問題にとどまらず、介護が終わった後の家族介護者とその他の家族構成員の老後や経済的生活はもとより、その社会全体にも影響を及ぼしている。言い換えると、経済的問題は、高齢者介護の特徴上、介護がいつ終わるかがわからないため、介護する家庭と介護しない家庭の所得格差を拡大させるだけにとどまらない。さらに、経済的困窮のゆえに年金保険料を未納したり、あるいは厚生年金等から国民年金へと切り替えられたりすることで、無年金になったり年金受給額が減ったりする等、老後の所得問題を引き起こすおそれもある。こうした老後の不安定な経済状況は、社会的な排除や社会的孤立等を助長させかねなく、または、医療・福祉サービス利用を抑制させ、要介護者発生率を高める[7]等、2次的な社会問題までひき起こすと思われる。そして、介護による生活困難者の増加は、個人だけの問題にとどまらず、年金、医療、介護等の社会保障関係費を増加さ

せ、国の社会保障財政を圧迫させかねないことから、国にとっても大きな社会的損失となる。

　このように、問題の波及性が高い経済的問題は、少子化、未婚化、晩婚化が進むにつれて、今後より一層深刻になるものと思われる。しかしながら、それに対する対応策は、人々のライフサイクルに沿って生み出されたといわれる社会保障のなかにも、介護問題を改善するために導入された介護保険制度のなかにもほとんど講じられていない。

　したがって、本書では、家族介護者が抱えている介護問題を生活問題として捉えたうえで、経済的支援の観点から現行家族介護支援策の問題を提起する。とりわけ、介護保険制度施行以来、社会的議論がほとんどなされていない家族介護者の経済的問題を取り上げ、経済的支援の必要性を明らかにすることを目的とする。

第2節　研究の課題

　本書の目的は、家族介護者の経済的支援の必要性を明らかにすることであり、以下の2つの研究課題を設定し、それらの検証を通して明らかにしていく。

1.　研究課題（1）：介護問題の改善策としての介護サービス利用の限界と経済的支援の必要性を明らかにする。
　　（1）　具体的な分析課題
　　　①　介護サービス利用が家族介護者の介護問題に及ぼす影響
　　　②　家族介護者の経済的問題がほかの介護問題に及ぼす影響

　日本において在宅介護支援の取り組みは、1956年に長野県が不時の疾病、傷害等のため、家庭内の通常の家事業務を行うことが困難となった者に対し

て家庭養護婦を派遣する「家庭養護婦派遣事業」から始まった。この事業[8]は日本において初めての公的在宅介護支援として評価され[9]、1962 年に国庫補助事業として要保護老人世帯を対象にして展開され、翌年老人福祉法の制定とともに法制化された[10]。そして、家庭奉仕員派遣事業とともに在宅介護支援の 3 本柱といわれているショートステイとデイサービスは、1977年、中央社会福祉審議会「今後の老人ホームの在り方について」の答申を受けて、ショートステイ[11] は 1978 年から、そしてデイサービス[12] は 1979 年から国庫補助事業として実施された[13]。1986 年の「地方公共団体の執行機関が国の機関として行う事務の整理及び合理化に関する法律（地方分権法）」によって老人福祉法も改正され、この 2 つの事業が老人福祉法に定められた[14]。このように、要介護者を対象にした介護サービスは、しだいに高齢者保健福祉推進 10 ヵ年戦略（1989）と新・高齢者保健福祉推進 10 ヵ年戦略（1994）を経てインフラが整備されるとともに、法制化も進んだ。その集大成として 1997 年に介護保険法が制定された。

　一方、在宅介護支援において家族介護者支援まで視野に入れて対策を打ち出したのは、1977 年の中央社会福祉審議会の答申が初めてであり、そのきっかけでショートステイとデイサービスの国庫補助事業となった。しかし、当時のショートステイは、疾病、出産、事故等やむをえない理由によって、その家庭において要介護者の介護ができないと市町村長が認めた場合に限って、利用することが可能になったため、今日のように介護問題の改善や介護疲れの解消等、レスパイト（一時休止）的な機能をもっていなかった[15]。そして、デイサービスの目的も、「在宅の虚弱老人等に対し、通所の方法により各種のサービスを提供することによって、当該老人の自主的生活の助長、社会的孤立感の解消、心身機能の維持向上等を図るとともに、その家族の身体的・精神的な問題の改善を図ること」である[16] が、このサービスが家族介護者を対象にしているわけではない。こうした点からすると、この答申は、それによってショートステイとデイサービスが実施され、家族介護者

の介護問題を改善しようとした点と、在宅介護支援の多様化、発展に資した点においては評価できるが、家族介護者に対する直接的な支援の必要性と支援策が講じられたわけではない。

　家族介護者に対する支援の必要性とその支援策が1つの政策アジェンダ（課題項目）としてはじめて取り上げられたのは、1981年中央社会福祉審議会の「当面の在宅福祉対策の在り方について」という意見具申である。この意見具申には、家族介護支援の必要性について、「老人のための在宅福祉対策の強化とともに、今後ともこれらの家庭の介護機能を可能な限り健全に維持することができるよう社会的な扶養支援体制を整備することが必要である」と述べている。その具体的な支援策は、老人家庭奉仕員派遣事業、デイサービス事業、老人短期保護事業および福祉手当制度等の充実を図ることであり、さらに、今後、介護者教室の創設、税制上の優遇措置等、初めて総合的かつ包括的な家族介護支援策が示された[17]。

　こうした在宅介護支援において、要介護者を介護することによって生じる家族介護者の介護問題を要介護者の介護問題の付随的な問題として取り扱うのではなく、支援すべき1つの社会問題として取り扱い、要介護者はもとより、それらを介護する家族まできちんと視野に入れた包括的な介護支援対策の構想は、1990年代半ば介護保険制度の制度設計の議論まで継続されている。家族介護者に対する支援は、介護保険制度の原型ともいえる介護保険制度案（高齢者介護新システム試案）「21世紀福祉ビジョンの報告書、1994」や、「高齢者介護・自立支援システム研究会の報告書」(1994)、そして「老人保健福祉審議会」(1995) の議論においても家族がなす介護行為を評価し、介護手当を法制化しようというものであった。

　しかし、「老人保健福祉審議会」の最終報告書 (1996) に基づいて、1996年に当時の厚生省が公表した介護保険制度試案には、介護手当について「家族介護に対する現金給付は、原則として当面行わないものとする」と明記された。この試案は地方団体代表の委員から強い反対を受け、修正されたが、

同年「老人保健福祉審議会」に提示された修正試案の中には、家族介護者の支援について「保険者である地方自治体が自らの保険料財源によって各種の家族支援事業を行いうる」という文章だけが加わっており、介護手当については修正以前と同様であった[18]。

　介護保険制度は 1997 年に介護保険法案が国会を通過して法制化されたが、介護手当はもとより、家族介護者に対する具体的な支援も明文化されることなく、要介護者の介護サービスのみが明文化された。言い換えると、日本の介護支援政策において初めての本格的な取り組みともいえる介護保険制度は、家族介護者の介護問題と要介護者の介護問題が互いに影響し合う介護問題の本質をみていない。すなわち、家族介護者が抱えている身体的、精神的、社会的、経済的等の問題が要介護者の生活や家族による介護の質、さらに社会に与えている影響をみることなく、家族介護者の介護問題を単なる要介護者の付随的問題としてしか見なしていない。それゆえに、要介護者のみを対象にして介護サービスを提供し、それによってすべての介護問題を改善・解決しようとしているのである。

　したがって、本書の目的である家族介護者の経済的支援の必要性を明確にするためには、まず、介護保険制度のもとで、要介護者の介護サービス利用が家族介護者の身体的、精神的、社会的、経済的側面から介護問題に及ぼす効果と限界を明らかにする必要がある。そのうえで、家族介護者の介護問題において最も等閑視されてきた経済的問題が、家族介護者の身体的、精神的、社会的問題に与える影響を検証し、それらを明らかにすることで、経済的支援の必要性を明らかにする。

2.　研究課題（2）：家族介護者の経済的支援の観点から介護手当の現状と
　　　　　　　　　　課題を明らかにする。
　（1）　具体的な分析課題
　　①　全国の介護手当の実態と政策的動向

② 任意事業として介護手当の現状と課題

　介護することによって失われた家族介護者の経済的損失を補うために行われている支援施策の現状と課題を明らかにする。とりわけ、地方自治体の単独事業として行われている介護手当（以下、「自治体介護手当」と称する）と介護保険制度以後、家族介護支援事業の一環として行われている家族介護慰労金事業（以下、「介護慰労金」と略す）の介護手当に着目して、家族介護者への経済的支援という観点からその実態と課題を検証する。
　前述したように、介護によって家族介護者の所得が低下していることは明らかになっている。要介護者を介護する家族介護者の経済的生活が崩れないように、失われた所得を補ったり、または既存の所得水準が維持できるようにするためには、さまざまな支援が必要である。

　例えば、
①　家族介護者の介護行為を社会的労働として認めたうえで、労働の代価として家族介護者に現金を支給する家族ヘルパー制度。
②　もしくは、介護手当。
③　介護が終わった後の家族介護者の安定的な生活を保障するため、介護期間中に雇用保険を適用すること。
④　あるいは、年金拠出上の優遇措置。
⑤　家族介護者が経済的、社会的活動と介護を両立できるような充実した介護サービス。
⑥　介護休業制度。
⑦　介護休業制度の利用にあたって生じる所得損失を補う賃金補助（介護休業給付制度）。
⑧　家族介護世帯に対する税制上の優遇措置。
⑨　オムツ等の介護用品の支給。

等があげられよう。なかでも、家族介護者の経済的損失を補填^{ほてん}するため、最も直接的な支援は、①家族ヘルパー、②介護手当、⑦家族介護休業給付である。これらの支援が経済的支援として機能を果たすためには、家族介護の状況や事情等の介護環境を考慮して総合的かつ柔軟的に対応、支援することがきわめて重要である。日本における家族介護者への経済的支援の必要性を明確にするためには、その3つの支援策の実施状況や受給基準等、その実態と課題を明らかにしなければならない。しかし、本書では以下の点から介護手当のみに着目してその実態と課題を明らかにしたい。

　まず、家族ヘルパー制度は、介護保険制度施行とともに実施されたものであり、山間、僻地および離島のように介護サービスのインフラ整備が遅れている地域の不足したインフラを補うために施行された制度である。この制度は、家族介護者への経済的支援という観点からみると、これまで無償労働として見なしてきた家族介護者の介護行為を正当な労働として認め、それに対する代価として給付を与えることと、給付水準においても介護手当（慰労金、激励金等）よりも高いこと等、家族介護者への経済的支援を考えるにあたって見逃してはならない大きな意味をもつ制度である。

　ところが、介護保険制度下における家族ヘルパー制度では、家族ヘルパーとして給付を受けるためには、次の基準をすべて充たさなければならない。その基準は、以下のようである（指定居宅サービス等の事業の人員、設備及び運営に関する基準、厚生省令第三十七号、第四十二条の二）。

①　訪問介護の利用者が、離島、山間のへき地その他の地域であって、指定訪問介護のみによっては必要な訪問介護の見込量を確保することが困難であると市町村が認めるところに住所を有する場合。

②　指定居宅介護支援事業者の作成する居宅サービス計画に基づいて提供される場合。

③　介護サービス提供責任者の行う具体的な指示に基づいて提供される場合。

④　入浴、排せつ、食事等の介護をその主たる内容とする場合。

⑤　当該訪問介護を提供する訪問介護員等の当該訪問介護に従事する時間の合計時間が、当該訪問介護員等が訪問介護に従事する時間の合計時間のおおむね二分の一を超えない場合。

　厚生労働省の調査結果によると、家族ヘルパー制度を実施している自治体の状況は、2001 年度 28 保険者、2002 年度 32 保険者（全国 3,241 保険者）、2003 年度 8 保険者（2,759 保険者）、2004 年度にはわずかに 4 保険者（全国 2,697 保険者）しか行われていなかった[19]。このように、家族ヘルパー制度は厳しい適用基準とごく一部の地域に限って行っているため、その地域を特定して家族ヘルパー制度だけを調査し、一般化することは難しい。したがって、本書において家族ヘルパー制度の実施状況や実態については、介護手当の実態調査の中からそれらを確かめていく方法をとっている。

　次に、賃金補助制度（介護休業給付制度）は、介護のため家族介護者が一時的に仕事を休んだり、労働時間を短縮したりする際に生じる所得損失を一部補うために必要な制度である。日本において介護休業給付制度は、1999 年「育児休業、介護休業等育児又は家族介護を行う労働者の福祉に関する法律」（以下、介護休業制度という）[20]によって事業主に義務付けられたものであり、原則として介護休業を取得した（短縮勤務者は除く）雇用保険被保険者の労働者に限って雇用保険から介護休業開始前の給料の 40% が支給されている。

　その受給対象は、次のようである。

①　雇用保険の加入者（＝被保険者）であること。

②　介護で会社を休む直前の 2 年間に、1 ヶ月間に 11 日以上働いた月が

12 ヵ月以上あること。

③　介護休業日数が 1 ヵ月間で 20 日以上あること。

④　介護休業期間中の賃金が休業開始前の賃金の 80% 以上支払われていないこと。

⑤　介護休業開始日前 2 年間に、雇用保険の被保険者だった期間が通算 12 ヵ月以上あること。

⑥　契約期間が定まっている労働者については、その会社に引き続き 1 年以上雇われていること。

この要件をすべて充たした労働者に限って支給されている。この介護休業給付を受けるには、まず、介護休業をとらなければならい。

しかし、介護問題を抱える労働者のなかで介護休業を利用する者の割合は、厚生労働省（2003）の「女性雇用管理基本調査」では、0.05% であり、労働政策研究・研修機構の調査では、2003 年に 8.1%（418 人のうち 34 人）、2006 年に 6.6%（2006a の調査では 91 人のうち 6 人）と 1.5%（2006b の調査では 610 人のうち 9 人）で、1 割にも満たないわずかの労働者しか利用していなかった[21]。その代わり、介護問題について労働者の約半数が年次有給休暇をとって対応しており、約 3 割の労働者は欠勤で対応していた。また、休まなくても早退、遅刻といった対応を選ぶ労働者も少なくなかった[22]。今後も介護休業の代わりにそうした方向で対応していきたいと思っている労働者も多い[23]。

そして、介護休業制度を利用しない理由としてあげられたのは、①職場の問題、②制度内容の問題、③経済的問題であった[24]。なかでも、経済的問題については、前述したように、介護休業をとった労働者の所得を保障するため、給料の 40% が介護休業給付として支給されている。にもかかわらず、労働者の約 85% が介護休業による所得減少を懸念しており[25]、介護問題を抱えている労働者の約 3 割がそういう理由から介護休業をとっていな

い。とりわけ、若年層、世帯収入が低い層、要介護者自身が介護費用を負担していない層等、介護による経済的不安が高い層ほど、介護休業を利用しなかった[26]。このことから、介護休業者の所得保障として講じられた介護休業給付制度が介護休業による所得損失を補う所得保障としての機能と役割を果たしているとは考え難い。それに、健康保険や厚生年金保険等の保険料が免除されうる育児休業とは異なって介護休業の場合、休業中においても保険料を収めなければならないので、より経済的不安を助長させ、介護休業を取りにくくしている[27]。

　現行の介護休業給付制度が介護問題を抱えている労働者の経済的支援策として位置づけられるためには、経済的不安なしに介護休業を利用できるよう、介護休業給付額を引き上げる必要がある。そして、それにともなって、現在の介護休業給付では、介護休業の代わりに短縮勤務を選んだ労働者に対しては適用外としていることや、正規雇用者でありながら、雇用保険被保険者のみを対象にしていること等、適用対象がきわめて限定されている。多くの労働者が給付を受けるように、適用対象者を拡大する必要がある。まだまだ、介護休業制度と介護休業給付制度は改善すべき課題が山ほどあるが、それについては、「労働政策研究・研修機構」が持続的な調査研究を通してその実態と課題、そして改善策を総括的に提示しているため、本書ではそれを最大限に活用していきたい。

　最後に、介護手当についてである。日本において介護手当制度は、「自治体介護手当」と「介護慰労金」の2つがある。まず、「自治体介護手当」は、都道府県の単独事業、もしくは市町村の単独事業、または、都道府県の補助事業として、要介護者もしくは家族介護者を対象として、慰労金、激励金等の名目で1970年代の初めごろから支給し始めた。その当時の日本では、高齢化率が7％に至り、高齢者問題が世間から注目を浴びていたことや、全国で生まれていた革新自治体が高齢者福祉に力を入れて、独自の多様な事業を展開した時期であり、「自治体介護手当」もその流れの1つであっ

た[28]。1970 年代から始まった「自治体介護手当」が全国の自治体にいっそう広がり始めたのは、1980 年代後半から 1990 年代半ばにかけてである。1987 年に行われた全国社会福祉協議会の調査によると、ねたきり老人や認知症老人を抱える家族に対する経済的支援として支給される「自治体介護手当」は、有効回答 2,155 市町村（東京特別区、政令指定都市の行政区を含む）のうち 29.3% にあたる 631 市町村が実施していた（日本経済新聞、朝刊、1988 年 1 月 31 日）。ところが、1995 年に朝日新聞社が行った全国調査では、全国の市町村（3,234 市町村）の 82% にあたる約 2,670 市町村で行われ（朝日新聞、朝刊、1995 年 10 月 21 日）、1987 年に比べて約 3 倍近く伸びた。

　このように、地方自治体の単独事業として全国的に普及してきた「自治体介護手当」は、これまでの全国社会福祉協議会・在宅福祉サービス研究委員会や中央社会福祉審議会のなかでもその必要性と充実を言及するところはあったとはいえ、国レベルの法制化に向けての議論はなかった。介護手当の法制化に向けて本格的に議論が始まったのは、介護保険制度の形成過程であった。介護手当導入の是非をめぐって活発な議論が行われたが、前述したように、結局介護保険法に明文化されることはなかった。その代わりに導入されたのが「介護慰労金」である。

　「介護慰労金」は、1999 年 10 月に、厚生省（当時）が介護保険制度を円滑に実施するために講じた特別対策[29]の 1 つである家族介護支援事業[30]に含まれている支援事業である[31]。この「介護慰労金」は、要介護 4、または 5 の重度の高齢者のうち、1 年間介護サービスを利用しなかった住民税非課税世帯を対象にして、年額 10 万円までの金品を市町村が支給するもので、その財源は、国が助成する仕組みになっている。とはいえ、この「介護慰労金」は法制化された事業でもなく、強制力をもった事業でもない。そのため、「介護慰労金」の実施については、介護保険保険者である市町村に実施するか否かの判断が委ねられていることから、すべての市町村が実施しているわけではない。全国介護保険担当課長会議資料（2002、2003）によると、

「介護慰労金」は、2001年に3,241市町村のうち、2,006（61.9%）市町村で、2002年に3,213市町村のうち1,973（61.4%）市町村で実施していた。

　介護手当の実態については、前述したようにいくつかの実態調査が行われ、受給額や受給目的、実施状況等が明らかになっている。これらの調査の結果からすると、「自治体介護手当」と「介護慰労金」は、いずれも給付水準が低く[32]、その目的が「慰労金」、「激励金」という名目で実施されるため、家族介護者の所得損失を補い、その生活を守る、いわゆる所得保障という観点からの経済的支援とはほど遠いことがわかった。しかし、「自治体介護手当」調査はほとんど介護保険制度実施前の調査であり、「介護慰労金」は、実施状況を調査しただけにとどまっている。「自治体介護手当」と「介護慰労金」をあわせた介護手当全体を総括した調査はいまだにない。それに、介護手当は家族介護者が在宅で要介護者を介護するうえで、必要な施策であり、家族介護者への経済的支援の必要性を目的としている本書においては欠かせないところである。したがって、本書では、地方自治体で行われている「自治体介護手当」と「介護慰労金」の実態を明らかにし、本書の目的である家族介護者の経済的支援の必要性を追求する。

第3節　研究の方法

　本書の目的を果たすための研究方法としては、文献研究、量的調査、実態調査の3つをとっている。文献研究は先行研究の課題、量的調査は、研究課題（1）、実態調査は研究課題（2）、を明らかにするために用いた。より具体的な研究方法は、各章に示しているので、ここでは、その概要のみを述べる。

　第1に、文献研究は主に先行研究をレビューし、その課題を明らかにするために用いた。先行研究のレビューにおいて文献研究は、家族介護者の経済的問題、または、所得保障問題も、家族介護者の介護問題の一つであるという考え方から、家族介護者の介護問題にかかわる研究から経済的支援の必要

性に関する研究を抽出する方法をとった。そして、文献は日本国内で行われている研究のみにした。その選定基準は、次のようである。

　日本において、家族介護者の介護問題に関する実態調査は、1960年代後半から取り組まれたが、その介護問題を客観的、実証的に分析したのは、1975年東京都総合老人研究所の研究が初めてであった。そのことから、1975年を一つの軸として、論文雑誌検索サイトの「MAGAZINE PLUS」を用いて、「家族介護」、「在宅介護」、「高齢者介護」、「介護負担」という4つのキーワードを入れて、2009年までの文献を検索した。その結果、家族介護者の介護問題にかかわる研究のなかで、家族介護者への経済的支援に関する研究は、他の研究にくらべてそれほど多くなかった。ましてや、家族介護者への経済的支援の必要性を検討し、論じている研究はさらに少なかった。そのため、「MAGAZINE PLUS」から検索した文献に書籍も加えた。

　そして、先行研究の考察にあたっては、単に外国の家族介護者への経済的支援を紹介にとどまっている研究や外国の文献を訳した文献等は除いて、大学紀要や学会誌、書籍等、学術的な研究のみを分析対象とした。そして、先行研究は、①実証研究、②国際比較研究、③文献研究の3つに分類して検討を行った。

　第2に、量的調査は、研究課題（1）の介護問題の改善策としての介護サービス利用の限界と課題を検証するために用いた。量的調査方法は、変数間の関係性等を科学的、実証的に検証するため、最も相応しい研究方法として、社会科学研究の方法において最も古く一般化されている調査方法である。それに、研究者の価値や主観等のバイアスを最小限とし、導き出された結果の客観性と信ぴょう性を高めることが可能だし、結果に対する予測も可能である。そして、データ収集や調査内容、分析等、調査全体の枠組みに対する妥当性や信頼性等も検証することができる。また、結果は眼にみえる形である数字で表わすため、ある現象や問題に対して、他の研究方法よりも、わかりやすく説得力をもって説明することができる。こうした点から本書で

は、研究課題（1）を検証するため、最も適切な研究方法が量的調査方法であると考え、量的調査方法を用いた。調査はアンケートで行った。

　調査の対象者は、「認知症の人と家族の会」の滋賀、京都、大阪支部の会員のうち、在宅介護サービスを利用しながら、認知症高齢者を介護する主たる家族介護者とした。調査は、2006年6月20日から9月5日まで約3か月間にかけて郵送法と留置法で行った。調査項目は社会人口学的特徴である性別、年齢、要介護度、介護期間、1日介護時間、一番つらかったとき、健康状態、経済的状況、雇用状態等と介護負担尺度を中心としている。家族介護者の介護問題は測定可能な介護負担感に置き替えて測定した。その尺度はZaritら（1980）が開発して、荒井ら（1998）が訳したものを用いた。これは身体的負担、心理的負担、精神的負担、経済的負担等を総括したものである。その項目は「必要以上に世話を求めてくると思う」「介護のために自分の時間が充分とれないと思う」「認知症の行動に対し、困ってしまうと思う」等を含め、22項目で構成されている。各項目は「思わない」1点、「たまに思う」2点、「時々思う」3点、「よく思う」4点、「いつも思う」5点という5段階のリカート式で測定した。ただし、「自分は今よりもっと頑張って介護すべきだと思う」と「本当に自分はもっとうまく介護ができるのになあと思うことがある」はリコーディングして、平均値を算出した。その平均値が高くなるほど、介護負担感は重くなると解釈した。

　分析に際して、分析課題[33]を設定し、その検証はPASW Statistic 17.0を用いて記述統計、クロス集計、信頼度、相関関係、一元配置分散分析、重回帰分析等を行い確かめた。

　第3に、実態調査は、研究課題（2）の地方自治体で行われている介護手当の現状と課題を明らかにするために用いた。実態調査の資料はインターネット調査と電話調査を活用して集めた。

　全国規模のような母集団が大きな調査を行う場合、郵送法で資料を収集し、分析することが最も一般的である。にもかかわらず、本研究ではこうし

た方法を用いず、インターネット調査と電話調査を通じて資料を収集した理由は、郵送法のような従来のやり方で行う場合、100% 回収されるという保障がないことから、自治体全体の介護手当実施状況をとらえることができない。そのため、すべての自治体の介護手当実施状況を 100% 把握するには、すべての自治体を訪問して調査する方法か、それとも公開されている資料を集め、データベースを作成して明らかにする方法しかない。前者は調査費用と時間、各自治体との交渉等の問題があることから、本研究では後者を選んで、実施状況をとらえた。その方法として主にインターネットを活用しており、補完的に電話調査を行った。しかし、インターネット上の情報がすべて正しいとはいい切れない。それゆえに、本研究では、資料の正確さと信ぴょう性を高めるため、各自治体が公式に公開している例規集、公式文書、報告書、広報誌のみを使用した。

　調査は、2009 年現在、介護保険法に則して指定されている保険者 1,795 市町村（特別区、東京都 23 区）すべてを対象として、2009 年 5 月 26 日から同年 12 月 6 日まで約 6 か月半にかけて資料を集めた。「自治体介護手当」と「介護慰労金」の実施状況を調べるにあたっては、次のような手順で、その有無を確かめた。

① 　市町村の公式ホームページに公開されている例規集に、介護手当に関する条例・規則・要綱に明示されているか否か。
② 　各市町村の公式ホームページに公開されている社会福祉施策にあるか否か。
③ 　各市町村の高齢者保健福祉計画・介護保険事業計画、財政健全化、事務事業評価書の中にあるか否か。
④ 　各市町村の広報誌等にあるか否か。
⑤ 　電話調査。

を順次に筆者が自ら1つひとつ資料を収集し、確認しながら、介護手当の実施有無を確かめた。

　その際、介護手当の実施有無だけにとどまらず、制度名、支給目的、支給対象、支給水準はもちろん、給付を受けるための条件として、所得制限の有無、要介護度、年齢等も含めて調査を行った。そして、介護手当が廃止された場合は、廃止年度と廃止理由が示されている資料の収集にも努めた。市町村の合併や介護手当の廃止から時間の経過している場合、資料収集が容易ではなかったため、廃止資料についてはばらつきがある。収集された介護手当の実施状況データはMicrosoft Excel 2007を用いて定量化して、分析を行った。

第4節　研究の構成

1. 研究の枠組み

　本研究は、介護による家族介護者の経済的損失を補うための家族介護者の経済的支援の必要性を実証的に検討し、明らかにすることを目的としている。その目的を明らかにするため、図序-2のような研究の枠組みで行った。

　研究は、序章から終章まで、延べ6章から構成されている。これを序論、本論、結論の3つに大別すると、序論にあたる章は序章と第1章である。そして、本論にあたる章は、第2章から第4章までであり、結論は終章である。

　次に、本論の第2章から第4章までは、家族介護者への経済的支援の必要性を論じるため、必要な根拠を実証的に検証した。その方法として本研究では、2つの研究課題を設定して行った。1つは、介護問題の改善策としての介護サービス利用の限界と課題を明らかにする。つまり、介護問題を改善するために導入された介護保険制度のもとで、介護サービスを利用することが家族介護者の介護問題に及ぼす影響と、経済的問題が介護問題に及ぼす影響

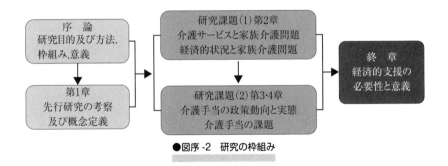

●図序-2 研究の枠組み

　の検証を通して、介護サービス利用だけでは、家族介護者の経済的問題の改善・解決が困難であることを明らかにする。その結果をふまえて、家族介護者の経済的問題に対する支援策として最も直接的な影響を及ぼす介護手当に着目として、その実態を明らかにした上で、家族介護者の所得保障の観点から介護手当の課題を提示する。

　最後に、結論の終章では、本論の結果をふまえて、家族介護者の経済的問題を改善・解決するため、家族介護者の所得保障の必要性と意義を提示する。

2.　各章の概要

　各章の概要は、以下のとおりである。

　序章では、家族介護者への経済的支援に関する研究がなぜ必要か、研究背景や研究目的、研究課題、研究方法を明確にする。そして、研究構成、研究意義等、研究の全体的な枠組みを提示する。

　第1章では、在宅家族介護と経済的支援との関係を明確にする。第1節では、本研究における「家族介護者」の定義と範囲は、日本をはじめ、韓国、イギリス、ドイツの介護関連法律を中心として検討を行い、明確にする。第2節では、日本国内で行われてきた家族介護者の介護問題に関する研究や、家族介護者への経済的支援に関する研究等、家族介護支援に関する先行研究

をレビューし、その到達点と課題を考察して、本研究の独自性を明らかにする。そして、第3節、介護による家族介護者の所得損失を補うためのいくつかの支援策をとりあげ、経済的支援の観点から支援策の現状と課題を検討する。

　第2章では、研究課題（1）を明らかにするため、現行介護保険制度下の介護サービスと介護問題との関係を分析し、介護問題における介護サービスの効果と限界を明らかにした上で、介護保険制度が介護問題のなかで、これまで等閑視されてきた経済的状況が他の介護問題に及ぼす影響を明らかにすることを目的とした。そのために、要介護者の介護サービス利用が家族介護者の介護問題にいかなる影響を及ぼしているのか、家族介護者の経済的状況が介護問題に影響を与えているのか、という2つの分析課題を立てた。その研究方法としては、量的調査方法を用いて統計学的な方法で検証を行った。第1節では、調査概要として調査の目的、対象、期間、調査内容、分析課題、分析方法、倫理的配慮について述べる。第2節は、要介護者と家族介護者の性別や年齢、要介護度、続柄、介護期間、介護時間、健康状態、居住形態等の家族介護の一般的な特徴について述べる。第3節は、介護サービスの利用頻度と第1節で立てた分析課題を検証するため、相関関係、重回帰分析等を行い、介護サービスと家族介護者の介護問題との関係を明らかにする。第4節は、家族介護者の経済的状況の実態と第1節で立てた分析課題をクロス集計、一元配置分散分析とt検定、重回帰分析等を行い、家族介護者の経済的状況と介護問題との関係を明らかにする。第5節は、第2章の全体的なまとめと考察を行い、経済的支援の必要性について言及する。

　第3章では、第2章の分析結果を受け止めたうえで、研究課題2を明らかにするため、家族介護者の経済的問題を支援するための施策の一つとして、介護保険制度施行以前から自治体の単独事業として行われてきた「自治体介護手当」と、介護保険制度以後、家族介護支援事業の一環として支給されている「介護慰労金」に焦点をあてた。したがって、第3章の目的としては、

日本全国で行われている介護手当の実態を明らかにし、日本において介護手当がどのように展開されたのかを明確にすることとした。介護手当の実態は、日本全国の介護保険保険者を対象にして実施状況、給付の目的、給付対象、給付水準、受給条件、廃止年度、廃止理由等の実施状況をインターネット調査方法と電話調査法を用いて行った。そして、介護手当の展開は、実態調査の結果をもとにしながら、時期区分を通して検討を行った。第 1 節は、全国における介護手当実態調査の目的、調査方法、資料の分類基準といった調査概要について述べている。第 2 節は、本調査から明らかになった介護手当の実態をもとにして、日本において介護手当がどのような背景から導入され、どのような議論が行われ、どのように展開されてきたのか。時期区分を通じて検討を行った。第 3 節は、全国介護手当の実施有無、支給対象、支給事業、支給目的、支給条件、年間支給額等、介護手当の実態を明らかにしている。第 4 節では、全国の介護手当の実態をまとめて、考察を行った。

　第 4 章では、第 3 章の実態調査の結果を踏まえて、任意事業として行われている介護手当が各市町村の実施状況や財政によってどう違うのか、それによる課題は何かを検討した。したがって、第 4 章の目的を任意事業としての介護手当の問題および課題を明らかにすることとした。そのため、第 3 章の実態調査を再構成して、①自治体の規模と支給目的からみた介護手当支給状況の違いと、②介護手当支給状況からみた年間支給平均額と市町村の財政力指数の違いの 2 つの分析課題を設定した。分析は、頻度分析、クロス集計分析、一元配置分散分析を用いて行った。第 1 節は、分析の概要として、分析の目的と課題、分析方法を示している。そして、第 2 節では、①自治体の規模、②支給目的、③年間支給平均額、④市町村の財政力指数によって介護手当の実施状況がどう違うのかを検討した。第 3 節では、第 2 節で検討した結果のまとめと考察を行った。第 4 節では、公平性の観点から任意事業としての介護手当の課題を検討した。そして、介護手当の水準については、介護手当を家族介護者の介護行為に対する労働の代価とみなした場合と、世帯 1 人

あたりの所得とみなした場合、社会手当とみなした場合、の３つ点から検討した。また、いくつかの自治体をとりあげ、介護手当の受給率の実態と要因を明らかにした。

　終章では、本研究の総括と課題について述べる。第１節では、第２章、第３章、第４章の実証研究の結果を踏まえて、なぜ家族介護者への経済的支援が必要なのか、検討する。第２節では、家族介護者への経済的支援がもつ意義と必要性に多角的な観点から検討する。そして最後の第３節では、本研究の限界点と残された課題について検討する。

第５節　研究の意義

　本研究の意義は以下の５点にある。

　第１に、福祉先進国が家族介護者の法的地位はもちろん、それらの権利保障の向上のために動いているなかで、1981 年中央社会福祉審議会で初めて家族介護者への支援の必要性が触れられてから、約 40 年を迎えた。しかし、家族介護者支援は今でも政策対象として位置づけすらなされていない。それは、介護問題に対応するため、「介護の社会化」を掲げて 2000 年に導入され、施行されている介護保険制度においても、家族介護者への直接的な支援は明文化されることなく、要介護者の介護サービスのみが明文化されたことから、家族介護者は要介護者の付随的な存在としてしか位置づけられていないといえよう。家族介護者の介護問題は、要介護者の発生によって生じる２次的な問題ではあるが、それが及ぼす影響は家族介護者個人だけにとどまらず、要介護者、その他の家族構成員、職場、地域社会、国にいたるまで、その影響の波及性は大きい。そのため、家族介護者を１つの支援対象として取り上げ、支援を検討しなければならない。その点で、本研究では家族介護者を要介護者の付随的な存在としてではなく、政策対象の主体として取り上げた点に意義がある。

　第2に、1968年全国社会福祉協議会による、民生委員・児童委員の「ね
たきり老人の実態調査」からはじまった日本の家族介護者に関する研究は、
その後社会福祉学をはじめ、社会学、老年学、心理学、保健医療学等、学問
分野をこえ、学際的な研究テーマとして多くの研究が行われている。そのた
め、家族介護者の支援に関する研究も多く行われている。ところが、家族介
護者の支援において、経済的支援に着目した研究は、身体的、あるいは精神
的支援に着目した研究と比べると、比較にならないほどその数が少ない。家
族介護者の支援において、身体的、精神的支援に劣らず、経済的支援も、そ
の問題が及ぼす影響の波及性からなくてはならない重要な支援であり、研究
である。本研究は、数少ない経済的支援に関する研究として、経済的支援の
重要性と必要性を取り上げたところに意義がある。

　第3に、家族介護者への経済的支援に関する研究はわずかではあるが、持
続的に行われてきていることも事実である。しかし、ほとんどが福祉先進国
で展開されている家族介護者支援の動向を中心に、その支援の必要性を論じ
た研究がほとんどであり、その必要性に関する実証的な研究は数える程しか
ない。それに、実証研究といっても日本で行われている介護手当の実態調査
にとどまっている。とくに、介護保険制度下において、経済的な支援の必要
性を論ずるためには、なぜ、介護サービスのみでは家族介護者の介護問題が
改善・解決できないのか、「介護サービスと家族介護者の介護問題との関
係」、「経済的状況と家族介護者の介護問題との関係」を実証的に検証し、そ
れに基づいて介護サービスのみで介護問題が改善・解決できるという介護保
険制度の論理に異論を提起することがきわめて重要である。しかし、これま
での先行研究ではそれに対する実証的な検証が欠けている。そうした点で、
本研究では量的調査を通じて介護サービスと経済的問題、そして経済的問題
と介護問題との関係を実証的に検証し、明らかにした。そのうえで、経済的
問題への支援策として介護手当に着目し、全国介護手当の実態調査を通し
て、経済的支援の課題を明らかにする、すなわち、介護環境の現状から家族

介護者への経済的支援の必要性を論じたところに意義がある。

　第4に、少子化、未婚化、晩婚化によって介護を一人で行う、いわゆる「シングル介護者」[34] が増えつつある現状のなかで、離・転職等の介護による経済的損失は、介護期間だけではなく、介護が終わった後の生活にも及ぼす影響が大きいと思われる。こうした点を考慮して、本研究では、経済的支援を介護期間のみに支給される介護手当にとどまらず、介護が終わった後の生活まで守るという意味で所得保障の観点から、経済的問題をとらえ、支援の必要性を論じたところに意義がある。

　第5に、介護保険制度の形成過程で本格的な議論が行われた介護手当は、当時当局の財政的問題と、女性団体（高齢社会をよくする会）の反対によって、導入が見送られてから、もう20年も経った。その間、要介護者の要介護状態は進行し、介護費用負担は増加し、それに保険料は引き上げられ、年金受給額は引き下げられ、仕事はできない、等家族介護者の経済的状況は悪くなる一方であった。それによって要介護者や家族介護者、その他の家族構成員の「生活の質」が低下し、虐待や心中事件も絶えることなく、起きている。それにもかかわらず、家族介護者への経済的支援に関する議論が表面化する兆しすらみえていない。こうした現状のなかで、本研究の成果は、家族介護者の経済的支援に関する議論をふたたび引き起こす問題提起として資することができ、またその基礎資料として活用できるところに意義がある。

【注】

1) 介護情報ブログ（http://kaigoblog.blog50.fc2 com/blog-category-3.html、2006.7.20）閲覧
　2006年2月、京都で起きた認知症の母親と息子の無理心中未遂事件である。認知症の母親を介護しながら仕事をしていた息子は、認知症の症状が悪化され仕事を辞めざるをえなくなった。仕事をやめてからは失業給付と、母が介護サービスを利用している間のパートの仕事で生活費をやりくりしていたが、介護で休むことが多くなりそれも難しくなった。生計が厳しくなった息子は、市役所に相談したが、稼働能力があるという理由から生活保護を受けることができなかった。母の介護と生活に追い込まれた息子が選んだ道は、無理心中であった。母に無理心中をほの

めかし首を絞め、自らもナイフで首を切りつけた。発見時、母は亡くなっており、息子だけが救われた。息子に下された判決は懲役 2 年 6 か月、執行猶予 3 年。介護問題の深刻さ、日頃の献身的な母親への介護が酌量された判決であった。

2) 中谷陽明・東条光雅（1989）「《特集：痴呆性老人の家族介護に関する研究》家族介護者の受ける負担 - 負担感の測定と要因分析」『社会老年学』29、27-28.

3) 産経新聞（http://www.sankei.co.jp/yuyulife/kaigo/200902/kig090202007.htm、作成：2009.2.2、閲覧：2009.9.25）

　　日本の総務省の就業構造基本調査によると、介護のための離・転職者は 1999 年に 87、700 人であったのが、2007 年には 144,800 人となり、毎年増加しつつある。

4) 厚生労働省『平成 21 年賃金構造基本統計調査（全国）結果の概況』によると、雇用形態別の賃金は、正社員・正職員 310.4 千円（平均 40.6 歳、勤続 12.2 年）、正社員・正職員以外 194.6 千円（平均 44.2 歳、勤続 6.4 年）となっている。男女別にみると、男性では、正社員・正職員 337.4 千円（前年比 2.3％減）、正社員・正職員以外 222.0 千円（同 0.9％減）、女性では、正社員・正職員 244.8 千円（同 0.4％増）、正社員・正職員以外 172.1 千円（同 0.9％増）となっている。

5) 厚生労働省年金局（http://www.mhlw.go.jp/topics/nenkin/zaisei/zaisei/data/data01/kousei/ks-04.html、2011.4。14 閲覧）。厚生労働省『平成 19 年版 厚生労働白書 - 医療構造改革の目指すもの』19. と厚生労働省報道発表資料（2009 年 4 月）「第 4 期の介護保険料について」（http://www.mhlw.go.jp/houdou/2009/04/h0423-1.html、2011.4.14 閲覧）

　　厚生年金平均月額の推移をみると、1999 年の 177,046 円を境として、しだいに低減して 2009年現在 158,806 円まで引き下げられている。そして、高齢者の医療費自己負担は 1987 年から数次にわたり負担定額が引き上げられ、2000 年に定額から定率 1 割に、2002 年に現役並み所得者を 2 割とする改正が行われた。そして、2008 年の後期高齢者医療制度により、75 歳以上は 1 割負担（現役並み所得者は 3 割）、70 歳以上 74 歳未満は 2 割（現役並み所得者は 3 割）、70 歳未満は 3 割となり、高齢者の医療費自己負担率が高くなった。また、介護サービス利用費用も 2000 年介護保険制度実施とともに応能負担から応益負担となり、所得が低い層ほど介護サービス自己負担増になる仕組みへ改正されている。保険料の場合、介護保険料（第 1 号）は、全国平均額が2000 年 2,911 円から 2009 年 4,160 円と高くなった。

6) 家計経済研究所編（2003）『介護保険導入後の介護費用と家計』財務省、36.

7) 近藤克則（2000）「要介護高齢者は低所得層になぜ多いか - 介護予防策への示唆 -」『社会保険旬報』2073、6. 近藤（2000）は、65 歳以上高齢者を対象にして、所得と要介護（支援）出現率の関係を年齢や性別等をコントロールしたうえで、ロジット分析を行った。その結果、年齢が 5 歳上がると、要介護リスクは 1.8 倍、そして所得が 100 万円下がると 1.7 倍になり、100 万円の所得減少と 5 歳加齢とほぼ等しい効果があると報告している。すなわち、この結果は所得減少が要介護者の出現に影響を与えていることを裏づけるものといえる。

8) 井岡勉（2002）「第 4 章 在宅福祉サービスの政策的展開」三浦文夫・髙橋紘士・田端光美・ほか編『講座戦後社会福祉の総括と二一世紀への展望 Ⅲ政策と制度』ドメス出版、212、小川栄二

（1991）「第1章 家庭奉仕員派遣事業の実態と課題」河合克義編著（1991）『増補改訂版 これから
の在宅福祉サービス‐住民のためのあるべき姿を求めて』あけび書房、35‐37、堀田聰子（2008）
『訪問介護員の定着・能力開発と雇用管理』東京大学社会科学研究所人材ビジネス研究寄付部門
研究シリーズ No.11、27‐31.

　1956年に長野県から始まった「家庭養護婦派遣事業」は、1958年に大阪市、1959年に布施市
（現、東大阪市）、名古屋市、神戸市、1961年に東京都等で類似事業が行われる等、各地に広がっ
た。 この事業は1962年国庫補助事業の開始とともに、その名称を「家庭奉仕員制度」（この名
称は1959年大阪市がはじめて使った）に改めた。そして、この名称は1989年「高齢者保健福祉
推進10ヵ年戦略」が打ち出される前まで使われていたが、それ以後「ホームヘルプサービス」
に改めており、介護保険制度では訪問介護となっている。また、制度の初期は、要保護世帯老人
を対象にして行われたが、1965年から低所得世帯老人まで対象を拡大し、1969年には低所得の
ねたきり老人にも対象が広がった。この制度が一般化されたのは、1981年中央社会福祉審議会
「当面の在宅福祉対策の在り方について」の意見具申を受け、利用者の費用負担の視点が導入さ
れた1982年からであった。

9）小川栄二（1991）「第1章 家庭奉仕員派遣事業の実態と課題」河合克義編著（1991）『増補改訂
版 これからの在宅福祉サービス‐住民のためのあるべき姿を求めて』あけび書房、36.

10）井岡勉（2002）「第4章 在宅福祉サービスの政策的展開」三浦文夫・高橋紘士・田端光美・ほ
か編『講座戦後社会福祉の総括と二一世紀への展望 Ⅲ政策と制度』ドメス出版、212.

11）全国介護保険事務研究会編著（1999）『介護保険と在宅サービス‐ショートステイを中心とし
て‐』大成出版社、22‐28、日本地域福祉学会編著（1997）『地域福祉事典』中央法規、260‐261.
ショートステイは、1972年に香川県の香東園において実施したことが先駆的取り組みであった。

　1978年に制度化、1986年に法制化されたショートステイは、1989年5月29日老福第102号
通知「在宅老人福祉対策事業の実施及び推進について」を受けて「ナイトケア」事業が開始され
るようになった。「ナイトケア」事業は、「夜間の介護が困難な痴呆性老人等を一時的に夜間のみ
老人短期入所施設等に入所させ、夜間における家族の介護負担の軽減を図るとともに痴呆性老人
等の在宅生活の維持、向上ならびに痴呆性老人等及びその家族の福祉の向上に資すること」を目
的とする。

　そして、1994年7月12日老計第96号において「老人短期入所運営事業における利用時間の
弾力化事業」いわゆる「ミドルステイ」が設けられた。「ナイトケア」は、「中期にわたり居宅で
の介護が困難となった要介護老人等を老人短期入所運営事業で準備したベッドの一部を活用し、
必要に応じ在宅と施設との往復を繰り返しながらできるだけ長く高齢者が在宅での生活を維持・
継続することができるようにすること」を目的とする。ショートステイは「ナイトケア」と「ミ
ドルステイ」等3つに類型化されることによって、多様化し、機能的に発展してきたといえる。

　しかし、介護保険制度施行によってこうしたサービスはなくなった。介護保険制度において
ショートステイは短期入所生活介護と短期入所療養介護に分かれている。その違いは、短期入所
生活介護は主に社会福祉法人等を中心に日常生活上の介護と機能訓練等のサービスを受けられ

る。一方、短期入所療養介護は医療法人等を中心に医療的観点から治療や療養、介護、機能訓練等のサービスを受けられるのが異なる。

12) 一番ヶ瀬康子監修・高橋史子・林伸子・ほか（2001）『介護福祉ハンドブック デイサービスセンターの今日と明日』一橋出版、14-15、田中荘司（1990）「第 1 章 デイサービス事業とは」岩田克夫・田中荘司『デイサービスのすすめ - 開設・実践の手引き』全国社会福祉協議会、1-19、副田あけみ（1994）「第 3 章 デイサービスの展開」針生誠吉・小林良二編『高齢社会と在宅福祉』日本評論社、59-65、全国社会福祉協議会老人福祉施設協議会編（1986）『よりよい処遇のための事例シリーズ 6 老人のデイケア』全国社会福祉協議会、4、日本地域福祉学会編著（1997）『地域福祉事典』中央法規、258-259.

　　社会福祉分野において高齢者を対象にしたデイサービス事業は、1974 年東京都保谷市（緑寿園）で「ケアセンター事業」という名称をつけて行ったのがはじめてである。この事業は 1986年に老人福祉法に法制化されており、1989 には高齢者の機能に応じて A 型（重介護型）、B 型（標準型）、C 型（軽介護型）に類型化された。さらに 1992 には D 型（小規模型）、E 型（痴呆性老人向け毎日通所型）が加えられ、より専門的、効率的、機能的なサービスとして発展を遂げてきた。そして、介護保険制度施行により、デイサービスは、「通所介護」に改称された。しかし、介護保険制度では 2006 年改正によって「認知症対応型通所介護」が施行されるようになったとはいえ、機能的類型はなくなった。

　　デイサービスとよく似たサービスがデイケアサービスである。日本においてデイケアサービスは大阪にある弘済院で 1965 年に行われたのが最初であり、1982 年老人保健法の制定に伴って法制化され、デイサービスよりその取り組みも、法制化も早かった。デイサービスとデイケアサービスの相違は、地域福祉事典（1997）によると、「デイサービスは福祉対策なのに対し、デイケアサービスは医療対策として制度化されていることである」と述べられている。デイケアサービスは介護保険制度施行とともに、その名称が「通所リハビリテーション」に改められた。

13) 萩原清子（2000）『在宅介護と高齢者福祉のゆくえ』白桃書房、62.

14) 永和良之助編著（2005）「高齢者福祉論」高菅出版、118.

15) 全国介護保険事務研究会編著（1999）『介護保険と在宅サ - ビスーショートステイを中心として -』大成出版社、19-22.

　　介護疲れや旅行等のレスパイト的な機能を果たし始めたのは、1985 年 5 月 30 日社老弟 65 号の通知を受けてからである。

16) 前掲 13) に同じ、64.

17) 前掲 13) に同じ、22、65 - 66.

　　萩原は、1981 年に中央社会福祉審議会が打ち出した家族介護者に対する支援策は、1977 年に全国社会福祉協議会・在宅福祉サービス研究委員会から出された「在宅福祉サービスに関する提言」とほぼ同じ文脈をたどっていると述べている。しかし、家族介護者支援については、中央社会福祉審議会の意見具申よりも、全国社会福祉協議会・在宅福祉サービス研究委員会の「提言」の方がより具体的に提示している。詳細は萩原の『在宅介護と高齢者福祉のゆくえ』を参照。

18）増田雅暢（2003）『介護保険見直しの争点 - 政策過程から見える今後の課題 -』法律文化社、180.

19）菊池いづみ（2006）「家族ヘルパー派遣の決定要因 - 全村調査より」『大原社会問題研究雑誌』No.572、37.

20）介護休業法（育児休業、介護休業等育児又は家族介護を行う労働者の福祉に関する法律）は、1992 年に実施された「育児休業等に関する法律」を 1995 年に大幅に改正して制定されたものである。この法律は、介護と仕事の両立を可能にするための支援及び再就職の促進を図ることを目的としている。制定当時は、努力義務の法律であったが、1999 年の法改正によって事業主に義務化された。介護休業法による支援は介護休業以外、時間外労働の制限や深夜業の制限、勤務時間短縮等の支援等がある。勤務時間短縮の支援には、フレックスタイム制、始業・終業時刻の繰り上げ・繰り下げ、等がある。
　　そして、2005 年法改正によって、これまで介護休業期間が要介護者一人当たり 1 回に 30 日までであったのが、介護休業と勤務時間短縮をあわせて要介護者一人当たり通算 93 日まで利用が可能になっており、時間外労働制限は 1 ヵ月 24 時間、年間 150 時間を超えることが禁止されている。また、2009 年の改正では、介護休暇も新設された。

21）労働政策研究・研修機構（2006a）『仕事と生活の両立 - 育児・介護を中心に』労働政策研究報告書 No.64、187 と、労働政策研究・研修機構（2006b）『介護休業制度の利用拡大に向けて - 介護休業制度の利用状況等に関する研究報告書』労働政策研究報告書 No.73、47.

22）労働政策研究・研修機構（2006b）『介護休業制度の利用拡大に向けて - 介護休業制度の利用状況等に関する研究報告書』労働政策研究報告書 No.73、50.

23）前掲 22）に同じ、82.
　　介護休業制度利用以外の対応として、労働者の 48.2% が年次有給休暇を利用しており、44.9% が早退、36.4% が遅刻、28.4% が欠勤、14.4% が年休以外の休暇制度の利用、5.8% が休職で対応していた。そして、介護休業制度の利用が難しいと思っている労働者の今後の対応について尋ねたところ、59.9% が年次有給休暇利用、49% は早退、38.8% は遅刻、33.1% は欠勤、対応したと答えている。より詳しい内容は労働政策研究・研修機構（2006b）参照。

24）労働政策研究・研修機構（2006a）『仕事と生活の両立 - 育児・介護を中心に』労働政策研究報告書 No.64、191-197 と、労働政策研究・研修機構（2006b）『介護休業制度の利用拡大に向けて - 介護休業制度の利用状況等に関する研究報告書』労働政策研究報告書 No.73、59.
　　介護休業を利用しない職場の理由としては、「職場に介護休業制度がなかった」、「休業したら同僚に迷惑がかかる」、「上司の理解を得るのが難しい」、「休業取得したら昇進・昇給に影響が心配」等々の理由があげられた。そして、制度内容の理由としては、「介護休業制度の対象ではなかった」、「介護休業が利用しづらい」、「申請手続きが複雑」等々であった。

25）前掲 22）に同じ、111.

26）前掲 22）に同じ、143.

27）成見沙和・名和朋香・前里香緒里（2005）「仕事と介護の両立 - 介護休業制度の改革」

ISFJ2005、政策フォーラ表論文、36.

・ 読売新聞（1999 年 3 月 29 日朝刊）によると、当時の労働省が厚生省に「介護休業者の保険料免除」を求めたが、厚生省は、「育児休業の場合は子どもが将来保険料を負担してくれるが、介護休業では対象が高齢者であるので将来の保険料負担の可能性が低下する」という理由で免除を認めなかった。

28）菊池いづみ（2010）『家族介護への現金支払い - 高齢者介護政策の転換をめぐって -』公職研、159.

29）萩原清子（2002）「在宅要介護高齢者と家族介護者支援政策研究の課題」『関東学院大学文学部紀要』95 号、76.

特別対策は、家族介護支援事業のほか、①高齢者の保険料に関する特別措置、②医療保険者に関する措置、③低所得高齢者の利用者負担の軽減措置、④介護予防・生活支援対策、⑤介護基盤整備対策の六つが講じられた。

30）前掲 18）に同じ、189 と前掲 13）に同じ、77.

家族介護支援は介護保険制度とは別の予算措置によって市町村が家族介護支援事業を行ったときに国が助成することとなっている。家族介護支援事業とは高齢者を介護している家族の身体的、精神的、経済的負担の軽減、要介護高齢者の在宅生活の維持、向上を図ることを目的に、2001 年 5 月から介護保険制度とは別の支援策として創設された。具体的な事業は①介護者教室、②介護用品の支給、③家族介護者交流事業、④家族介護者ヘルパー受講支援事業、⑤徘徊高齢者家族支援サービス事業、⑥認知症高齢者やすらぎ支援事業、⑦家族介護慰労事業である。しかし、この事業は市町村によって行われている事業が各々異なっており、それに利用対象と所得制限が設けられている等、さまざまな問題を抱えている。

31）前掲 13）に同じ、76 - 77.

32）朝日新聞、1995 年 10 月 21 日、朝刊『介護手当、市町村の 8 割が支給 都道府県では 22 朝日新聞社調査』と前掲 18）に同じ、166.

厚生省（当時）が 1994 年に行った「都道府県における家族介護に対する現金支給の実施状況」に関する調査と、1995 年に朝日新聞社が行った全国調査の結果をみると、「自治体介護手当」支給額は、都道府県、市町村によってまちまちであった。朝日新新聞社の調査によると、その支給額（月額）は、沖縄県が最も低額の 250 円を支給しており、東京都が最も高額の 53,000 円を支給していた。しかし、東京都を除いたほとんどの地域では数千円程度にとどまっている。地域別にみると、次のようである。北海道 4,500 円、岩手 3,500 円、山形 3,000 円、群馬 5,000 円、茨城 4,166 円、埼玉 5,000 円、千葉 12,650 円、神奈川 2,916 円、富山 5,000 円、石川 9,000 円、福井 8,500 円、山梨 2,500 円、長野 2,500 円、愛知 7,200 円、滋賀 5,000 円、京都 5,000 円、大阪 833 円、兵庫 10,000 円、山口 1,666 円、愛媛 5,000 円を支給していた。

33）本研究では、本研究の研究課題と調査をする場合の研究課題を区分するため、調査による研究課題は便宜上、「分析課題」と呼ぶことにした。

34）これは 2008 年 10 月 10 日に NHK（デジタル総合）で放送された『特報首都圏急増！シングル

介護 "非婚時代" にあなたは』で使われ始めた言葉である。意味は未婚、離婚等、配偶者がいない独身の子どもが一人で親の介護を行うものをさす。ウィキペディアフリー百科事典（http://ja.wikipedia.org/wiki/.2010.12.8 閲覧）

第1章

在宅家族介護と経済的支援

第1節 家族介護者の定義及び範囲－介護関連法律を中心に－

1. 日本における家族介護者の定義と範囲

　「家族介護者」という用語は、家族介護関連の研究分野だけでなく、政府の文書や政府の刊行物はもちろん、日常生活の中においても広く用いられている用語である。「家族介護者」は、一般的に要介護者を介護する家族と親族をさしているが、研究者によっては「家族介護者」の代わりに、「介護者」、あるいは「主たる介護者」、もしくは「在宅介護者」といった用語が使われている。その意味は「家族介護者」と同様の意味として使われている。

　「家族介護者」という用語が『厚生白書』に初めて登場したのは 1983 年からであり、その以前までは「介護者」という用語が使われてきた。介護専門家以外の介護者を称する用語が『厚生白書』に初めて登場したのが、1963 年である。当時は、「家族介護者」という用語ではなく、「介護者」という用語が用いられた。「介護者」という用語とともに「家族介護者」という用語が使われ始めたのは、1983 年からである [1)]。なぜ、1980 年代に入って「介護者」に「家族」を付け加えた「家族介護者」という用語が『厚生白書』に登場するようになったのは定かではない。ここでいえるのは、介護専門家以外の介護者をさす用語としては、その対象や範囲等がよりわかりやすくなったことである。とはいえ、介護専門家以外の介護者をさす用語が『厚生白書』に初めて登場してから約半世紀が経っているにもかかわらず、未だにそれに関する定義とその範囲が定まっておらず、関連制度、あるいは関連法律ごとにその定義と範囲が異なっている。

　まず、介護問題に対応するために制定された介護保険法をみると、介護保

31

険法では「家族介護者」という用語に対する定義とその範囲どころか、用語すら盛り込まれていない。ただし、介護保険法第115条の44、第2項をみると、「要介護者を現に介護する者の支援のための必要な事業」という条文がある。この条文の中に「要介護者を現に介護する者」という表現があるが、介護保険法ではそれに対する定義とその範囲を明確に示すところはない。そのため、「要介護者を現に介護する者」は、実際要介護者を介護している家族から介護専門職まで広く解釈することができる。つまり、ミクロの意味では、家族と親族を示す「家族介護者」として捉えることができ、メゾの意味では、欧米のように家族や親族はもとより、友人や近隣等を含んだ「インフォーマルな介護者」として捉えることもできる。そして、マクロの意味では、「家族介護者」と「インフォーマルな介護者」を含め、介護にかかわるホームヘルパーや介護福祉士、看護士、医師、介護支援専門員といった介護専門職まで含めて捉えることもできる。したがって、解釈者によってその意味は、ミクロ、メゾ、マクロ、いずれも解釈ができることから、「要介護者を現に介護する者」という表現のみでは、その定義と範囲を明確に捉えることは難しい。

そのため、「必要な事業」から「要介護者を現に介護する者」の定義と範囲を探ってみると、介護保険法第115条の44、第2項の「必要な事業」とは、地域支援事業として介護保険者である市町村が任意で行っている事業をいう。その事業には、家族介護者交流事業や家族介護教室事業、家族介護慰労金事業等がある。いくつかの市町村を取り上げてみると[2]、たとえば、京都府京丹後市（家族介護支援事業実施要綱 平成16年公示 第43号）や岡山県早島町（家族介護支援事業実施要綱 平成14年4月1日 要綱第19号）、熊本県天草市（家族介護支援事業実施要綱 平成18年3月27日告示 第75号）において、家族介護教室事業は家族介護者を含め、近隣の援助者まで対象にしており、家族介護者交流事業は家族に限定している。一方では、奈良県斑鳩町（家族介護支援事業実施要綱 平成18年3月31日 要綱14号）の

「家族介護教室事業」では、家族とその援助者を対象にしている。

　次に、介護手当の一種である家族介護慰労金事業をみると、家族介護慰労金事業を行っている市町村では、受給対象の名称を「家族介護者」という用語よりも、「介護者」という用語を多く用いている。しかし、家族介護慰労金事業を行っているすべての市町村が「介護者」の定義とその範囲を明確にしているわけではない。そのなかで、明確に示している市町村の定義と範囲をみると、北海道大空町（在宅寝たきり老人等介護手当支給要綱　平成18年3月31日　告示第11号）では、家族介護慰労金の受給対象を「介護者」とし、「介護者」について「寝たきり老人等と同居し、無報酬で寝たきり老人等の日常生活を介護する者」と定義している。しかし、その範囲については明確に示していない。そして、京都府宇治市（在宅高齢者介護激励金支給要綱　平成3年3月27日　告示第31号）では、「介護者」について「要介護高齢者と同居し、若しくは要介護高齢者を常時直接介護している配偶者若しくは3親等内の親族又はこれらに準じる者として特に市長が認める者」と定義と範囲を定めている。また、石川県内灘町（内灘町紙おむつ購入費助成・介護慰労金支給実施要綱　平成21年3月31日　告示第37号）では、「家族介護者」あるいは「介護者」という用語の代わりに「常時介護する者」と表現しているが、その定義と範囲をみると、「ねたきり老人等と同居し、その日常生活を介護する者のうち主たる介護者であって、当該ねたきり老人等と生計を一緒にするねたきり老人等の配偶者又は3親等内の親族である者」としている。

　以上のような事例を踏まえて考えてみると、「要介護者を現に介護する者」は、家族介護者交流事業と家族介護教室事業では、家族だけではなく、近隣まで含めて対象にしていることから、欧米のようにメゾの意味としてとらえているといえる。しかし、「家族」と近隣に対する範囲は明確に示していない。それに対して家族介護慰労金事業では、慰労金の受給対象の定義はもちろん、その範囲を配偶者と3親等内の親族と明確に示している。その範

囲からすると、家族介護慰労金事業において「要介護者を現に介護する者」
は、ミクロの意味をさしているといえる。

　これらを総合的に考えてみると、介護保険法における「要介護者を現に介
護する者」は、一部の事業対象を家族や親族だけではなく、近隣者まで含め
ているとはいえ、メゾの意味であるインフォーマルな介護者をさしていると
は言い難い。それは、近隣者を含める事業が家族介護教室事業のみであり、
ほとんどの事業では家族・親族、つまり、配偶者もしくは3親等内の親族を
対象にしているため、むしろ、ミクロの意味である「家族介護者」をさして
おり、ミクロに近いメゾの意味をさしているといえる。特に、家族介護者の
所得保障にかかわる家族介護慰労金事業をみると、より明確である。

　次いで、介護保険法以外の介護関連の法律をみると、介護と仕事の両立の
ために1999年に制定された「育児休業、介護休業等育児または家族介護を
行う労働者の福祉に関する法律」（改正：2012年6月27日 法律第42号）
では、法律名からもわかるように「家族介護」という用語を明確に示してい
る。この法律でいう「家族介護」の範囲をみると、第2条の2にその対象が
明記されている。その範囲は「配偶者、父母、子、配偶者の父母並びに労働
者が同居しかつ扶養している祖父母、兄弟姉妹及び孫を介護する者」として
いる。すなわち、この法律では、民法上の扶養義務者（民法第877条）と親
族（民法第725条）を家族介護者としている。

2. 海外における家族介護者の定義と範囲

　「家族介護者」を英文で訳すと、ファミリー・ケアラー（Family
carers）、ファミリー・ケアギヴァー（Family caregivers）、ケアギヴァー
（Caregivers）、ケアラー（Carers）等、多様である。日本の介護保険制度を
紹介する厚生労働省の英文のホームページでは、「家族介護者」をケア・テ
イカー（Care takers）と表記しており[3]、韓国では老人長期療養保険制度

のなかで、「家族介護者」をファミリ・ケアラー（Family carers）と表記している[4]。しかし、家族介護研究分野において日本と韓国も多くの研究者が「家族介護者」をファミリ・ケアギヴァ-と訳しており、英文の研究においてもファミリ・ケアギヴァーが広く用いられている[5]。その反面、国際連合（UN）はもちろん世界保健機構（WHO）や経済協力開発機構（OECD）、あるいは国際社会保障協会（ISSA）では家族介護者をケアラー、あるいはケアギヴァーが広く用いられている。また、ヨーロッパ連合（EU）から研究資金を得て家族介護者に関して調査研究するユーロファムケア（EUROFAMCARE、イギリス、ドイツ、スウェーデン、ギリシャ、ポーランド、イタリアの6か国の代表者による構成）では、ファミリー・ケアラーと表記している[6]。このように、英文においても「家族介護者」をさす用語は多様である。それに、日本と韓国ではあまり使われていないが、ヨーロッパでは「家族介護者」という用語とともにインフォーマルな介護者（Informal cares）という用語もよく使われている。

　英語圏であるイギリスでは、1970年代まではケアリング（Caring）、ファミリー・ケア（Family care）、もしくはサポーター（Supporter）という用語が一般であったが、1980年代以後からは、ケアラー、あるいはインフォーマル・ケアラーが一般的に使われている[7]。

　イギリスにおいて初めてのケアラーの定義は、雇用機会均等委員会が『高齢者と障害者の介護経験』（1980）という調査研究報告書に定義したものであり、その報告書の中にケアラーについて「病人や障害者あるいは高齢者の世話に責任を負う成人」としている。そして、「世帯調査」2001年版では、「長期の身体的あるいは精神的な疾患もしくは障害、ないし高齢に由来する諸問題を抱えることから家族や友人、隣人もしくは他の人に何らかの援助を与えるならば、彼女もしくは彼は無償の介護の提供者である」とケアラーを定義している。これらの定義は、単に調査のための操作的定義だけではなく、コミュニティ・ケア白書といったイギリス政府の刊行物において類似に書か

れている[8]。

　こうした定義からみると、ケアラーの範囲は家族・親族はもちろん、友人、隣人等も含まれている。この範囲が介護手当法（The Social Security (Invalid Care Allowance) Regulations1976 と、The Social Security (Invalid Care Allowance) Amendment Regulations 1981）の受給対象と一致している点からすると、日本より広く捉えていることがわかる。

　しかし、イギリスでは介護手当法以外の介護関連法、いわゆる NHS 法（National Health Service (Amendment) Act 1949、等 ）や、コミュニティ・ケア関連法（National Health Service and Community Care Act 1990、等）、ケアラー支援関連法（Community Care (Residential Accommodation) Act 1992、等）等には、ケアラーの定義とその範囲について明確に示しているところがない。したがって、イギリスにおいてケアラーの法的な定義とその範囲はないといえる[9]。

　一方、日本の介護保険制度に影響を与えたドイツでは、「家族介護者」をドイツ語で直訳すると、「プレゲンデ アンゲヘリゲ」（Pflegende Angehörige）である。「プレゲンデ アンゲヘリゲ」は、日本の家族介護者のように一般的に使われている用語であるが、ドイツの連邦事務所のホームページの内容からすると、単に家族や親族のみをさす用語ではなく、家族や親族はもちろん、知人、隣人等も含んだ用語であることがわかる。つまり、インフォーマルな介護者に類似した用語である。

　ところが、この用語はドイツの公的介護保険法（Soziale‐Pflege Versicherung）[10] にはない。同法では介護専門家以外の介護者をさす用語として「プレゲパーソネン」（Pflegepersonen）と「プレゲテティグキート」（Pflegetätigkeit）の２つがある。「プレゲパーソネン」は現金給付を受ける要介護者に雇われる有償介護者をさす用語である反面、「プレゲテティグキート」は無償介護者をさす用語である。同法では、この２つの範囲を明確に示しているところはない。しかし、同法では同法第４条の２項の「在宅

介護、または一時施設入所者の介護給付は家族や近隣、その他自発的な介護等を補う」と、同法39条の代替介護給付の近親者として「2親等内の親族」と定めているところがある。この法条項から、2つの用語の範囲を分けて説明することは難しいが、同法では介護専門家以外の介護者の範囲がインフォーマルな介護者を意味していることは間接的に読み取れる。

　続いて、ドイツの介護関連法のなかで、介護休業法をみると、同法第7条3項では、要介護者の近親者として①父母、祖父母、配偶者の父母（親世代以上）、②配偶者、人生パートナー 、準婚姻共同生活 のパートナー、兄弟姉妹（同世代）③子、養子又は里子、配偶者若しくは人生パートナーの子、養子又は里子、子の配偶者及び孫（子世代以下）と記している[11]。この範囲は、パートナーが含まれていることからすると、日本と韓国の範囲よりも広いが、一般的にいうインフォーマルな介護者よりも狭いといえる。また、この範囲は、あくまでも要介護者の範囲を示したものであって、介護専門家以外の介護者を示したものではない。しがって、ドイツでは、介護専門家以外の介護者をさす法律的な用語はあるが、その範囲を明確に示すところはないといえる。

　最後に、日本の介護保険制度の影響を受けた韓国をみると、韓国では、「家族介護者」という用語よりも「家族扶養者」という用語が一般的に使われている。その意味は、一般的に日本でいう「家族介護者」と同様な意味で使われている。

　最近、厳密にいうと2005年、韓国女性開発院が「家族内のドルボム労働に関する社会的支援方案研究」という研究報告書を公表してから、制度・政策、研究分野では、「家族扶養者」という用語の代わりに、「ドルボム」（돌봄）あるいは「ドルボミ」（돌보미）という用語を用いている。たとえば、「家族扶養者」を「家族ドルボミ」といったり、介護政策をドルボム政策といったりする。ドルボム、あるいはドルボミは、純粋な韓国語であって、日本語に訳すと「面倒を見る」とか、「世話をする」という意味の名詞形で、

「面倒見」あるいは「世話」を意味するので、日本語の「介護」と英語の
「ケア」と同じ意味で使われている。

　しかし、2008 年に施行された老人長期療養保険法では、「家族扶養者」ま
たは「ドルボミ」という用語はない。代わりに同法では、「家族療養」とい
う用語が用いられている。それは、同法第 24 条の「家族療養費」から確か
められる。しかし、同法では、日本とドイツの介護保険法のように、その範
囲を明確に示しているところがない。

　ところが、同法では給付として定めていないが、日本の家族ヘルパー制度
のように、療養保護士（日本の介護福祉士に相当する）の資格を有している
家族の介護行為も他の療養保護士の介護行為と同様に認める「同居家族訪問
療養」制度[12] がある。その「同居家族」の範囲については、韓国保健福祉
家族部の「長期療養給付等に関する告示」（保健福祉家族部第 2008 - 66 号、
2008 年）[13] に同法の給付では、同居家族訪問療養と家族療養費の受給対象
の範囲について民法第 779 条に準じると定めている[14]。韓国の民法第 779
条をみると、その範囲は「配偶者、直系血族および兄弟姉妹、直系血族の配
偶者、配偶者の直系血族および配偶者の兄弟姉妹」である。この告示より韓
国において介護専門家以外の介護者の定義と範囲は、配偶者を含んだ 3 親等
内の親族になっていることがわかる。そして、この範囲は日本とはほぼ同様
であるが、イギリスとドイツよりは狭いといえる。

3. 本書における家族介護者の定義と範囲

　介護専門家以外に要介護者を介護する者に関する用語は、上記に述べたよ
うに日本語の書き方だけではなく、英語の書き方も多様である。そして、国
によって、あるいは介護関連法律によっても異なる。その定義と範囲におい
ても、日本と韓国では、主に配偶者と 3 親等内の親族になっている反面、イ
ギリスとドイツでは、家族と親族だけではなく、近隣や知人、パートナー等

まで含まれている。そのため、介護専門家以外に要介護者を介護する者に対する用語の定義とその範囲を定めることはたやすいことではない。

　ところが、最近、日本の「ケアラー連盟」では、要介護高齢者だけではなく、障害者、児童、患者、ひきこもり、不登校等、介護を必要とする者を介護するすべての家族等を「ケアラー」と称したうえで、「ケアラー」とは、「家族など無償の介護者」と定義している。ところが、この定義からすると、家族介護慰労金、もしくは自治体介護手当を受給している家族と親族は、「ケアラー」なのか、それともそうではないか、どう解釈すべきか。おそらくケアラー連盟がいう「無償の介護者」は、介護行為に対する労働の代価を受けていない介護者をさしていると考えられる。しかし、現金給付の目的が介護行為に対する労働の代価なのか、あるいは家族介護慰労金と自治体介護手当のように慰労金なのかはもとかく、介護行為にかかわってなんらかの現金給付をうけるとすると、その時点で「無償の介護者」という論理は成り立たなくなる。そうなると、家族介護慰労金と自治体介護手当の受給家族と親族は、ケアラー連盟が定義する「ケアラー」から外されることになる。

　そして、「ケアラー」の用語は日本語で訳すと、「介護者」になる。上記で述べたように「ケアラー連盟」では、「ケアラー」について定義しているとはいえ、本来「ケアラー」の意味は、家族と親族等のインフォーマルな介護者（ケアラー）はもちろん、介護福祉士や看護師、医師といった介護専門家まで、要介護者を介護するすべての者をさす用語である。

　要介護高齢者だけではなく、介護を必要とするすべての者を介護する家族に支援が必要であるという「ケアラー連盟」の考え方については、筆者も共感するが、本書が主に要介護高齢者を介護する、家族介護者の所得保障に焦点をあてていることから、「ケアラー連盟」の「ケアラー」の定義と範囲をそのまま適用することは難しい。

　したがって、本書では在宅介護において介護専門職以外の介護者の実態からその定義と範囲を明確にする。2010年国民基礎調査の結果によると、在

宅で要介護者を介護する主な介護者の続柄は、配偶者や子ども、子どもの配偶者、そしてその他の親族であった。このことから、介護専門家以外に在宅で要介護者を介護する者の範囲を家族と親族等として、その範囲の属性から「家族介護者」と称する。

第2節　在宅家族介護者をめぐる研究の動向

1. 家族介護研究の動向

　日本社会は、平均寿命の伸長や出生率の低下等により人口の高齢化が急速に進んでいる。1970年に総人口に占める65歳以上人口の割合が7％に達して高齢化社会に突入した日本は、1994年には14％を超え高齢社会となった。そして、2005年には世界で初めて高齢化率が20％を超えており、2010年1月現在、22.57％で世界一の高齢社会に至っている。こうした傾向は、「団塊世代」が高齢者となる2015年には高齢化率が約26.9％と国民の4人に1人が、団塊ジュニアが高齢者となる2035年には約33.7％にいたり、国民の3人に1人が高齢者になると見込まれている。とくに、75歳以上の後期高齢者の増加が際立っており、2020年以後は65歳以上の前期高齢者を上回ると予測されている（国立社会保障・人口問題研究所、2010）。

　急速な高齢化の進展とともに、寝たきりや認知症、虚弱等によって介護を必要とする高齢者も増加し、とりわけ在宅で介護を受けようとする要介護者数が著しく伸びている[15]。一方、在宅でそれらを介護する家族の介護力は、核家族化や小家族化、介護者の高齢化、介護の長期化等によってしだいに低下している。それにともなう影響が要介護者とその家族だけではなく、社会まで大きく及ぼすことになるにつれて、家族介護者への社会的関心も高まるようになった。その関心は、介護を行うことによってどのような問題や困難等が家族介護者に生じているのか、その実態とそれが及ぼす影響、あるいは

要因を明らかにし、それに対する支援方法や制度・政策等、家族介護者に関する研究につながっている。

　こうした家族介護者を対象にして介護問題を明らかにした研究は、1963年、精神疾患者を在宅で保護・扶養する家族の介護負担や影響を分析したGrad & Sainsbury の研究がはじめであった。特に、家族介護者に関する研究は1980年、Zarit らによって家族介護者の負担感尺度が開発されてからは、家政学、保健医療学、心理学、老年学、社会福祉学等、学際的研究テーマとして取り上げられ、数多くの研究が行われてきた。

　日本において家族介護者の介護問題にかかわる研究は、1968年、20万人を超えるねたきり高齢者と、その介護が家族に強いられていることを発表した全国民生・児童委員協議会の「ねたきり老人実態調査」がきっかけになったといえよう。その後、神奈川県（1973）、大阪府（1974）、京都市（1974）等、一部の地方自治体によってねたきり高齢者とその家族の介護状況とニーズ等の実態調査が行われるようになった。これらの調査が、家族介護の状況や問題を取り上げなかったわけではないが、実態調査はあくまでも寝たきり高齢者の介護環境に着目されたものとして [16]、家族介護者は要介護者が置かれている介護環境の一部としてしか取り上げていなかった。要介護者の介護問題と同様に、家族介護者の介護問題を1つの社会問題として客観的、実証的に明らかにした研究は、1975年にとりかかった東京都老人総合研究所の実態調査が初めてである。

　日本国内で行われた家族介護者を対象にした研究の動向を探るため、東京都老人総合研究所の実態調査を1つの軸として図1-1のような手順で文献を検索した。文献検索は、文献検索サイト「MAGAZINE PLUS」を用いて、「在宅介護」、「家族介護」、「高齢者介護」、「介護負担」の4つの検索キーワードをそれぞれ入れて、1975年1月から2009年12月までに行われた文献すべてを検索した。その結果、「在宅介護」1,640件、「家族介護」625件、「高齢者介護」1,209件、「介護負担」334件、「介護手当」30件で、延べ3,838

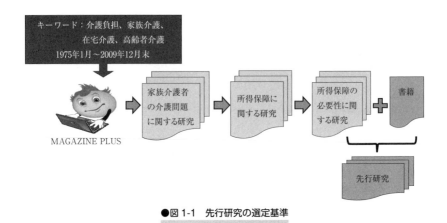

キーワード：介護負担、家族介護、
在宅介護、高齢者介護
1975年1月～2009年12月末

MAGAZINE PLUS

家族介護者
の介護問題
に関する研究

所得保障に
関する研究

所得保障の
必要性に関
する研究

書籍

先行研究

●図 1-1　先行研究の選定基準

件の文献が抽出された。そのなかには、要介護者以外に障害者や一般患者を
介護する家族介護者に関する研究や、高齢者を対象にした介護問題、もしく
は支援に関する研究、海外の家族介護の実態に関する文献（比較研究を含
む）がある。また、介護関連法解釈、座談等、福祉関連論文雑誌以外の文
献、各キーワードから抽出された文献の中に重なっている文献も含まれてい
る。それを筆者が研究テーマや文献出所等から要介護高齢者を介護する家族
介護者に関かかわる研究ではないと判断した文献並びに、重なっている文献
を除くと 750 件になる。それを年度別・テーマ別に分類し、概観してみる
と、表1-1 のようである。

① 在宅で要介護者を介護する家族介護者の介護生活実態や置かれている
状況、介護に対する意識、そして介護を行うことによって生じる介護負
担、もしくは介護ストレスといった介護が家族介護者の日常生活に及ぼ
す影響とその関連要因等に着目して介護問題を明らかにした研究が最も
数多く行われている（廣部、2000；三田寺、西向ら、2002；高木ら、北
浜ら、斎藤ら、2003；等）。

●表1-1　家族介護者に関する研究のテーマ別・年度別数

	介護問題	介護サービス	専門家の介入	介護モデル化	支援	介護力	ソーシャル・サポート	介護手当	その他	計
1975年〜1990年	10	1	0	5	4	0	0	2	2	24
1991年	1	0	0	0	0	0	0	1	0	2
1992年	6	0	0	0	0	0	1	0	0	7
1993年	3	0	0	0	0	1	1	1	0	6
1994年	4	0	0	0	2	1	0	3	0	10
1995年	5	0	1	2	1	1	1	1	2	14
1996年	13	1	2	1	2	0	1	1	0	21
1997年	7	2	0	0	2	1	1	0	0	13
1998年	6	0	1	3	3	1	1	0	0	15
1999年	17	5	5	2	11	4	4	0	2	50
2000年	23	5	2	1	12	2	3	3	10	61
2001年	21	10	1	1	7	6	6	1	3	56
2002年	27	9	5	1	7	2	3	2	5	61
2003年	28	5	2	1	9	3	5	0	5	58
2004年	34	7	7	5	6	6	3	0	2	70
2005年	30	8	5	3	9	3	4	3	5	70
2006年	37	6	4	5	10	7	6	1	6	82
2007年	20	5	6	2	4	8	2	0	3	50
2008年	28	5	2	2	3	3	3	0	3	52
2009年	11	4	2	4	3	3	1	0	0	28
計	331	73	45	38	95	55	46	19	48	750

②　そして、それに基づいて家族介護者の介護問題を概念化、もしくは理論モデルを構築しようと取り組んでいる研究も持続的に行われている（中谷、1984；中谷ら、佐藤、冷水、坂田、荒井、1989；本間、1999；鈴木ら、2004；中原、林、2005；田中ら、2007；樋口ら、2009；等）。

③　こうした研究の結果によって、介護が家族介護者の社会参加や経済活動の制限、家族関係の不和、精神的・情緒的・身体的健康への影響、社会的孤立、睡眠妨害等、生活全般に影響を与えることが明らかにされた。

④　また、その影響が家族介護者本人だけにとどまらず、要介護者の生活や介護の質にも及び、高齢者虐待や心中等につながっていることが明らかにされた（大泉他、2001；医療経高崎、緒方ら、2003；加藤、2005；古橋、2006；鈴木、2007；等）。

⑤　さらに、介護が他の家族構成員の生活の質へも影響を及ぼしていることが明確化された（家計経済研究所、2003）。

このような家族介護者の介護問題に対する支援については、家族介護者を対象にした直接的な支援よりも、家族介護者の介護問題を惹き起こす主原因である要介護者を対象にした支援、すなわち介護サービスの充実や介護サービスの利用を通じて介護問題の改善を図ろうとする研究が多い（荒井ら、立松ら、2001；藤井ら、桑原ら、2002；黄ら、保坂ら、内海；2004；等）。

一方、家族介護者への直接支援としての研究では、

①　教育的な支援を通して家族介護者個人がもっている介護力及び対処能力の向上に関する研究（和気、1989；下垣、1995；堀井ら、2001；宮上、2003；大和、2004；等）や、

②　家族、親族、隣人、知人等地域社会のインフォーマルな資源を活用して家族介護者の介護問題改善に取り組んだ研究（渡辺；2005、北村ら；2005、馬場；2004、岡ら2003、東；2000等）、

③　ソーシャルワーカーや介護福祉士、看護師等、福祉関連専門職員の役割と機能等に関する研究（中谷、1999；小原、2001；小山、2004；沖田、2005；等）、

④　介護手当といった所得保障に関する研究（田中；2000、増田、深澤；

2003、三富、菊池；2010 等）等、家族介護者支援について多様な研究
が行われている。

　これら多くの家族介護者支援に関する研究のなかで、本章では本書の目的
に沿って家族介護者への経済的支援に関する先行研究に焦点をあてて、これ
までの研究の意義とその課題を明らかにする。

2.　家族介護者への経済的支援に関する先行研究の動向と課題

　日本において家族介護者への経済的支援に関する研究（以下、「経済的支
援研究」と略す）の取り組みは 1980 年代から始まった。しかし、本格的な
取り組みは、高齢者の介護問題が社会問題として位置づけられ、介護保険制
度の導入をめぐって議論が活発に行われた 1990 年代半ばからである。
　これらの研究を概観すると、すべての研究が家族介護者の経済的支援の必
要性を論じているわけではなかった。その中には、家族介護者への所得保障
よりも、家族介護者の身体的、精神的負担を軽減させるため、あるいは専門
的な介護サービス提供等から介護サービスの充実や介護マンパワーの確保と
いった介護インフラ整備を強調する研究もある（岩田ら；1996、冷水；
1996、京極；1997：35、大沢；2008、等）。また、ジェンダーバイアスや財
政的問題等から経済的支援に反対する研究もある（今村；1996、樋口；2000
等）。このように、家族介護者への経済的支援について否定的な研究もいく
つかあるが、「経済的支援研究」の大半はその必要性を論じており、それに
対する取り組みも社会福祉学をはじめ、ジェンダー、経済学、法学等、学際
的に行われている。
　先行研究の考察にあたっては、本書の目的に沿って経済的支援の必要性を
論じている研究のみを先行研究として取り上げる。そして、先行研究の文献
は「MAGAZINE PLUS」から検索された文献をはじめ、高齢者福祉研究や

　ジェンダー研究、介護研究等、関連分野の書籍等も含めてあらゆる関連文献を収集した。そのなかで『週刊社会保障』と『介護保険情報』の論文、専門雑誌に載せられている「論評」、『世界の介護保障』（増田雅暢編著、2008）や『高齢者介護と家族－民法と社会保障法の接点』（石川恒夫・吉田克己・江口隆裕編、1997）等のように、単に外国の家族介護者への経済的支援制度の紹介にとどまっている研究、『高齢者介護』（浅野信久訳、2006）のように翻訳された論文等は除いて、大学紀要や学会誌、書籍等、学術的な研究のみを分析対象とした。

　先行研究を分類する場合、研究の検討内容別、時代別、必要性の論理別、学問別等をあげられる。まず、先行研究を検討内容別に分けると、①経済的支援の必要性、②経済的支援の形態及びモデル、③経済的支援の水準、④経済的支援制度導入のための関連制度整備等、大きく4つである。先行研究をこの4つに分類して考察すると、これに沿って分類するのが、研究の全体的な動向と特徴、各々研究の意義及び課題を明確にするうえで、適切なものと思われる。しかし、その4つの研究内容別に分類されている研究もあるが、そのほとんどは1つの研究の中に重なっているため、明確に分けて分析するのは困難である。

　次に、時代別に分類する方法は2つ考えられる。1つ目は、年代別に1980年代、1990年代、2000年以後の3つに分ける方法である。2つ目は、介護保険制度の議論を1つの軸として介護保険制度をめぐっての議論が始まる前の時期（1995年以前）と後の時期（1995年以後）に分ける方法である。年代別の研究の動向と特徴を把握するには、年代別に分ける方法が適切である。しかし、①1980年代の文献が1つしかないことと、②1990年代は介護保険制度をめぐっての議論が始まる前後の研究内容が異なっていること、③そして1990年代後半の研究内容と2000年代以後の研究内容が大きな差がないこと、この3点から年代別に分類しても年代別の研究の動向と特徴を把握することは困難であるため、分類基準としても適切であるとは考えにくい。

　そして、2つ目の分類方法である、介護保険制度をめぐる議論の始まる時期（1995）の前後に分ける方法に沿って研究の動向をみる。両時期において明確な研究の違いは、家族介護者の経済的支援の必要性を論じるうえで、重要なキーワードとしてよく用いられる「社会的公正」の説明の有無である。1995年以前の研究では「福祉サービスを利用する人と福祉サービスを利用しない人、あるいは福祉サービスが利用できない人との不公平を改めるため」という論理で経済的支援の必要性を論じている。反面、1995年以後の研究では、「施設サービスを受ける人と在宅サービスを受ける人との間に生じる家族介護の不公正」等、という論理が中心になっている。すなわち、「不公平」の比較対象が異なるということである。もう1つの違いは、強いて言えば、1995年以前の研究の「福祉サービス」が1995年以後の研究では「介護サービス」へと用語違いである。それ以外、1995年以前の研究は数的に少ないこともあり、1995年以後の研究との大きな違いがみられなかった。

　以上のことから、2つの特徴のみで分類し、研究の特徴や動向、研究の意義と課題を明確にすることが困難であることがわかった。したがって、分類基準として適切とは言い難い。

　次いで、経済的支援の必要性に対する論理別に分類してみると、「経済的支援研究」の中に示されている必要性の論理は、「社会的公正」、「選択」、「社会的労働」、「経済的支援」、「権利性」等である。これに沿って分類する方法もあるが、検討内容別分類と同様に、必要性の論理も1つの研究の中に重なって論じられているため、明確に分類することが困難である。したがって、分類基準として適切とは言い難い。そして、学問別分類は、上で述べたように、「経済的支援研究」は学際的に行われている。しかし、それを分類基準にするに際して、研究者の専門分野を基準にすべきなのか、それとも研究の内容からすべきなのかという問題がある。それは研究内容と研究者の専門分野が必ずしも一致していない文献もあるからである。

　このように、「経済的支援研究」を明確な基準に即して分類することはた

やすいことではない。しかし、いかなる研究においても明確に示されているのは研究方法である。したがって、ここでは、「経済的支援研究」を研究方法別に分け、先行研究の内容やその論点等を整理し、その意義と課題を検討する。

　研究方法を、①実証研究、②国際比較研究、③文献研究の3つに分けた。実証研究は、量的調査、もしくは質的調査研究と既存のデータを再構成して調査研究の手法にそって行われた研究のみとした。国際比較研究は、田中耕太郎の研究（2000）や 森川美絵の研究（2001）のように1か国の事例を取り上げ分析した事例研究は除いて、国際比較の観点から2か国以上の国を対象にして比較、分析を行っている研究のみを持ち上げた。文献研究は、実証研究と国際比較研究以外の研究とし、検討を行った。

（1）「経済的支援研究」における実証研究

　「経済的支援研究」において実証的な調査によって行われた研究としては、浦坂純子・大日健史（2001）、塚原康博（2005）、菊池いづみ（2010）の研究が挙げられる。それぞれの研究の検討内容や意義、「経済的支援研究」としての課題等をみると、表1-2のようである。

　浦坂・大日の研究（2001）では、1996年に厚生省大臣官房政策課調査室主宰の社会保障経済分析研究によって行われた「高齢者福祉サービスに関する実態調査」を用いて、自治体の高齢者福祉サービス格差と現金給付との代替性を実証的に検証した。その結果、高齢者福祉サービスのなかで、特別養護老人ホームを除いた在宅福祉サービスはもちろん、老人保健施設も現金給付の代替的な機能をもっていないこと、現金給付額が自治体の財政力に影響を受けていることを明らかにしている。この結果を解釈してみると、現金給付が施設型サービス利用を抑制しており、要介護者と家族介護者の在宅介護生活を維持するうえで、一定の効果を果たしていると考えられる。言い替え

●表1-2　実証研究における経済的支援研究の論点と経済的支援の必要性

著者	研究の論点	経済的支援の必要性
浦坂純子・ 大日健史（2001）	・高齢者の福祉サービス格差と現金給付と 　の代替性を検証	福祉サービスの代替性 介護の選択
菊池いづみ （2010）	・介護手当の実態調査 ・事例を通した介護手当導入の経緯検討 ・現金給付の実現可能性を検討	モデル構築
塚原康博（2005）	・介護手当の給付額を試算	介護の選択

ると、現金給付が在宅で家族に介護を受けたいという要介護者のニーズと要介護者を介護したいという家族のニーズに応えているといえる。これは在宅介護を優先している介護保険制度の基本方針を推し進めるためにも現金給付が必要であることを示唆していると考えられる。

　このようにこの研究の結果からは、現金給付の効果まで読み取れるにもかかわらず、浦坂・大日（2001）は、現金給付を地方自治体レベルで検討すべき課題だと述べている。この点からすると、浦坂・大日は現金給付を所得保障としての役割よりも、不足している介護サービスの代替としての役割でしか考えていないと考えられる。しかし、この研究は、福祉サービスと現金給付の代替性の関係を実証的に検証を試みた点は評価できる。

　浦坂・大日の研究（2001）とは異なって、菊池の研究（2010）は地方自治体単独事業として行っている介護手当のみに着目して、その実施実態と導入の背景等を実証的調査を通して政策的な分析を行ったものである。菊池の『家族介護への現金支払い-高齢者介護政策の転換をめぐって-』の研究（2010）は、「経済的支援研究」において唯一の単行本であり、先行研究をレビューするうえで欠かせない文献である。本書は、

　序　章 研究の目的と意義

によって構成されており、各章は主に調査分析別に分けられている。

　本書は量的調査と質的調査、両方をとっている。量的には47都道府県、都市部、郡部の3つに分けて調査を行っている。47都道府県を対象にして、長年支給し続けてきた地方単独事業としての介護手当の実施状況、支給方法、廃止理由といった実施実態を捉えている。そして、都市部と郡部を対象にしては、介護保険制度の特例措置として盛り込まれた家族ヘルパー派遣と家族介護慰労金の実施状況を調査し、その実態を明らかにしている。

　そして、質的調査は、独自の施策として現金給付を一時的に支給した千葉県野田市、家族ヘルパー派遣事業を導入した京都府の旧園部町、家族ヘルパー派遣事業をはじめ、家族介護への現金給付事業を中心とする長野県泰阜村の3地域を取り上げ、導入の背景、実施状況、制度の内容等、聞き取りと関連資料を収集し、事例研究方法で行っている。これらの資料をもとにして、家族ヘルパー派遣と現金給付の導入にあたって影響を及ぼしたさまざまな要因を分析している。この2つの調査方法を通して日本における現金給付の実現可能な日本モデルを提示しており、またその役割についても検討を行っている。

　菊池の研究は、実態調査と事例調査を通して得た実証的なデータの分析をもとにして現金給付の実現可能性を考察し、単に現金給付モデルを提示した

だけではなく、その役割についても検討した点は意義深い。また、地方単独介護手当と家族介護慰労金の実態について、1990年代から厚生労働省やNHK、新聞社等によって行われた調査もあり、またはそれを用いて研究したものもある（柵木、1991）が、いずれも実態把握にとどまっている。しかし、菊池の研究は自らが調査・分析を行った点は評価できる。実態調査とあわせて事例研究を行い、現金給付がどういう過程を経て、いかなる背景で導入されていたか明らかにしている点は、今後家族介護者への経済的支援策導入にあたって多いに参考になるところがあり、評価すべきである。

　しかし、菊池の研究は、要介護者への介護サービス提供のみを原則としている介護保険制度の下で、現金給付導入に反対する側の論拠に対する反論、すなわちなぜ介護サービスのみでは家族介護者の介護問題が改善・解決できず、現金給付が必要なのかという、その必要性については十分に論じられていない。それに介護手当の実態調査と事例研究のみでは経済的支援の必要性を論じるうえで十分な実証的な根拠として示すことは難しいと考えられる。

　最後に、塚原の研究（2005）では墨田区の要介護高齢者の主介護者を対象にして行われた調査を用いて、介護サービスの金銭的な価値を推定し、介護手当の給付額を示した。介護手当の給付額は、「介護サービスを受けられるならば、最大限支払ってもよい金額」と「介護サービスを供給するならば、最小限支払ってもらいたい金額」を調査し、1時間あたりの平均値を概算している。介護手当の給付額については、施設介護サービスと在宅介護サービスの予算の差額から概算した研究（川村、1996）や、租税制度の改革を通した概算（都村、1990）、経済的損失あるいは、機会費用の補填（丸山、2006）等、いくつか研究がある。しかし、これから介護サービスを受ける当事者を対象にして、その金額を実証的に概算を試みた点は評価できる。

(2)　「経済的支援研究」における国際比較研究

　「経済的支援研究」だけではなく、新しい制度・政策の必要性を論じるう

えで、よく使われる研究方法の１つが国際比較研究である。「経済的支援研究」においてイト・ペング（1999）、深澤和子（2003）、三富紀敬（2010）、松本勝明（2011）の研究が代表的な国際比較研究として挙げられる。イトの研究（1999）と深澤の研究（2003）はジェンダーの観点から、三富の研究（2010）と松本の研究（2011）は介護政策の観点から家族介護者への経済的支援を比較検討している。4人の研究は現金給付へのアプローチや分析の枠組み、比較対象国等は異なっているが、現金給付を含んだ家族介護者への総合的支援が必要であることに共通の認識をもっている。それぞれ研究の検討内容や意義、課題等をみると、表1-3のようである。

　まず、ジェンダーの観点から検討を行ったイトの研究（1999）と深澤の研究（2005）からみていきたい。

　イト（1999）の研究では、家族支援政策の１つとして現金給付を取り上げている。この研究はキャッシュとケアと、女性の市民権との関係に着目し、

●表1-3　国際比較研究における経済的支援研究の論点と経済的支援の必要性

著者	研究の論点	経済的支援の必要性
イト・ペング （1999）	・ジェンダーの観点 ・「ケアを受ける権利」と「ケアをする権利」の二つの指標から家族支援政策を比較検討	家族介護の評価（女性の市民権確保）
深澤和子 （2003）	・ジェンダーの観点 ・各国における現金給付の導入経緯、水準、条件を比較検討。 ・海外においても給付水準は高くない。	家族介護の評価（新たなジェンダー関係構築）
三富紀敬 （2010）	・家族介護支援策の全般的な動向と形成過程を比較検討 ・介護が家族介護者の生活に及ぼす影響（介護者と非介護者との所得格差、労働時間等を検討）	家族介護支援策の一つとして所得保障
松本勝明 （2011）	・比較対象国における現金給付の受給対象及び条件、実施状況、給付額の動向を比較検討	要介護者の自己決定と家族介護の促進

「ケアを受ける権利」と「ケアをする権利」の2つの指標をもとにして、オランダ、デンマーク、イギリスと比較しつつ、日本の家族支援政策の動向を分析している。その結果、日本の場合、その3か国に比べてケアに対する金銭的給付が低額で、間接的な給付に制限されており、高齢者のケアを受ける権利はもちろん、女性のケアをする権利も非常に低いことを明らかにしている。そのことから、現在日本の家族支援政策はケアの権利性を重視した方向に進行しているというより、ケアサービス提供の拡大をベースとしたサービス化への方向に進行していると指摘している。そして、女性の市民権を確保するには、ケアの労働に金銭的価値を与えるのが不可欠であると述べている。

　この研究は、「介護」を社会構成員の「権利」とみなし、国際的観点から現在日本が置かれている家族支援政策の位置を明らかにした点は評価できる。しかし、この研究では比較基準である指標を高・中・低の3段階で評価しているが、何を基準として評価したのかが明確にされていないという問題もある。

　そして、同じジェンダーの観点から現金給付を検討した深澤の研究（2003）をみると、次のようである。深澤の研究（2003）ではジェンダーの観点から家庭内のケアワークがどう社会的に評価されてきたのかについて現金給付を取り上げて比較検討している。そのために、まず、支給対象別に要介護者に支給する給付と介護者に直接支給する給付に分け、次に目的別に賃金と手当に分けて、国際的動向から検討を行っている。介護者への賃金を目的として要介護者に支給する国としてはオーストリア、ドイツ、フランス、フィンランドであり、要介護者と家族介護者の両方に支給する国としてはスウェーデンとなっている。家族介護者に支給する国としてはイギリス、を取り上げた。そして、手当を目的に支給する国としてはイギリスを取り上げ、各国の現金給付の導入経緯、給付条件、給付水準等を比較検討したものとなっている。

　この比較検討を通して深澤は、各国で展開されている給付制度は要介護者

を対象にせよ、それとも介護者を対象にせよ、いずれも著しく女性に偏っている問題があると指摘している。そのうえで、新たなジェンダー関係を構築していくためには、介護者に対する多様な社会的評価はもちろん、給付水準の向上や社会権の充実等、現行の社会的評価をさらに拡充させていくべきであると述べている。要するに、この研究ではジェンダー関係の改善のために現金給付が必要であると論じているといえる。そして、この研究結果からは、賃金として支給されている海外の家族介護者の給付もその水準がそれほど高くないということが読み取れる。

　しかし、国際比較研究として深澤の研究をみると、この研究では比較内容を示しながら、比較対象国の選定基準を明確に示していない。それに、比較内容においても検討した各国の内容にばらつきがある等、比較研究としての枠組みがきちんとできているとは言い難い。また、比較対象として日本が含まれていないことはもとより、日本への示唆すら述べられていないのは、比較研究としての意味を半減させていると言わざるを得ないであろう。

　次に、介護政策の観点から経済的支援を検討した三富の研究（2010）と松本の研究（2011）をみていきたい。

　まず、三富の『欧米の介護保障と介護支援－家族政策と社会的包摂、福祉国家類型論－』という研究（2010）は、介護政策のなかでも介護者支援政策に重点を置いている。本書は、

　序　章 介護者の歴史と社会政策研究
　第1章 介護保障の国際比較
　第2章 家族政策の形成史と介護者
　第3章 介護保障の形成史と介護者支援
　第4章 社会的排除と介護者の包摂
　第5章 介護者支援の政策体系と福祉国家類型
　終　章 介護者支援の背景と介護保障の再構成

と構成されている。

　この文献では、日本の介護者支援研究及び国際比較研究の問題を指摘しながら、介護者の経済的支援制度を含んだ家族介護支援策の全般的な実施状況や形成過程、研究の動向等を多角的に分析している。そして、経済的支援の必要性についても介護者と非介護者の労働時間や所得等を比較しながら、その必要性の意義を論じている。

　この文献は、比較対象国の膨大な資料を参考にしつつ、比較対象国の家族介護支援政策の動向や現状、特徴等はもちろん、日本の家族介護支援研究が見落としているところを明確に指摘している点は評価に値する。そして、家族介護者への経済的支援の必要性を論じたうえで、介護が家族介護者の生活にどう影響を及ぼしているのかを明確にしている点から研究している点も意義深い。こうした点からこの文献は、「経済的支援研究」の国際比較において重要な参考文献であることは間違いない。

　ところで、国際比較研究だけではなく、すべての研究に共通することであるが、研究の枠組みを明確に示すことが重要であると考える。もちろん三富の研究においても国際比較の枠組みを示していないことはない。しかし、あまりにも多くの国を比較対象にしているため、それぞれの国の検討内容にばらつきが生じており、内容によって取り上げている項目とそうでないことがあるということからいうと、比較研究としての枠組みに多少問題があると言わざるを得ない。

　三富の研究とは異なって、松本の『ヨーロッパの介護政策－ドイツ・オーストリア・スイスの比較分析』（2011）の研究では、介護政策に焦点をあてており、介護手当はその中の一部として取り上げている。本書は、

　序　章 比較分析の目的と視点
　第1章 ヨーロッパレベルの政策

と構成されている。

　本章はドイツ・オーストリア・スイスを比較対象として取り上げ、各国の介護をめぐる状況や制度の概要、最近の政策動向、現金給付を含んだ家族介護支援策等を比較分析したうえで、今後日本の政策が進むべき方向性を示唆している。

　そのなかで、現金給付関連の比較をみると、この文献では比較対象国において現金給付の受給対象及び条件、実施状況、給付額等の動向を調べたうえで、これを現金給付と介護サービスとの関係、現金給付の使途、水準、財政的な影響の4つの視点から比較分析している。その結果、比較対象国は現金給付について要介護者の自己決定に基づくサービスの利用や、家族介護の促進に役立つものとして評価していることを明らかにしている。こうした点から、松本は今後日本においても家族の介護負担軽減と家族の介護選択をしやすくするため、現金給付を含んだ多様な家族支援策が必要であると述べている。

　松本の研究は、国際比較研究として枠組みがきちんとできており、そして各国の最近の現金給付動向はもとより、各国において現金給付に対する評価を明らかにした点は評価できる。しかし、この研究が研究の結果から日本へ

の示唆を示しているとはいえ、なぜ日本で現金給付を含んだ多様な家族介護支援が必要なのかというところは明確にしていない。これは、松本だけではなく、ここで取り上げている 4 人の研究すべてにいえることである。

(3)　「経済的支援研究」における文献研究

　文献研究は、「経済的支援研究」において最も多く使われた研究方法である。文献研究では、家族介護の評価方法、経済的支援の必要性、給付形態、給付額等、その論点も、問題アプローチも表 1-4 のように多様である。

　本書でとりあげた、先行研究の検索結果によると、「慰労金」を目的とした低額の介護手当ではなく、家族介護を正当な社会的評価として具体化し、その必要性と意義をいち早く論じているのは星野信也（1982）である。星野（1982）は、自治体の上乗せ福祉サービスを利用する者と利用しない者、あるいは利用できない者の間に生じる社会的不公平の問題を改善し、施設と在宅の利用においてより自由な選択を可能にするため、家庭内福祉労働を社会的に評価し、普遍的な手当を支援すべきであると論じている。

　家事労働として家庭内労働問題を取り上げ、経済的に評価すべきであると論じるジェンダーの研究[3]は、星野の研究以前にもあるが、星野の研究は家事労働や家庭内労働問題というより、介護問題として介護手当の必要性と意義を述べている点は意義深い。そして、星野の研究が家族介護者の所得保障に焦点をあてた研究ではないが、この研究で示された「介護労働」、「社会的公平」、「選択」といった用語は、その後の「経済的支援研究」において重要なキーワードとして位置づけられており、評価に値すると思われる。

　星野の研究のように社会的公平の観点から経済的支援を検討した研究としては一圓光彌（1991）、漆博雄（1997）、田中耕太郎（2000）、佐藤卓利（2008）等の研究がある。そのなかでも、星野の研究と最も類似する研究が一圓光彌（1991）の研究である。

●表1-4　文献研究における経済的支援研究の論点と経済的支援の必要性

著者	研究の論点	経済的支援の必要性
星野信也 (1982)	・福祉サービス利用する者としない者、あるいはできない者の間に生じる公平性の問題 ・施設と在宅の利用における自由な選択	社会的公平性の観点 家庭内福祉労働の社会的評価、介護の選択
都村敦子 (1990)	・経済学の観点 ・経済的支援の有効性を検証	家族介護者の所得保障と公平性
大塩まゆみ (1990)	・先行研究の考察 ・児童手当の必要性の観点	社会手当として介護手当
一圓光彌 (1991)	・医療・福祉サービス利用状況と費用負担問題を検討	公平性の観点
吉田克己 (1997)	・法学の観点 ・家族介護無償論の論拠とその妥当性を検討	家族介護の評価（介護期と介護後の評価）
田中耕太郎 (2000)	・ドイツ研究 ・介護手当の実施状況と意義を検討 ・介護手当導入の反対論に対する異論提起	介護の選択
森川美江 (2001)	・アメリカ研究 ・消費者主導とジェンダー観点から検討	介護の選択
増田雅暢 (2003)	・政治学の観点 ・介護保険制度形成過程における介護手当の議論 ・介護手当の類型化、介護手当の必要性を多角的に検討	モデル構築
佐藤卓利 (2008)	・政治経済学の観点 ・介護サービス提供において有・無償労働の矛盾 ・施設利用者と在宅利用者の費用負担の問題を検討	公平性の観点
三富紀敬 (2010)	・イギリス研究 ・介護が家族介護者の生活に及ぼす影響（介護者と非介護者との所得格差、労働時間、経済的価値等を検討） ・介護手当導入の反対論に対する異論提起	家族介護支援策の一つとして所得保障

　一圓（1991）は、社会保障の観点から医療・福祉サービスの利用状況と費用負担問題に着目している。この研究では、現在の医療・福祉インフラの下では、サービスを利用できる者とできない者が生じ、そこからもたらす家族介護負担、介護費用及び生活費、サービス利用等の不公平の問題をなくすため、イギリスの介護手当を取り上げながら、介護手当の必要性を論じている。この研究でイギリスの介護手当の事例が取り上げられているが、なぜ医療・福祉サービス利用と費用負担問題の改善策が介護手当なのかというところにおいては、十分な検討がなされたとは言い難い。

　「経済的支援研究」において介護手当の事例としてイギリスの例を挙げている研究は、一圓の研究以外にもいくつかあるが、その代表的な研究が三富紀敬の『イギリスのコミュニティケアと介護者－介護者の国際的展開－』（2008b）である。本書は、イギリスの介護者支援について検討し、日本における政策研究へ示唆することを目的としており、構成は

序　　章 イギリスの社会保障と介護者
第1章 介護者支援の国際的な展開とイギリスの位置
第2章 イギリスの社会保障と介護者
第3章 介護者のニーズの承認と自治体のサービス給付
第4章 国民保健サービスと介護者
第5章 介護者の労働力状態とワーク・ライフバランス
第6章 介護を担う子どもと支援事業
終　　章 日本の政策研究への示唆

となっている。

　この文献は、三富の国際比較研究（2010）と同様に家族介護支援の1つとして経済的支援の必要性を論じている。経済的支援に関わって、特に注目すべき章は、第2章である。この章では、介護者の有償・無償年間労働時間

と、それに伴う経済的価値、介護の有無別・性別労働形態と失業率、それに
よる年間逸失所得、介護者化に伴う家計支出の変化、要介護者有無別居住形
態、等を参考資料から抜粋、引用し、それらを再作成し、介護が家族の経済
生活に及ぼす影響を明らかにしている。三富はこの結果から家族介護者への
経済的支援が必要であると述べている。また、介護が介護者の経済生活にど
のように影響を及ぼしているのかを一目瞭然に浮き彫りしている点は評価で
きる。そして、イギリスの介護者支援の歴史と現状をふまえ、国際的観点か
ら日本で提起されている介護者支援と経済的支援に関する否定的な論理がい
かに妥当性が欠如しているかを明らかにしている点も評価できる。

　しかし、家族介護者への経済的支援よりも、介護サービスの充実を優先し
ている日本の現状と課題を実証的に示すことなく、国際的観点からの日本の
位置づけだけで日本での経済的支援の必要性を論じるには、その説得力が十
分とは言い難い。

　三富のように、一国の事例をあげて介護手当、あるいは現金給付を検討し
た研究としては田中耕太郎（2000）の研究と、森川美江（2001）の研究等が
ある。田中（2000）はドイツの事例を、森川（2001）はアメリカの事例を取
り上げて分析している。各々研究の内容をみると、以下のようである。

　まず、日本と同様に介護問題に対して保険方式をとっているドイツを事例
研究した田中（2000）の研究がある。田中（2000）はこの研究で、家族介護
を受ければ受けるほど介護給付の量が少なくなる日本の介護給付の不公正問
題から、ドイツの在宅介護の状況や介護手当の趣旨及び内容、実施状況、そ
して介護手当がもつ意義とその効果等を分析している。こうしたドイツの経
験から日本で介護手当導入に対する反対論の論拠に問題を提起しながら、介
護手当の必要性を述べている。田中の研究（2000）が介護手当導入に対する
反対論拠を論理的に指摘した点は評価できる。しかし、それが介護手当の必
要性や、家族介護に経済的な評価をしなければならない根拠になっているか
というと、その点が弱い。

　田中の研究（2000）とは異なって、介護サービスか、現金給付かという二者択一的な介護給付制度をとっているアメリカの事例を取り上げたのが森川の研究（2001）である。森川の研究（2001）は、現金給付について消費者主導とジェンダー視点からの批判的議論をまとめたうえで、消費者主導の視点からアメリカの現金給付制度を分析している。その分析から、消費者主導の現金給付導入にあたっては、利用者の自由な選択、決定が可能になるための条件を整備すること、提供者の賃金や各種権利の保障といった労働保障に関する政府の責任を明確にすること、関連制度の改善等が必要であると論じている。

　この研究は、現金給付の必要性を論じる際、提示される1つの論理である利用者本位（消費者主導）の観点からアメリカの現金給付制度を分析し、日本で現金給付を導入する際、検討すべき課題を示している。この点については評価できる。しかし、この研究のキーワードである消費者主導というのは、介護サービスか、現金給付かという二者択一的な給付の選択が消費者主導といえるかという疑問は残る。かえって、ドイツのような介護給付制度がより消費者主導に近いのではないかと思われる。そのことから、事例対象の選定に問題があるといわざるを得ない。そして、この研究は要介護者の選択を中心とした研究であるため、家族介護者への経済的支援の必要性について論じられていない。

　森川の研究（2001）とは異なって、家族介護者の労働の選択を重視した研究が佐藤卓利（2008）の研究といえる。佐藤の研究（2008）は、政治経済学の観点から介護サービス提供において有・無償労働の矛盾と、施設介護サービス利用者と在宅介護サービス利用者の間に生じる費用負担の不均衡を明らかにしたうえで、その問題の改善策として介護手当を検討している。佐藤は、介護手当について、その目的によっては介護の社会的総費用の抑制につながりかねないし、また介護労働を介護手当として経済的に評価しても現在の市場メカニズムと性別役割分業の構造の下では、女性を家族介護の担い手

に留め置く仕組みとして機能しかねないとその問題を指摘している。こうした問題を解決するために、介護手当の給付額を向上し、自由な労働の選択が可能にするように、介護手当を再検討する必要があると論じている。

　佐藤の研究は介護手当を目的別に検討し、その問題と今後の方向性を示した点は評価できる。しかし、なぜ家族介護が無償労働ではなく、有償労働として評価すべきなのかについては、十分な検討がなされたとは言い難い。この問題に取り組んだのが吉田克己（1997）である。

　吉田（1997）は、家族介護を担っている要介護者の子どもと子どもの配偶者を対象にして、法学の観点から家族介護無償論の論拠とその妥当性を検討し、その論拠に妥当性がないことを明らかにした。その結果から、家族介護期間中と家族介護終了後の有償評価について検討を行っている。家族介護期間中の有償評価として①市場調達価格での評価、②機会費用の補償、③出費の節約としての評価、④慰労金的性格を持つものとしての評価を取り上げ、それぞれの特徴と問題を比較検討している。そのうえで家族介護期間中の有償評価として①が最も妥当であると論じている。そして、家族介護終了後の有償評価としては、寄与分制度を取り上げ、家族介護の有償評価手段として課題と、改善に向けての政策提言を行っている。

　吉田の研究（1997）が、家族介護者の一部を対象にしているとはいえ、なぜ家族介護が無償労働ではないのかを法学的に分析を行った点は意義深い。そして、「経済的支援研究」を含んだ家族介護に関する研究のほとんどが介護期間中の問題のみに着目しているのに対し、この研究は、介護期間中はもちろん、介護終了後の問題まで視野に入れて家族介護の有償評価を検討した点は評価に値する。しかし、この研究は家族介護無償論が妥当性をもっていないことを明らかにしているが、家族介護が無償ではないといって、それが有償であるという根拠として示すことは多少無理があると考えられる。つまり、この研究は、なぜ家族介護を有償にすべきなのかというところが欠如している。

　吉田の研究（1997）は、家族介護期間中の金銭的評価として4つのタイプ
を示して検討しているが、これを支給目的別に類型化して検討したのが増田
雅暢（2003）である。増田の研究（2003）は、介護手当についての明確な定
義を示したうえで、対象別及び目的別に計八つのタイプの介護手当を類型化
し、日本の現状と海外の現状を検討している。それから、介護保険制度形成
過程において議論された介護手当に関する議論を時系列に整理し、介護手当
が制度化されなかった原因を分析している。その結果を踏まえて、なぜ介護
手当が必要なのかを要介護者、家族介護者、保険者、経済的効果等、多角的
に検討を行い、介護手当の試案を具体的に示している。

　これまでの「経済的支援研究」では、介護手当に関する説明がほとんどな
かったが、増田の研究（2003）は、それに対する明確な定義を示しており、
それに介護手当の類型化、介護手当の制度化しなかった原因分析、介護手当
の必要性と試案の提示等、介護手当に関する研究として意義深い。しかし、
経済的支援の観点からみると、なぜ介護手当なのかという点は疑問が残る。
こうした点について、柵木靖子（1991）は経済的支援方法として税控除の問
題から介護手当にすべきであると述べてはいるが、その問題に着目して取り
組んだのが都村敦子（1990）の研究である。

　都村（1990）は、所得控除と現金給付のなかで、どちらが政策的に家族介
護者の経済的援助をより有効に達成しているかを検証している。そのため、
海外の動向はもちろん、家族介護実態を捉えたうえで、経済的援助として所
得控除の問題を明らかにし、家族介護者の経済的援助を強化、かつより公平
な給付システムにするため、介護手当のような現金給付をすべきであると述
べている。都村の研究は、家族介護者への経済的支援の観点から家族介護者
にとってどのような経済的支援が有効であるかを明確にし、それを家族介護
の実態から検討を行った点は評価できる。

　以上のように、「経済的支援研究」はいくつかある。しかし、先行研究を
踏まえ、経済的支援の必要性を論じている研究はわずかである。その一つが

大塩まゆみ（1990）の研究である。大塩（1990）の研究は、1980年代後半の在宅要介護者の介護手当について先行研究を検討したうえで、社会手当としての介護手当を論じている点で評価しておく必要がある。

3. 先行研究の考察

　以上のように、これまでの「経済的支援研究」を研究方法別に大きく3つに分けて、研究の論点や検討内容、研究意義と課題等を検討してみた。家族介護研究の全体からすると、「経済的支援研究」の数は多くないが、介護サービスと現金給付との代替関係や日本の介護手当の実態及び海外の家族介護支援の現状、給付モデル及び形態、給付額算定、家族介護の経済的評価方法、介護保険給付と費用問題等、その論点も分析の観点もさまざまであり、学際的に行われている。これらの研究から明らかになったことをまとめると、次のようである。

① 　介護の事例と国際比較を通して海外では家族介護をどう評価し、どう位置づけ、どのような仕組みで支援しているのか等、海外の家族介護の現状と政策動向（イト、1999；深澤、2003；三富、2008b；2010；松本、2011等）、

② 　家族介護者の経済的支援において所得控除よりも現金給付が有効であること（都村、1990）、

③ 　日本の介護手当（介護慰労金を含む）の実態（増田、2003；菊池、2010）、

④ 　介護手当に対する反対論と家族介護無償論に妥当性が欠如していること（吉田、1997；田中、2000；増田、2003）、

⑤ 　現在の社会経済的構造の下で、家族介護に対する経済的評価の問題と課題（森川、2001；佐藤、2008）、

⑥ 　介護保険制度の形成過程において介護手当に関する議論の全容（増

田、2003）、

⑦　介護保険制度において施設介護と在宅介護の間に生じる不公平問題
（田中、2000；佐藤、2008）。等、である。

　このような先行研究から明らかになったことは、家族介護者への経済的支援の必要性を論じるうえで、重要な論点であり、検討して明らかにすべき課題でもある点でその意義は大きい。

　しかし、先行研究を検討した結果、いくつかの研究課題を残している。それは、以下のように指摘することができる。

　第 1 に、家族介護者への経済的支援の必要性を論じるにあたって、重要な論点に対する実証的な検証が伴っていない点である。

　実証的な研究は、ある問題を究明して何かを求める際、問題の可視化はもちろん、研究結果に対する信憑性を高め、より客観的な事実から問題とそれに対する支援策の必要性を論じることができる、効果的な研究方法であると思われる。しかし、先行研究を研究方法別に分けて検討した結果、先行研究は、家族介護者への経済的支援の必要性を論じるにあたって実証的な研究がいくつかあるとはいえ、そのほとんどが文献研究を中心に行われている。そのため、家族介護者への経済的支援の必要性を論じるうえで、検討された論点のほとんどは実証的な検証の裏付けが乏しいという課題を抱えている。さらに、いくつかある実証的な研究においても、研究者自ら行われた調査研究は、菊池の研究（2010）のみである。

　第 2 に、介護サービスと家族介護者の介護問題との関係を追究した研究がない。介護サービスさえ十分提供すれば家族介護問題も改善できるという現行介護保険制度の下で、家族介護者への経済的支援、もしくは経済的支援の必要性を論じるなら、介護サービスだけでは家族介護者の介護問題が解決できないという介護サービス利用と家族介護問題との関係を明らかにすることが重要である。

　しかし、先行研究では、既存のデータを用いて家族介護の実態から家族介護者への経済的支援を検討した都村の研究（1990）を除くと、それに対する検討はもちろん、実証的な研究も欠けている。しかし、都村の研究（1990）は、介護保険制度施行以前の研究であるため、介護サービス利用条件や介護施設、マンパワー、介護に対する認識といった介護環境が異なる介護保険制度施行以後に適用することは難しい。それに、都村の研究（1990）が家族介護の実態から経済的支援を検討したとはいえ、介護サービス利用と家族介護者の介護問題との関係を究明したものではない。

　したがって、先行研究では、介護サービス利用と家族介護者の介護問題との関係を実証的に検証したうえで、経済的支援の必要性を取り組んでいる研究は皆無と言っても過言ではない。そういう関係を明らかにすることなく、介護保険制度下で果たして家族介護者への経済的支援と経済的支援が必要であると主張することができるかという疑問が残る。

　第3に、家族介護者の経済的支援が介護期にとどまっている点である。介護による経済的問題の影響は、家族介護者が要介護者を介護する介護期のみならず、その介護が終わった後にも及ぼしている。このことから、家族介護者の経済的支援（所得保障）は、介護期だけではなく、介護終了後まで視野に入れて検討を行う必要がある。しかし、吉田の研究（1997）を除いたほとんどの先行研究では、介護期の経済的問題のみに着目している。こうしたことは、経済的問題の本質、つまり、経済的問題が引き起こす問題の連鎖と影響を捉えきれず、断片的に問題をとらえたことから生じる問題であると考えられよう。

　第4に、家族介護者の経済的問題を改善するため、諸支援策の現状と課題に対する検討が欠けている点である。介護による家族介護者の経済的問題を緩和するため、いくつか支援策がある。

　たとえば、

①　介護のため、離職場合、雇用保険の失業手当がある。

②　家族介護者が経済的活動と介護が両立できるようにすることによって経済的問題を緩和する支援策としては、介護サービスと介護休業制度がある。

③　介護休業制度の利用にあたって生じる所得損失を補うための介護休業給付制度がある。

④　市町村の任意事業として行われている介護手当がある。

⑤　オムツ等の現物支援がある。

⑥　介護後の経済的問題に対しては、年金制度がある。

等である。

　ところが、家族介護者への経済的支援の必要性を論じるならば、これらの支援策があるにもかかわらず、なぜ、家族介護者の経済的問題を改善・解決できないのかという、支援策に対する課題を検討する必要である。しかし、先行研究では、その支援策の課題を取り組んだ研究がない。

　したがって、本研究では、以上のような先行研究の課題を踏まえたうえで、家族介護者への経済的支援の必要性を実証的に取り組んでいきたい。そこに本研究のオリジナル性がある。

第3節　在宅家族介護における経済的支援の現状と課題

　社会保障制度における所得保障制度は、社会経済的変動によるリストラや病気等、何らかの理由で職を失った場合や、けがや病気等で仕事を休まざるを得ない場合、障害や高齢等によって職につくことができなくなった場合、一家の働き手を失った場合等、人が暮らしていくうえで、引き起こすリスクに応じて生じる所得損失を補うためのものである。

　ところが、所得保障制度の設計当時、経済的支援の対象としてけがや病気

等、短期間の介護問題は想定されたものの、高齢者介護のように長期間を要する介護問題は想定されなかったと思われる。それは、当時、制度設計のモデルになった家族形態が3世代同居世帯ではなく、核家族であったことや、総人口の中で高齢者が占める割合が高くなかったこと、それに、介護問題を抱えている家族があったとしても、その問題は、個人的な問題としてみなされていた。何よりも労働者のそのため、介護による所得損失に対しても経済的支援制度が取り組まれていなかった。

　介護問題が社会問題として位置づけされ、その問題に対応するため、2000年介護保険制度が施行されるようになった。しかし、現行介護保険制度には、雇用保険や医療保険、年金の社会保険制度と違って、保険事故、つまり、介護による家族介護者の所得損失を補うための経済的支援が設けていない。

　序章で述べたように、要介護者発生による所得損失は、介護期の所得問題だけではなく、介護後の所得問題にも影響を及ぼしている。こうした家族介護者の所得減少を補ったり、所得減少を緩和したりするための支援策は、①雇用保険の失業手当、②年金、③家族ヘルパー制度、④介護手当、⑤介護サービス、⑥介護休業制度と介護休業給付制度、⑦税控除、⑧現物給付等がある。それぞれの支援策を介護期と介護後の家族介護者の所得保障の観点から検討してみると、次のようである。

1. 社会保険制度からみた家族介護者の経済的支援

（1）　家族介護者の経済的支援の観点からみた失業手当（雇用保険の基本手当）

　雇用保険制度における失業手当は、何らかの理由で失業状態になり、その状態が改善・解決されるの間に生じる所得減少を一定期間補うことを目的としている制度である。そのため、失業手当は、家族介護者が介護のため、仕事をやめた場合、それによって生じる所得減少を一定期間補うことができる。

　ところが、失業手当が介護による家族介護者の所得減少を保障するための支援策として機能を果たすには、介護が終わるまで、あるいは家族介護者が経済活動に参加できるよう、家族介護者の役割を代替できるサービス、もしくは他の介護者が見つけるまでに失業手当が受けられるかどうかが重要である。

　家族介護者が介護のため、仕事をやめた場合、雇用保険から失業手当が受けられる日数は、表1-5のように最大330日である。この受給日数の間に、介護が終わるか、それとも家族介護者が家族介護を代替するものを見つけ、経済活動に参加でき、それが維持できると、失業手当は家族介護者の経済的問題を改善する支援策として機能しているといえる。しかし、表2-2の家

●表1-5　特定理由離職者の失業手当（雇用保険の基本手当）受給日数

被保険者であった期間／区分	1年未満	1年以上5年未満	5年以上10年未満	10年以上20年未満	20年以上
30歳未満	90日	90日	120日	120日	・
30歳以上35歳未満	90日	90日	180日	210日	240日
35歳以上45歳未満	90日	90日	180日	240日	270日
45歳以上60歳未満	90日	180日	240日	270日	330日
60歳以上65歳未満	90日	150日	180日	210日	240日

資料：厚生労働省

族介護者の平均介護期間は、約5.7年である。その中には、20年以上介護を行っている家族介護者もいる。このように高齢者介護は、介護がいつ終わるかがわからない不確実性という特徴をもっている。

　そのため、失業手当は、介護による所得減少を一時的に補うことができても、介護期全般の所得減少を補うことは難しい。それに、その一時的な所得保障も雇用保険の被保険者のみが対象になっているため、被保険者ではないパートやアルバイトといった非正規労働者と無職の人が家族介護者になった場合は、介護による所得減少を補うことができない限定的な所得保障であるといえる。また、失業手当は、介護後の家族介護者の所得を保障することが難しいという問題もある。

　したがって、失業手当は、介護期全体はもちろん、介護後の家族介護者の所得を保障するための適切な支援策とはいい難い。

(2)　家族介護者の経済的支援の観点からみた年金

　年金は、老後の生活基盤を保障するうえで、必要な所得保障制度である。そのため、介護後の家族介護者の所得を保障するという意味においても重要な役割を果たしているといえる。

　しかし、家族介護者の年齢層は40代後半から50代にかけて最も多く分布している。たとえば、介護期間を暫定的に10年かかるとすると、介護後が終わるころには、家族介護者の年齢は、50代後半から60代になる。そのため、介護後、一般労働市場に就職することは、現実的にたやすくない。それに、家族介護者の中には、すでに年金受給者になっている者も少なくない。そのため、介護によって、加入した年金の形態が変わったり、介護期の経済的問題により未納・滞納してしまうと、年金受給額の減少につながり、家族介護者の安定的な老後生活を脅かすおそれがある。

　それに、年金も、失業手当と同様に、介護と仕事を両立できる家族介護者

にとっては、介護期と介護後の所得保障制度として活用することができる。しかし、介護のため、離職したり、転職したり、それとも無職の家族介護者の所得保障には、年金としての機能が縮小したり、それとも機能を発揮しないという問題がある。

　したがって、現行社会保険制度を活用した介護期と介護後の家族介護者の所得保障は、正規労働者、もしくは介護と仕事の両立できる家族介護者に限定しているため、それ以外の家族介護者の所得を保障することは難しいといえる。

2. 社会保険制度以外の経済的支援策の現状と課題

（1）　介護サービス利用による所得維持

　介護サービス利用は、介護による家族介護者の所得損失を補う直接的な効果はない。しかし、介護サービスを適切に利用すれば、家族介護者は仕事をやめずに、介護と仕事を両立することが可能である。それによって、家族介護者の離職・転職による所得減少を緩和する効果を得る。それに、介護サービスの利用を通して仕事が続けられるということは、国民基礎年金以外の被保険者身分が保たれるので、介護後の所得保障にも影響を及ぼしているといえる。こうした効果を得るためには、家族介護者の労働時間に合わせて介護サービスを利用することが重要である。

　例えば、家族介護者が要介護度3の要介護者を介護しながら、フルタイムで働いているとしよう。そして、家族介護者が働いている会社の勤務時間が、朝9時から夕方6時までとすると、家族介護者が1日会社にいる時間は9時間になる（法定労働時間8時間と休憩1時間、基準法 第32条1項）。それに加えて、出勤・退勤するのに約1時間ずつかかるとすると、家族介護者が介護と仕事を両立するためには、11時間の介護サービス利用が必要に

●表 1-6　2012 年度介護報酬（要介護度 3 基準）

事業所規模	利用限度額	通所介護 （7 時間以上 9 時間未満）	訪問介護（身体介護、 30 分以上 1 時間未満）
小規模型 （300 人以内／月）	26,750 単位	1,100 単位	402 単位
通常型 （300 人以上 750 人以内／月）		973 単位	
大規模型（Ⅰ） （750 人を超え 900 人以内／月）		921 単位	
大規模型（Ⅱ） （900 人以上／月）		897 単位	

出展：2012 年度介護報酬改定、厚生労働省

　なる。単純に概算すると、家族介護者の労働時間に合わせて介護サービスを利用するためには、通所介護サービスを 7 時間以上 9 時間未満の利用しながら、訪問介護サービス 2 時間を利用すれば、介護と仕事の両立が可能になる。

　介護サービスが所得減少の緩和策として機能するためには、介護と仕事の両立を継続させることが重要である。それを可能にする要因は、いろいろあると思われるが、収入もその中の一つである。つまり、家族介護者が介護と仕事の両立を通して、いくらの収入が得られるかどうかによって継続するか、それとも離職するかを左右するを介護費用の概算からみると、収入がそれなりのメリットが必要である。ないとして、どれくらいの経済的利益が得られるかどうかである。

　まず、1 か月の介護費用を概算してみよう（表 1-6 参照）。上記の例を基準として、家族介護者が 1 か月に 20 日を働いているとしよう。そして、介護サービスは、勤務時間にあわせて出勤・退勤時間には訪問介護サービス（1 時間ずつ）、勤務時間には通所介護サービス（7 時間以上 9 時間未満）を利用するとしよう。地域と時間加算を加えず、介護費用のみを単純に概算する

　と、1日介護費用は、介護費用が最も安い大規模型事業所（Ⅱ）の通所介護と訪問介護（身体介護）を基準にして16,960円（1単位10円）になる。そして、1か月（20日基準）の介護費用は、339,200円になる。
　そのうち、家族介護者の自己負担は、利用限度額267,500円の1割の26,750円と、利用限度額を超えた分の10割になる。それを概算すると、家族介護者が介護サービスを利用しながら、介護と仕事を両立するためには、1か月に98,450円の介護サービス費用がかかる。

　　介護と仕事を両立するためにかかる介護費用の概算方法
　　・1日介護費用：
　　　〔大規模型事業所（Ⅱ）の通所介護897単位＋（訪問介護402単位×2回）〕×1単位10円＝
　　・1月介護費用：
　　　1日介護費用×20日＝
　　・自己負担：
　　　〔1月介護費用－（利用度額1単位10円）〕×0.1＋〔1月介護費用－（利用度額1単位10円）〕分＝

　この費用は、2012年度女性労働者の1か月平均賃金233,100円の42.2％に相当する額である。賃金の中で、介護費用が占める割合が高いとはいえ、介護サービス利用を通して家族介護者の所得減少を緩和したとして、上述したようにこれは、介護サービスの利用費用のみを単純に概算したにすぎない。実際、1か月の介護費用は、上記の単純概算以外にも地域や介護サービス利用時間による加算や、食費、入浴介助費、機能訓練費等、介護サービス利用にかかわる費用だけではなく、医療費やオムツ等の介護費用もかかる。それに、介護期間が長く続いて、要介護者の要介護度が進むと、それに伴って介護費用もさらに膨らみ、介護費用が賃金に占める割合がますます大きくな

る。いいかえれば、介護サービスを利用しながら、介護と仕事を両立している家族介護者の経済的状況は、賃金の約半分が介護費用で費やされるといえる。

それに、こうした経済状況の中で、介護と仕事の二重負担を抱えながら、いつ終わるかもわからない介護と仕事の両立生活がいつまで続けられるかは疑問である。その二重負担に耐え切れないから、介護保険制度が施行されても家族介護者の離職・転職率は下がらないと思われる。

したがって、介護サービスを利用した家族介護者の所得維持は、理論的には可能であっても、現実的に一部高収入を得ている家族介護者を除いて実現するには、さまざまな課題を乗り越えなければ難しい点もある。

(2)　家族介護者への経済的支援の観点からみた介護休業制度及び介護休業給付制度

この2つの制度は、介護期の所得減少の緩和はもちろん、介護後の老後の経済生活を安定させることができるという点で重要である。

家庭内に要介護者が発生すると、介護初期は、病院の診察や要介護認定申請、介護サービス利用施設の選定、住宅改修等、在宅で介護ができるように環境を整えるのに、一定のまとまった時間が必要である。それに、介護生活が長くなると、何らかの事故や入院により付き添い介護のような、一定期間仕事を休まざるを得ない場合も生じるであろう。このように、介護のため、一時的に仕事を休んだり、労働時間を短縮したりする場合、家族介護者が仕事をやめることなく、介護と仕事の両立を可能にする制度が介護休業制度である。すなわち、介護休業制度を利用することで、家族介護者の離職・転職を防ぐことができるため、家族介護者の所得を維持させることができる。

それに、その際に生じる所得損失を補うための支援策が介護休業給付制度である。しかし、介護休業給付制度は、雇用保険から支給されるため、雇用

保険制度の被保険者ではないと、給付を受けることができない。また、労働
時間の短縮による所得損失には対応していないという課題がある。

【注】

1) 厚生労働省白書年次報告書データベース（2011 年 11 月 15 日閲覧）を用いて、厚生白書が始め
  て出版された 1956 年から 1990 年まですべての厚生白書の内容を検索した。
  http://www.mhlw.go.jp/toukei_hakusho/hakusho/index.html
2) ここで、取り上げている市町村の資料は、各市町村ホームページに公開されている例規集から
  得られたものである。
3) 厚生労働省ホームページ英語版（http://www.mhlw.go.jp/english/policy/care-welfare/care-
  welfare-elderly/index.html　2002 年 7 月作成、2009 年 9 月閲覧）
4) 韓国老人長期療養保健公団（http://www.longtermcare.or.kr/portal/longtermcare/main.jsp
  2008 年作成、2009 年 9 月閲覧）
5) 日本の文献は「MAGAZINE PLUS」、韓国の文献は「韓国教育学術情報院」と「dbpia」、「韓国
  中央図書館」の文献検索サイトを通じて、家族介護関連研究を検索し、その文献の英語のタイト
  ルでを確かめると、家族介護者を Family carers、Family caregivers、Caregivers、Carers、
  Imformal carers 等、多様に訳されていたが、そのなかでも Family carers と訳されている文献
  が最も多かった。
6) 三富紀敬（2008b）『イギリスのコミュニティケアと介護者 - 介護者支援の国際的展開 -』ミネ
  ルヴァ書房、3.
7) 三富紀敬（2000）『イギリスの在宅介護者』ミネルヴァ書房、p.24.
8) 前掲書 6) と同じ、4 - 9.
9) イギリスの介護関連法律は（http://www.legislation.gov.uk/）
10) ドイツ公的介護保険法原文（http://dejure.org/gesetze/SGB_XI）
11) 齋藤純子（2009）「ドイツの介護休業法」『外国の立法』242、72 - 73.
12) 韓国の同居家族訪問療養は、本文にも述べたように日本の家族ヘルパーと類似した制度であ
  る。しかし、相違点は、日本の家族ヘルパーは、介護サービスのインフラが整理されていない地
  域に限られているのに対して、韓国の同居家族訪問療養は地域的な制限が設けられていない点で
  ある。
13) 韓国保健福祉家族部（2008）「長期療養給付等に関する告示」（保健福祉家族部第 2008 - 66
  号）、5.
14) 要介護者は、介護保険制度が施行した 2000 年度末約 250 万人に比べ（介護保険事業状況報告
  2000 年 12 月）、10 年間で約 230 万人の要介護高齢者が増加している。そして、要介護者のうち、
  65 歳以上 75 歳未満の前期高齢者が約 64 万人で全体の約 13.3% を占めているのに対して、75 歳

以上の後期高齢者は約400万人と全体の83.3％を占め、要介護者のほとんどが後期高齢者であることがわかる。上でのべたように、今後75歳以上の後期高齢者の増加率からみると、要介護者の数はいっそう増加すると思われる。

　とくに、要介護高齢者の介護問題に対応するため、2000年から施行した介護保険制度の在宅介護優先という基本方針と入所施設の不足により、施設要介護者より在宅要介護者の伸び率が際立っている。要介護認定を受けた要介護者を基準にしてみると、2000年12月末、要介護認定者約250万人のなかで、施設要介護者は約63万人に対し、在宅要介護者は約187万人（在宅介護サービスを受けていない者を含む）であった。ところが、10年が経った現在（2009年12月）要介護認定者約480万人のうち、施設要介護者は約84万人（地域密着型サービス利用者約25万人を除外）を除くと、在宅要介護者は371万人であり、全体の約82％が在宅で生活をしている（施設サービス・地域密着型サービス利用者を除外した数）。そして、その伸び率は、施設要介護者は約21万人が増え、約33％が伸びているのに対し、在宅要介護者は約284万人増え、約326％も伸びている。この10年間の要介護者の発生と介護場所をめぐる介護状況から考えられるのは、要介護者の増加する分ほど在宅要介護者も増加することである。簡単にいうと、要介護者増加≒在宅要介護者増加」という等式が成り立つといえよう。そして、在宅要介護者が増加するということは、それらを在宅で介護する家族介護者も増加するということでもある。

15）東京都老人総合研究所社会福祉部門編（1996）『高齢者の家族介護と介護サービスニーズ』光生館、3.

16）竹中恵美子（2011）『家事労働論（アンペイド・ワーク）』明石書店、58.
　日本において家事労働に対する経済的保障は、1960年代から取り組み始めた。

第 2 章
介護サービス利用と家族介護問題

第1節　調査概要

1.　調査目的

　介護保険制度が導入されたその背景には、急速な高齢化の進行に伴う要介護高齢者の増加や介護期間の長期化、老々介護等の問題がある。とくに、これまで介護の主役を担ってきた家族が社会経済の発展とともに、その構造が変化し、核家族化、小家族化になることにより、家族の介護機能が弱体化され、家族だけでは介護を支えきれなくなったことにある。

　介護による家族介護者の介護問題は、介護負担、あるいは介護ストレスという形で先行研究により、その実態とそれが及ぼす影響が明らかにされている（新名、1992；東京都老人総合研究所社会福祉部門、1996；本間、1999；三田寺、2002）。そして、厚生省老人保健福祉審議会（1996）も「高齢者介護保険制度の創設について」のなかで、「高齢者の介護は、それを負担する家族に肉体的、精神的、経済的重圧となり、心で想う介護が全うできず、家族の崩壊や離職をはじめ様々な家庭的悲劇の原因となる」（厚生省 1996：20）と述べている。これまで家族介護者の介護問題に目を逸らしてきた日本政府も、介護問題が要介護者を介護する家族介護者のみならず、その家庭全体に影響を与える深刻さを認めざるを得なくなったといえよう。

　こうした介護問題について介護保険制度は、介護問題の要因である要介護者にその身体状態に応じて適切な介護サービスを提供し自立生活を図ることで、家族介護者の負担を軽減させ、介護問題の改善を図ろうとしている。言い換えると、介護保険制度は介護サービスのみを提供することによって、要介護者の介護問題だけでなく、家族介護者の経済的、身体的、精神的、社会

的孤立等、すべての介護問題を改善しようとしているといえよう。

　確かに、この制度の狙いどおりに、多様な介護サービスの利用によって、要介護者の要介護状態を改善させたり、もしくは家族の直接的な介護時間を減らし、社会的、身体的、精神的問題の改善はもとより、ひいては経済的活動まで可能にする蓋然性は高いと思われる。そのためには、要介護者の心身状態はもちろん、家族介護者の性別や年齢、家族関係、住宅状態、経済的状況、健康状態、社会的活動有無等、介護環境を十分考慮して、介護によって家族介護者が犠牲にならないように、24時間いつでもたやすく介護サービスが利用できるような介護システムが重要である。

　介護保険制度施行後、介護サービスが普遍化され、利用しやすくなっていることは否めないが、介護による家族介護者の離職・転職や虐待、心中等は依然として起きている（大泉他、2001；医療経済研究機構、2003；高崎、2003；緒方ら、2003；加藤、2005；古橋、2006；權、2007；鈴木；2007等）。これらの問題は介護がもたらす問題のなかでも、最悪な結末であり、介護保険制度施行後にも相次いで生じているということは、介護保険制度の狙いどおりの効果が得られていないと考えられよう。

　介護負担の変化に着目して介護保険制度施行前後を比較した先行研究をレビューしてみると、介護保険制度施行後、家族の介護負担が軽減されたという研究結果もある（荒井2001、荒井ら2002）。しかしながら、ほとんどの研究では介護サービス利用が介護問題の改善につながっていないと指摘している（筒井、2001；内閣府、2002、2006；東野・筒井、2003；小野・木村、2003；清水谷・野口、2004；杉澤他、2005；田近・菊池、2005等）。それに介護保険制度施行前後の介護問題に関する先行研究に照らしてみても（東京都老人総合研究所社会福祉部門、1996；認知症の人と家族の会、1999、2006；萩原、2000；東ら、2000、緒方ら、2000；三田寺、2000、2002；黄・関田；2004　服部、2004；權、2007等）、制度施行以前に指摘された問題と制度施行後に指摘された問題が類似している点から、家族の介護問題が改善されて

いないといえる。

　しかし、介護サービス利用それ自体が家族の介護問題にまったく影響を与えていないとは考え難く、介護問題を改善するため、欠かせないのが介護サービスである。それにもかかわらず、なぜ介護問題は改善につながっていないのか。それは、現行介護サービス供給システムの構造的問題もあると考えられるが、何よりも介護問題の本質の捉え方に大きな齟齬が生じているからであると思われる。

　序章で述べたように、介護問題は大別して２つの問題が存在する。１つは要介護状態になることによって生じる要介護者の生活上の諸問題、もう１つはそれらを家族が介護することによって生じる家族介護者の生活上の諸問題である。もちろん、家族の介護問題は家庭内で要介護状態が発生することによって生じる２次的問題であるが、それが時間の経過とともに拡張、変質、生成という過程を経て１つの独立した問題として存在したり、新たな問題を生み出したりするため、それを２次的な問題として見なして取り扱うと、その問題は改善しにくいと思う。つまり、家族介護者の経済的、身体的、精神的、社会的問題等の介護諸問題は、１つ、１つの問題として存在しつつ、問題同士が互いに影響を及ぼし合うため、ある１つの問題に着目して改善を図ろうとしても、他の問題により改善が軽減されてしまうので、これらの問題を改善するには、１つ、１つの問題に対応できるように、総合的な支援が必要である。

　ところが、介護保険制度が介護サービスのみですべての介護問題を改善しようとする点と、制度の中に直接的な家族支援策がない点からすると、介護保険制度は家族介護者の介護問題を２次的問題としてしか捉えていないといえよう。総合的な支援が必要な問題を介護サービスのみで対応しているから、介護サービスの効果が出にくいと考えられる。

　したがって、本章では、介護問題の改善策としての介護サービス利用の限界と経済的支援の必要性を明らかにすることを目的とする。

2. 分析課題

調査の目的に沿って分析課題を以下のように設定した。

分析課題（1）は、図2-1のように、要介護者の介護サービス利用が家族介護者の身体的、精神的、社会的、経済的介護問題を改善させているかを検証する。

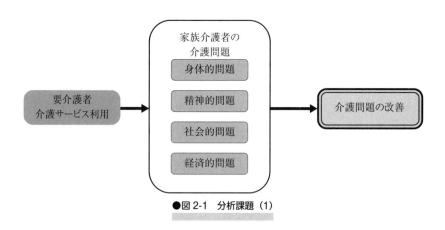

●図2-1　分析課題（1）

分析課題（2）は、図2-2のように、経済的状況が家族介護者の介護環境と介護問題との関係を検証するため、より具体的な分析課題を2つ設定した。

1）家族介護環境に応じて経済的状況の違いはあるかを検証する。

2）経済的問題が家族介護者の社会的、身体的、精神的問題に影響を及ぼしているか否かを検証する。

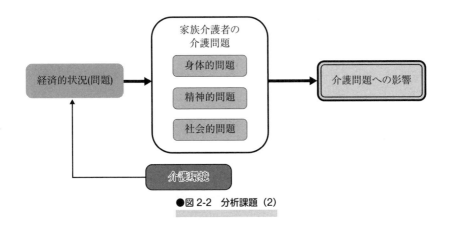

●図 2-2　分析課題（2）

3.　調査の対象及び方法

（1）　調査対象

　本調査は、認知症の人と家族の会（以下、家族の会と略す）滋賀、京都、大阪支部の会員のうち、在宅で認知症要介護者を主に介護している家族のみを対象にして行った。

　「家族の会」は、1980 年に京都で発足した認知症にかかわる当事者を中心とした全国的な唯一の民間団体として、現在全国 43 都道府県に支部をもつ、要介護者とその家族を代表する団体である [1]。この団体には、おのおの異なる年齢や職業、要介護状態、所得水準、居住形態、家庭事情、経験等、多様な介護環境に置かれている家族介護者が参加しており、参加者のほとんどは、インフォーマルな支援（家族の会）だけでなく、フォーマルな支援（介護サービス利用）も受けているため、極端に偏ったケースを避けることができる。それに加えて、「家族の会」の研修やつどい等を通して介護保険制度に関する理解も深いため、家族介護者の介護問題を調査するためには最適であると考え、調査対象とした。地域選定においては、上で述べたよう

に、「家族の会」の発足地が京都であったため、京都を中心として、その周辺の大阪と滋賀を加えた。それによってデータが1つの地域に偏ることを避けられることはもちろん、データの信頼度、信憑性、妥当性を高めることもできるものと考えた。

(2)　調査方法

　予備調査は、「家族の会」滋賀支部のご協力をいただいて、2006年5月10日「成人病センター・ピアカウンセリング」のつどいへ参加した在宅介護者10名を対象にし、筆者が全般的な項目や構成を直接説明しながら行った。

　予備調査の結果に基づいて、項目の内容が不適切であったり、質問自体が曖昧で答え難い項目、重複した項目は、削除、もしくは修正、補充したうえで、本調査を行った。本調査は、2006年6月20日から9月5日まで約3か月間かけて行った。各支部別の調査は、次のように行った。

①　滋賀支部は、「成人病センター・ピアカウンセリング」と「あやめ会」、「さつき会」へ参加した在宅介護者を中心にして、本研究及び調査の趣旨とデータの使い方を説明したうえ、合計45部を直接配布し、回収は匿名で郵送方法を用いた。

②　京都支部は、8月のつどいへ参加した在宅介護者に滋賀支部と同じように説明したうえ、希望者だけ配布（8部）し、回収は滋賀支部と同じ方法を用いた。

③　大阪支部は、大阪「家族の会」の8月月刊会報に入れてもらって、すべての200部を送付し、回収は他支部と同じ方法を用いた。

　合計253部を配布して77部（30.4％）が回収された。このように回収率が低かったのは、大阪支部の回収率が低かったからである。それは、支部の事

情上、在宅家族介護者と施設家族介護者、そして非介護者と家族介護者、認知症の家族介護者と認知症以外の家族介護者との区分が明確ではなかったため、すべての個人会員にアンケートを配布したうえで、認知症要介護者を介護している在宅家族介護者のみを回収したからである。本来、調査対象である認知症要介護者を介護している在宅家族介護者（大阪支部の推計：認知症家族介護者は約 70 人）のみにアンケートが配布できたら、回収率はさらに高くなったと考えられる。

4. 調査内容

　本調査の内容は先行研究に基づいて、本研究の目的に応じて項目を修正、補完して作成したものである。

(1)　一般的属性

　家族介護者と要介護高齢者の性別、年齢、そして居住地、認知症高齢者との関係等の質問から構成されている。

(2)　介護状況

　介護状況については、家族介護者が要介護高齢者を介護してきた介護期間、公的介護サービス利用時間を除いた一日の介護時間、寝る時間を除いた家族介護者だけの自由時間、介護をするようになったきっかけ、介護サービス利用限度額の利用程度と利用しない理由、入所系在宅介護サービスの認知症対応型共同生活介護と、他の在宅介護サービスの機能と重なる小規模多機能施設利用を除いて、利用する在宅介護サービスの種類と利用頻度、要介護度等から構成されている。

（3）　居住環境

　居住環境については、要介護高齢者の暮らしの形態、住宅形態、家族介護者が介護を行う際、住宅構造上の困難等で成り立っている。

（4）　家族関係

　家族介護者が介護によって疲れたときや困ったとき、助けてくれる家族の有無、人数、続柄と介護前後の家族あるいは親族関係から構成されている。

（5）　健康状態

　介護前後における家族介護者の主観的健康状態を尋ねた。

（6）　経済的状況

　経済的状況は、認知症高齢者の介護費用、生活費用のまかない方、家族介護者世帯の月収、介護サービス費用（薬代、おむつ代等を含む）から構成されている。

（7）　社会参加

　家族介護者の社会参加は、雇用形態、介護以後の仕事の変化、趣味あるいは余暇活動の有無、「家族の会」の参加程度などで構成されている。

(8)　介護問題

　上で述べたように、家族介護者が抱えている介護問題を量的に量るために
は、介護負担感、または、介護ストレスに入れ替える必要がある。したがっ
て、本研究では、介護問題を介護負担感に入れ替えて量った。介護負担感
は、Zarit ら（1980）によって開発されたものを荒井ら（1998）が訳したも
のを用いた。この尺度は、社会的、経済的、身体的、精神的負担等を総合的
に測定することができるもので、日本でも広く用いられている。その項目
は、「必要以上に世話を求めてくると思う」、「介護のために自分の時間が充
分とれないと思う」、「認知症の行動に対し、困ってしまうと思う」等を含め
て、22 項目で構成されている。各項目は「思わない」1 点、「たまに思う」2
点、「時々思う」3 点、「よく思う」4 点、「いつも思う」5 点という 5 段階のリッ
カート式で測定した。ただし、「自分は今よりもっと頑張って介護すべきだ
と思う」と「本当に自分はもっとうまく介護ができるのになあと思うことが
ある」はリコーディングして、平均値を算出した。介護負担感は平均値が高
くなるほど、介護負担感は重くなると解釈した。本調査の平均値は 5 点満点
にすると 3.12（標準偏差 68）であって、クロンバックの $\acute{a}$ 係数は .87 であっ
た。

(9)　その他

　今後の介護計画、介護手当の必要性等である。

5.　分析方法

　本章のデータは、上で述べた調査対象と調査方法、調査内容を本章の目的
と分析課題に沿って再構成して用いたものである。そして、分析課題の検証

を含め、すべての分析は PASW Statistic 17.0 ver. を用いて行った。社会人口学的特徴と介護サービスの利用実態、経済的状況の実態は、頻度分析を行い、パーセントは無回答を除いた有効パーセントを用いた。

　分析課題（1）の介護サービスの利用が介護問題に及ぼす影響を明らかにするため、まず、説明変数は介護保険制度下における在宅介護サービスのなかで在宅介護サービスの3本柱といわれている訪問系、通所系、短期入所系の3つに分けて再分類した。訪問系介護サービスの中には、訪問介護と訪問看護、訪問リハビリテーション、訪問入浴が含まれており[2]、通所系介護サービスの中には、通所介護と通所リハビリテーション、認知症対応型通所介護が含まれている。そして、短期入所系介護サービスには、短期入所生活介護と短期入所療養介護が含まれている。小規模多機能施設利用と居宅療養管理指導、福祉用具貸与を除いて3つの介護サービスのみにした理由は、3つの介護サービスが在宅介護サービスの3本柱ともいえる最も代表的な介護サービスである点、介護サービスの利用率、利用頻度が明確であること、要介護者とその家族との関連性等の4点を考慮したからである。そして、利用限度額の利用程度と利用している介護サービス種類の数も説明変数に加えた。

　被説明変数は、総合的負担とその下位因子とした。介護負担の下位因子については、Zarit らの介護負担感尺度22項目のなかで、経済的負担に関する項目が1つしかなかったため、それを除いて21項目をもって主成分分析を行った。その結果、5下位因子に分けられた。そのなかで項目間の一致や信頼度が低い2下位因子を除き、最終的には経済的項目を入れて、社会的、身体的、精神的負担の4下位因子17項目を分析に利用した。再構成された介護負担の項目と信頼度は、表2-1のようであり、各クロンバックの α 係数は、社会的 =.84、身体的 =.81、精神的 =.80、再構成17項目 =.91 であった。

　そして、統制変数は、年齢、性別、介護期間、介護時間、要介護度、副家族介護者有無、経済的状況とした。介護サービス利用と介護負担との関係は、重回帰分析を行って検証した。

●表 2-1　家族介護者の介護負担下位因子別内容及び信頼度

下位因子	内容	信頼度
社会的	介護のために自分の時間が十分にとれないと思いますか？	.84
	介護があるので家族や友人と付き合いづらくなっていると思いますか？	
	介護があるので自分のプライバシーを保つことができないと思いますか？	
	介護があるので自分の社会参加の機会が減ったと思うことがありますか？	
	要介護者が家にいるので友達を家に呼びたくても呼べないと思ったとことがありますか？	
	介護が始まって以来、自分の思い通りの生活ができなくなったと思うことがありますか？	
精神的	介護の他に、家事や仕事などもこなしていかなければならず、「ストレスだな」と思うことがありますか？	.81
	要介護者の行動に対し、困ってしまうと思うことがありますか？	
	要介護者のそばにいると腹が立ちますか？	
	要介護者が将来どうなるか不安になることがありますか？	
	要介護者に対して、どうしていいのかわからないと思うことがありますか？	
	全体を通してみると、介護をするというのはどれくらい自分の負担になっていると思いますか？	
身体的	要介護者のそばにいると気が休まらないと思いますか？	.80
	介護のために体調を崩したと思ったことがありますか？	
	介護にこれ以上時間はさけないと思うことがありますか？	
	介護を誰かに任してしまいたいと思うことがありますか？	
経済的	今の暮らしを考えれば、介護にかける金銭的な余裕はないと思うことがありますか。	
再構成　介護負担感17項目　クロンバックの $\hat{a}$ 係数 .91		

　分析課題（2）は、家族介護者の経済的状況、つまり、家族介護者世帯の月収と、月収に占める介護費用の割合、経済的負担が、在宅家族介護環境にいかなる影響を及ぼしているのかを明らかにするため、より具体的な課題を2つ設定した。

　具体的課題1）に沿って立てた仮説は、一元配置分散分析とt検定の平均値の差を用いて検証した。独立変数の家族介護状況としては、年齢、介護期間、介護時間、要介護度、利用限度額の利用程度、雇用状態、仕事の変化、介護のきっかけ、利用介護サービスの数、家族関係、余暇活動、暮らしの形態、今後の介護計画、介護手当の必要性と設定し、従属変数の経済的状況は、月収と介護費用額、介護費用割合、経済的負担に設定した（月収と介護費用割合 r =-.364、 p <.01；月収と経済的負担 r =-.266、 p <.05；介護費用割合と経済的負担 r =.278、 p <.05、資料1参照）。

　具体的課題2）に沿って設定した仮説は、経済的状況と介護負担の関係を明らかにするため、説明変数は月収、介護費用額、介護費用が月収に占める割合、経済的負担として、被説明変数は総合的な介護負担と社会的、身体的、精神的負担の3下位因子と設定した。統制変数は、年齢、性別、介護期間、介護時間、要介護度として、分析は重回帰分析を行い、検証した。

　その他は、相関関係、クロス集計、信頼度検証を行った。

6. 倫理的配慮

　本データは、アンケート依頼に際して、「家族の会」支部及び当事者に研究の目的とともに、データの処理方法と使い方を事前に説明し、研究以外の目的で使わないことを誓ったうえで承諾を得て、調査を行ったものである。また、データ回収においても匿名で郵送法を用い、個人情報が洩れないように留意した。そして、データの再使用についても、「家族の会」支部に連絡をするとともに承諾を得た。

第2節　家族介護の一般的特徴

　家族介護の特徴は、表2-2のようである。まず、要介護者の性別は、女性が72.1%で、男性より多く占めている。年齢は58歳から95歳まで分布しており、平均年齢は80.7歳である。年齢を65歳未満、65歳以上75歳未満、75歳以上85歳未満、85歳以上の4つのカテゴリーに再分類してみると、75歳以上85歳未満が29人（42.6%）と最も多く、次に85歳以上が24人（35.3%）で多く表われ、要介護者の約78%が後期高齢者であった。要介護度は、要支援1と要支援2のケースが少なかったので、分析上の便宜のため、2つを統合して要支援として分析した。その結果をみると、要介護3が15人（22.1%）と最も多く分布しており、続いて要介護4が14人（20.6%）で多かった。そして、要介護1と5は同じく12人（17.6%）ずつであり、要介護2は10人（14.7%）、要支援は5人（7.4%）の順で、要支援が最も少なかった。

　次に、家族介護者についてみると、76.5%が女性で、年齢は33歳から91歳まで幅広く分布しており、平均年齢は60.6歳であった。これらを50歳未満、50歳以上65歳未満、65歳以上75歳未満、75歳以上と再分類化した結果、50歳以上65歳未満が全体の過半数以上（37人、54.4%）を占め、最も多く、続いて65歳以上75歳未満が13人（19.1%）と多く分布しており、50歳から75歳未満の年齢層が在宅介護の中心になっていた。次いで、50歳未満が10人（14.7%）、75歳以上が8人（11.8%）の順であった。

　要介護者と家族介護者の続柄については、「娘」が22人（32.4%）と最も多く、続いて「嫁」が16人（23.5%）で多かった。そして、「妻」が14人（20.6%）、「夫」が8人（11.8%）、「息子」が7人（10.3%）、その他の順であった。「妻」と「夫」を合わせて「配偶者」としてみると、「配偶者」は「娘」と同様に最も多い割合を占めていた。

　要介護者の暮らしの形態は、「長男夫婦」と暮らしている要介護者が19人

（27.9%）と最も多くみられており、続いて「高齢者夫婦のみ」で暮らしている者が 15 人（22.1%）と多かった。そして、「独身の子供と同居」が 13 人（19.1%）、「長女夫婦と同居」が 8 人（11.8%）、「一人暮らし」が 7 人（10.3%）、「次女以下夫婦と同居」が 3 人（4.4%）、「次男以下夫婦と同居」が 1 人（1.5%）の順と表われており、その他には、孫や養女と暮らしている要介護者もいた。子供と同居している要介護者が全体の 67.6% と最も多く占めており、続いて要介護者夫婦、一人暮らしの順で多かった。居住形態は「介護以前から同居」している家族介護者が 46 人（67.6%）と最も多く分布していたが、「介護するようになってから」同居している家族介護者も 14 人（20.6）と多くみられた。そして、要介護者と家族介護者の住まいが「歩行で 5 分以内」の距離から介護を行っている家族介護者が 3 人（4.4%）で、「歩行で 5 分以上」は 5 人（7.4%）人であった。

　家族介護者が介護をするようになったきっかけを尋ねたところ、「続柄として当然」だと回答したのが 45 人（66.2%）と圧倒的に多く、次に「他に適当な人がいなかった」が 14 人（20.6%）であった。「専業主婦が自分だけだったから」と「自分の方がよくできるから」、「結局自分がすることになった」は、おのおの 2 人（2.9%）、1 人（1.5%）、3 人（4.4%）ずつで少なかった。要するに、家族介護者のほとんどが自発的な介護者であった。介護期間は、介護をはじめてから、短くは 2 ヶ月の家族介護者もいた反面、20 年間介護を続けている家族介護者もおり、平均介護期間は 5.7 年であった。介護をはじめてから一番つらかったときに関して質問したところ、「診断後 1 年目」が 22 人（32.8%）と最も多く表われており、次いで「始めからずっと」つらかったと思っている家族介護者も 13 人（19.4%）いた。つらかった理由としては、興奮、徘徊、暴言、妄想、物忘れといった認知症の「周辺症状」や、認知症に対する基礎知識不足、将来への不安、家族・親族関係、自分の健康の悪化、経済的負担等があげられた。

　家族介護者が感じる一日の介護時間は、「ほぼ半日」が 24 人（38.1%）と

●表 2-2　家族介護の一般的な特徴

N = 68

変数	変数値	N	有効 %	変数	変数値	N	有効 %
要介護者 の性別	男	19	27.9	家族介護 者の性別	男	16	23.5
	女	49	72.1		女	52	76.5
要介護者 の年齢	65 歳未満	4	5.9	家族介護 者の年齢	50 歳未満	10	14.7
	65 歳以上 75 歳未満	11	16.2		50 歳以上 65 歳未満	37	54.4
	75 歳以上 85 歳未満	29	42.6		65 歳以上 75 歳未満	13	19.1
	85 歳以上	24	35.3		75 歳以上	8	11.8
要介護度	要支援	5	7.4	要介護者 との関係	夫	8	11.8
	要介護 1	12	17.6		妻	14	20.6
	要介護 2	10	14.7		息子	7	10.3
	要介護 3	15	22.1		娘	22	32.4
	要介護 4	14	20.6		嫁	16	23.5
	要介護 5	12	17.6		その他	1	1.5
介護期間	2 年以下	14	20.6	介護時間	1 時間以内	5	7.9
	3 年以上 4 年以下	19	27.9		1 － 2 時間以内	5	7.9
	5 年以上 6 年以下	11	16.2		2 － 3 時間以内	5	7.9
	7 年以上 8 年以下	10	14.7		4 － 5 時間以内	8	12.7
	9 年以上 10 年以下	8	11.8		ほぼ半日	24	38.1
	11 年以上	6	8.8		ほぼ一日	16	25.4
暮らしの 形態	高齢者夫婦のみ	15	22.1	介護の きっかけ	続柄として当然	45	66.2
	独身の子供と同居	13	19.1		他に適当な人がいなかった	14	20.6
	長男夫婦と同居	19	27.9		専業主婦が自分だけだから	2	2.9
	次男以下の夫婦と同居	1	1.5		自分の方がよくできるから	1	1.5
	長女夫婦と同居	8	11.8		結局自分がすることになった	3	4.4
	一人暮らし	7	10.3				
	次女夫婦と同居	3	4.4		その他	3	4.4
	その他	2	2.9				
居住形態	介護以前から同居	46	67.6	介護計画	在宅サービスを受けながら継続	40	58.8
	介護するようになったから	14	20.6		入所施設申請中	9	13.2
	歩行 5 分以内	3	4.4		入所施設に入りたい	9	13.2
	歩行 5 分以上	5	7.4		その他	10	14.7
健康状態	以前から健康である	22	32.4	家族関係	以前から仲良かった	43	68.3
	異常あるような感じがある	19	27.9		仲良かったが悪くなった	12	19.0
	健康だったが悪くなった	18	26.5		仲悪かったが仲良くなった	1	1.6
	悪かったがより酷くなった	9	13.2		以前から仲悪かった	6	9.5
					その他	1	1.6
趣味活動	している	40	58.8	一番つら かったと き	診断前	9	13.4
	していない	28	41.2		診断後 1 年目	22	32.8
					2 年目	3	4.5
					3 年目	5	7.5
					4 年目	6	9.0
					5 年目	2	3.0
					5 年目以後から	7	10.4
					始めてからずっと	13	19.4

注：1. パーセントが 100% と一致しないのは四捨五
　　入をしたからである.
　　2. 介護時間と家族関係は，無回答が 5 人，一番
　　つらかったときは，無回答が 1 人いる.

最も多く、全体の1/3以上を占めており、続いて「ほぼ一日」が16人
（25.4%）と多かった。介護保険制度が施行され、多様な在宅介護サービスを
受けるようになっても、在宅で要介護者を介護している家族介護者の63.5%
が「ほぼ半日」以上介護をしていると感じていた。

　毎日介護を行っている家族介護者が介護をはじめてから健康状態がどう変
わったかについて尋ねたところ、「介護以前から健康である」が22人
（32.4%）と最も多くみられ、続いて「何とも言えないが異常あるような感じ
がある」が19人（27.9%）と多かった。そして、「介護以前は健康であった
が悪くなった」が18人（26.5%）、「以前から悪かったがもっと酷くなった」
が9人（13.2%）の順で示された。これを「健康上の問題あり」と「健康上
の問題なし」と二分化してみると、介護によって家族介護者の約7割がなん
らかの健康上の問題に影響を受けていることがわかった。

　そして、家族・親族同士の関係については、「以前から仲良かった」が43
人（68.3%）と最も多く、続いて「以前は仲良かったが介護以後仲悪くなっ
た」が12人（19.0%）と多かった。「以前は仲悪かったが、仲良くなった」
は1人（1.5%）しかいなかった。次いで、「以前から仲悪かった」が6人
（9.5%）であった。この結果からすると、介護が家族・親族の関係に及ぼす
悪影響はそれほど高くないと考えられるかもしれない。ところが、影響を受
けたケースだけみると、「仲悪かった」から「仲良くなった」へよりも、「仲
良かった」から「悪くなった」の方が多かったことから、介護が家族・親族
関係に及ぼす影響について見過ごすことはできないであろう。

　家族介護者の趣味活動有無については、40人（58.8%）の家族介護者が趣
味活動をしていると回答した。趣味活動をしていない理由としては、「時間
がとれない」、「具合が良くないから」、「費用がかかるから」、「できる場所が
遠いから」等があげられた。

　最後に、今後の介護計画については、介護サービスを利用しながら在宅で
介護したいと回答した人が40人（58.8%）と最も多く分布しており、「入所

施設に入りたい」と「入所施設に申請中」の人はそれぞれ9人（13.2%）ずつで、在宅介護をやめたいと思っている人が2割強を占めている。そして、その他の意見をまとめると、これからの介護状況をみながら判断するという回答がほとんどである。

第3節　在宅介護サービスの利用実態と家族介護問題に及ぼす影響

1. 要介護者の在宅介護サービスの利用実態

　要介護者の介護サービスの利用実態は、表2-3のようである。訪問介護や訪問看護、訪問リハビリテーションといった訪問系介護サービスは、「利用していない」と回答したのが44人（64.7%）で、「利用している」家族介護者（24人、35.3%）より多かった。訪問系介護サービスを「利用している」家族介護者の1週間の利用頻度をみると、「1時間以上3時間未満」が10人（14.7%）で最も多く分布しており、次に「3時間以上5時間未満」が9人（13.2%）と多かった。訪問系介護サービスを利用している家族介護者のほとんどは1週間「1時間以上5時間未満」利用しているが、「10時間以上」利用している家族介護者も3人（4.4%）いた。

　一方、通所介護や通所リハビリテーション、認知症対応型通所介護といった通所系介護サービスは、訪問系介護サービスとは異なって、「利用している」と答えたのは56人（82.4%）で、ほとんどが利用していた。利用頻度においても、「週5回以上」を利用していると答えたのが23人（33.8%）と最も多く、次に「週3回－4回」が20人（29.4%）と多く占めていた。「週1回－2回」利用している人も13人（19.1%）いた。そして、要介護者の心身状態の改善より、家族介護者のレスパイト的なサービスである短期入所系介護サービスは、家族介護者の約半分ぐらい（32人、47.1%）しかサービスを利用していなかった。その利用頻度をみると、「月3日－4日」利用が12人

（17.6%）と最も多く、「月7日以上」利用している人も11人（16.2%）と多かった。

　要介護者が利用している介護サービスの種類について尋ねたところ、「1つ」ないし「2つ」を利用していると回答したのがおのおの20人（29.4%）と最も多くみられており、続いて「3つ」、「4つ以上」の順で多く分布していた。ほとんどの要介護者は2つ以上の介護サービスを受けているが、「4つ以上」の中には、最高7つの介護サービスを受けている人もいた。

　次に、介護サービスの利用限度額の利用程度は、要介護者の過半数の34人（50%）が利用限度額「いっぱい利用」しており、それを「超える場合が多い」と回答した者も9人（13.2%）いた。しかし、利用限度額の「2/3程

●表2-3　介護サービス利用実態

N = 68

変数	変数値	N	%	変数	変数値	N	%
訪問系サービスの利用頻度	利用していない	44	64.7	利用サービスの数	1つ	20	29.4
	週1時間以上3時間未満	10	14.7		2つ	20	29.4
	週3時間以上5時間未満	9	13.2		3つ	17	25.0
	週5時間以上7時間未満	2	2.9		4つ以上	11	16.2
	週10時間以上	3	4.4	利用限度額の利用程度	半分以下	6	8.8
通所系サービスの利用頻度	利用していない	12	17.6		半分程度	6	8.8
	週1回－2回	13	19.1		2/3程度	13	19.1
	週3回－4回	20	29.4		いっぱい利用	34	50.0
	週5回以上	23	33.8		超える場合が多い	9	13.2
短期入所系サービスの利用頻度	利用していない	36	52.9				
	月1日－月2日	6	8.8				
	月3日－月4日	12	17.6				
	月5日－月6日	3	4.4				
	月7日以上	11	16.2				

注：パーセントが100%と一致しないのは四捨五入をしたからである。

度」、「半分程度」、「半分以下」を利用していると答えた人も、それぞれ 13
人（19.1%）、6 人（8.8%）ずついた。利用限度額いっぱい利用しない理由に
ついては、「介護保険では補えない部分で家族の介護が必要であるから」、
「要介護者が介護サービス利用を嫌がるから」、「今は必要ではないから」、
「使いたいサービスがないから」、「1 割の自己負担が大きいから」等があげ
られた。

　介護サービスの利用実態からみると、訪問系介護サービスの利用が少な
かったのは、他のサービス、とくに通所系介護サービスの利用が多かったこ
ともあろうと考えられる。要するに、訪問系介護サービスの一部が通所系介
護サービスを利用することによって代替ができるからである。もう 1 つは、
外部の人が家の中に入ることに対する抵抗感が影響していることも考えられ
る。

2.　在宅介護サービスの利用が家族介護者の介護問題に及ぼす影響

　第 3 節の 1 でみたように、要介護者は多様な介護サービスを利用してい
る。これらの介護サービスの利用が介護保険制度の狙いどおりに、家族の介
護負担を軽減させているのか。すなわち、家族介護者の総合的負担とその下
位因子に各介護サービス利用頻度と利用限度額の利用程度、利用介護サービ
スの数がいかなる影響を及ぼしているのかについて重回帰分析を用いて介護
サービスの利用と家族介護者の介護問題との関係を検証する。検証にあたっ
て、説明変数と被説明数間の関数式が成り立っているのか、説明変数が独立
しているのかを確認するため、「多重共線性の診断」をチェックして多重共
線性の発生有無を確認した。その結果、多重共線性が 3 より高く表われた変
数は見つからなかった。したがって、多重共線性の問題は生じなかったた
め、上で提示したすべての説明変数を用いた。そして、説明変数の選択方法
については、すべての変数を一括して入れる「強制投入法」を使って分析を

行った。その結果は、表2-4のようである。

　まず、総合的負担をみると、各介護サービス利用頻度と利用限度額の利用程度、そして利用している介護サービスの数が、総合的負担に及ぼす影響を説明する決定係数はR^2=.249と示され、回帰モデルが総合的負担を24.9%と説明しており、0.01の有意水準で有意であった。より具体的にみると、通所系介護サービス利用頻度は総合的負担に統計的有意な影響を及ぼしている。そして、短期入所系介護サービス利用頻度は、統計的に有意な影響を及ぼすとまでいえないが、0.1未満の有意水準においては有意であったため、総合的な介護負担に影響を与えているといえよう。その影響は、通所系介護サービスの利用頻度が負の関係であったのに対し、短期入所系介護サービス利用頻度は正の関係であった。すなわち、通所系介護サービスは利用すればするほど、総合的負担は改善される反面、短期入所系介護サービスは利用すればするほど、かえって総合的負担が増しているという結果が示された。

　そして、訪問系介護サービスは利用頻度が多くなるほど、利用介護サービスの数が多くなるほど、総合的負担が軽減される傾向を示している。一方、利用限度額は利用程度が多くなるほど、かえって総合的負担は重くなる傾向がみられた。しかしながら、訪問系介護サービスの利用頻度や、利用介護サービスの数、利用限度額の利用程度は、いずれも統計的に有意ではなかった。

　次は、介護問題の下位因子の1つである経済的負担と介護サービス関連変数との関係をみると、介護サービス関連の説明変数が経済的負担を説明する回帰モデルの決定係数はR^2=.161であり、16.1%の説明力をもっており、それは統計的に有意であった。介護サービス利用が経済的負担に及ぼす影響は、訪問系介護サービスと通所系介護サービスが負の関係を示しており、これらの介護サービスを利用すればするほど経済的負担が軽減される傾向がみられたものの、統計的に有意ではなかった。そして、短期入所系介護サービス頻度と利用限度額の利用程度、利用介護サービス種類の数とは正の関係

●表2-4　介護サービス利用頻度が介護負担に及ぼす影響

N = 68

説明変数	被説明変数				
	総合的負担	介護負担下位因子			
	B（β）	経済的 B（β）	社会的 B（β）	身体的 B（β）	精神的 B（β）
訪問系サービス利用頻度	-.141 (-.258)	-.302 (-.261)	-.068 (-.086)	-1.374 (-.406)*	- .841 (-.202)
通所系サービス利用頻度	-.228 (-.370)*	-.399 (-.305)	-.179 (-.199)	-1.572 (-.410)**	-1.096 (-.232)
短期入所系サービス利用頻度	.115 (.257) †	.116 (.123)	.168 (.258)	.501 (.181)	1.109 (.326)*
利用限度額の利用程度	.013 (.022)	.283 (.219)	-.056 (-.063)	.331 (.087)	- .472 (-.101)
利用サービス数	-.031 (-.064)	.100 (.098)	-.062 (-.089)	.248 (.083)	- .719 (-.195)
定数	3.773**	2.729**	3.385**	15.278**	25.222**
R²	.249	.161	.119	.260	.191
F 値	4.111**	2.380*	1.679	4.362**	4.158**

† $p<0.1$、*$p<0.05$、**$p<0.01$

で、これらの変数は経済的な負担を増加させる傾向をみせていたが、統計的に有意な結果ではなかった。要するに、介護サービス関連変数と経済的な負担の間は因果関係が成り立っていないといえる。また、資料1）の相関関係をみても、有意な相関関係がみられなかったとから、介護サービス利用が家族介護者の経済的な負担に影響を及ぼしていないといえる。

　そして、社会的な負担と介護サービス関連の説明変数についてみれば、介護サービス関連数が社会的な負担を説明する回帰モデルの決定係数はR^2=.119

で、その説明力は11.9%を示しており、統計的に有意であった。訪問系介護サービス利用頻度と通所系介護サービス利用頻度、利用限度額の利用程度、利用する介護サービス種類の数は社会的負担と負の関係の傾向を示しているが、統計的に有意な結果がみられなかった。そして、短期入所系介護サービス利用頻度と社会的負担との間は正の関係で、短期入所系介護サービスを利用すればするほど、社会的負担が重くなる傾向を示しているが、統計的な有意はみられなかった。言い換えると、介護サービス利用関連変数が社会的負担に及ぼす影響は、経済的負担に及ぼす影響と同様に因果関係はもとより、有意な相関関係（資料1）参考）もみられなかったことから、介護サービス利用が家族介護者の社会的負担軽減に影響を与えていないといえる。

　続いて、各介護サービスの利用頻度と利用限度額の利用程度、利用している介護サービスの数の説明変数が身体的負担に与える影響をみると、説明変数が被説明変数を説明する回帰モデルの決定係数は R^2 =.260 で、回帰モデルが身体的負担を26% と説明しており、統計的に有意であった。詳しくみると、訪問系介護サービス利用頻度と通所系介護サービス利用頻度は、身体的負担との間に負の関係をもっており、統計的に有意な影響を与えていた。すなわち、訪問系介護サービスと通所系介護サービスは利用すればするほど、身体的負担の軽減につながる効果があるということである。これらの介護サービス利用が身体的負担の軽減に及ぼす効果は、通所系介護サービス利用（ β 値 -.410）の方が訪問系介護サービス利用（ β 値 -.406）よりも、その効果が大きいと示された。

　これ以外の短期入所系介護サービス利用頻度と利用限度額の利用程度、利用介護サービスの数は身体的負担と正の関係の傾向を示し、家族介護者の身体的負担を軽減させる効果がみられなかった。むしろ、短期入所系介護サービスを利用すればするほど、そして利用限度額でも介護サービスを利用すればするほど、多様な介護サービスを利用すればするほど身体的負担が重くなる傾向がみられたものの、統計的な有意差はみられなかった。

　最後に、介護サービス関連の変数と精神的負担との関係をみると、介護サービス関連の説明変数が精神的負担を説明する回帰モデルの決定係数は R^2=.191 と示され、回帰モデルが精神的負担を 19.1% と説明しており、それは統計的にも有意であった。とくに、説明変数のなかで統計的に有意な結果がみられたのは、短期入所系介護サービス利用頻度のみであった。しかし、短期入所系介護サービスは利用すればするほど、精神的負担が軽くなるというよりも、かえって重くなる結果がでた。そして、短期入所系介護サービス利用頻度以外の介護サービス関連の説明変数は精神的負担を改善させる。つまり、負の関係の傾向を示していたが、統計的に有意ではなかった。資料1) の相関関係の結果を踏まえていうと、通所系介護サービス利用頻度と利用限度額の利用程度は家族介護者の精神的負担の改善に有意な影響を及ぼしていないといえる。しかし、訪問系介護サービス利用頻度と利用介護サービスの数は精神的負担との間に有意な相関関係が示されたことから、訪問系介護サービス利用と介護サービスの数が家族介護者の精神的負担の改善に影響を及ぼしていないとは言い難い。

　これらの結果からすると、介護サービス利用が介護問題に影響を及ぼしているといえる。具体的にみると、訪問系介護サービスと通所系介護サービスは介護問題の改善に有意な影響を与えている反面、短期入所系介護サービスは、むしろ介護問題に悪影響を与えていた。介護問題の改善に効果があった介護サービスのみをみると、訪問系介護サービスの場合、身体的負担を軽減させる効果があったものの、それ以外の介護問題には影響を及ぼしていなかった。一方、通所系介護サービスの場合、総合的負担と身体的負担の改善に効果があると示された。言い換えると、現介護保険制度下における介護サービスを利用しても家族介護者の経済的、社会的、精神的負担の軽減に直接的な影響を及ぼしているといえない。また、利用限度額の利用程度と、利用している介護サービス種類の数も、介護問題に直接的な影響を及ぼしてい

ないといえる。

第4節　経済的状況と家族介護問題

　本節では、家族介護者の経済的状況の実態をみたうえで、介護環境によってそれらの違いがあるのかどうかを一元配置分散分析とt検定の平均値の差で分析する。そして、経済的状況が家族の介護問題にいかなる影響を及ぼしているのかについては重回帰分析で検証する。

1.　家族介護者の経済的状況と介護費用の実態

　家族介護者の経済的状況と介護費用の実態は、表2-5のようである。まず、家族介護者の雇用形態は、無職が45人（66.2%）と最も多く分布しており、次に「正規職」に勤めていると回答した人で8人（11.8%）と多かった。「契約職・派遣」と「パート」はそれぞれ4人（5.9%）と5人（7.4%）で、「自営業」は6人（8.8%）であった。この家族介護者の雇用形態が介護をはじめてからどう変わったのか、「変化あり」と「変化なし」で大きく2つに分けてみると、回答者の41人（60.3%）が「変化なし」と答えたのに対し、「変化あり」は27人（39.7%）で、「変化なし」の方が多かった。「変化あり」の場合、「正規職から契約・パートへ」と雇用形態が変わった人が5人（7.4%）で、「介護のためやめた」と答えた人が22人（32.4%）であった。このように単純集計結果からみると、介護が家族介護者の雇用形態の変化に影響を及ぼしていないと考えられるかもしれない。ところが、「変化なし」の中には、介護前から経済活動を行っていなかった専業主婦と、引退後に介護をはじめた人も含まれている（25人）ので（資料2参照）、それを除いた実際上の「変化なし」はそれほど多くはなく、かえって「変化あり」の方が多い。そして、介護が家族介護者の労働を阻害していることは、岩本

(2001)、西山・七條 (2004)、小原 (2008) 等の先行研究からも明らかに
なっている。

　次に、家族介護者世帯全体の月収をみると、最低 15 万円から最高 259 万
円まで分布しており、平均は 39.5 万円である。それを再分類してみると、
「26 万円以上 30 万円以下」が 19 人 (32.2%) と最も多く、次いで「41 万円
以上」が 15 人 (25.4%) と多かった。また、「20 万円以下」の世帯も 11 人

●表 2-5　家族介護者の経済的状況と介護費用

N = 68

変数	変数値	N	有効 %	変数	変数値	N	有効 %
雇用状態	正規職	8	11.8	月収	20 万円以下	11	18.6
	契約職・派遣	4	5.9		21 万円以上 25 万円以下	6	10.2
	パート	5	7.4		26 万円以上 30 万円以下	19	32.2
	自営業	6	8.8		31 万円以上 35 万円以下	4	6.8
	無職	45	66.2		36 万円以上 40 万円以下	4	6.8
仕事変化	変わりがない	41	60.3		41 万円以上	15	25.4
	正規職から契約・パートへ	5	7.4		無回答	9	・
	介護のためやめた	22	32.4	介護費用額	2 万円未満	3	4.7
費用負担状況	要介護者のお金	38	55.9		2 万円以上 4 万円未満	18	28.1
	要介護者と配偶者の収入	19	27.9		4 万円以上 6 万円未満	20	31.3
	子供や親戚等の援助	11	16.2		6 万円以上 8 万円未満	13	20.3
介護費用割合	10% 未満	16	28.1		8 万円以上	10	15.6
	20% 未満	20	35.1		無回答	4	・
	30% 未満	10	17.5	介護手当	要らない	4	5.9
	40% 未満	6	10.5		どちらでもよい	42	61.8
	40% 以上	5	8.8		要る	22	32.4
	無回答	11	・				

注：1.　パーセントが 100% にならなかったり、100% を超えたりするのは四捨五入をし
　　　たからである。
　　2.　無回答はパーセントに計算されていない。

（18.6%）いた。2006 年度の 1 世帯あたりの 1 か月国民平均所得約 47.2 万円 3)
に比べてみると、家族介護者世帯の平均所得は国民平均所得より下回ってお
り、それを超える世帯は 28% しかなかった。

　そして、介護サービス費用や薬代、おむつ代等を含めた 1 か月間の要介護
者の介護費用（交通費、保険料等は除く）は、最低 5 千円から最高 14 万円
までかかり、平均費用は約 55,000 円であった。それを再分類してみると、1
か月の介護費用が「4 万円以上 6 万円未満」かかると答えた者は 20 人
（31.3%）と最も多く分布しており、次いで「2 万円以上 4 万円未満」が 18
人（28.1%）と多かった。「2 万円未満」かかると回答した者は 3 人（4.7%）
で最も少なく、「8 万円以上」かかると回答した者も 10 人（15.6%）であっ
た。在宅で介護を受けている者の平均介護費用額約 55,000 円は、「全国調査、
1993 年」34,146 円、「東京都調査、1995 年」37,800 円、「東京都調査、
1998」40,300 円、「家計経済研究所調査、2002」38,928 円 4) と比べて高く表
われたが、介護保険制度以前（1999）の「家族の会」の調査（約 7 万円）と
比べてはやや低かった。しかし、「家族の会」の調査に保険料 5) を加える
と、介護保険制度施行以前と施行以後の在宅介護費用額はそれほど違いがな
く、全国調査（1997）や東京都調査（1993、1995）と「家計研究所調査」
（2002）を比べてもほぼ同水準である。このことから、介護保険制度が福祉
用具貸与等のサービスで在宅介護の初期費用、いわゆる介護ベットや車椅子
等にかかる費用は軽減させたかもしれないが、月々の介護費用まで軽減させ
たとは言いがたい。

　この介護費用額が月収に占める割合をみると、最高 66.7% であり、最低
1.9% で、平均割合は 18.7% であった。これを 10% 単位で再分類してみると、
「20% 未満」が 20 人（35. 1 %）と最も多く、次に「10% 未満」が 16 人
（28.1%）と多く分布していた。「30% 未満」は 10 人（17.5%）、「40% 未満」
が 6 人（10.5%）、「40% 以上」が 5 人（8.8%）の順で示された。介護費用が
平均的に月収の約 2 割を占めているが、その費用負担の状況をみると、「要

介護者のお金」でまかなっていると回答した者が38人（55.9%）で最も多く、次が「要介護者と配偶者の収入」でまかなっていると答えた者が19人（27.9%）と多かった。「子どもや親戚等の援助」を受けてまかなっていると回答した者が11人（16.2%）と最も少なかった。

　介護費用が月収の中に少なくない割合を占めている。しかし、介護保険制度は現物給付を原則とするため、現金給付が講じられていない。わずかでも経済的な負担を軽くすることができる介護手当について家族介護者にどう考えているのか、その必要性について尋ねた結果、「どちらでもよい」が42人（61.8%）と最も多く、続いて「要る」で22人（32.4%）人であった。介護手当が要るか、もしくは要らないかだけをみると、家族介護者は経済的に役立つ介護手当を必要とする者が多かった。

2.　家族介護環境に応じた経済的状況の違い

　ここでは、分析課題（2）の1）の家族介護者の介護環境によって経済的状況に違いがあるのかを検証する。つまり、家族介護者世帯の経済的状況、月収と介護費用額、介護費用の割合、経済的負担の平均値の差に応じて介護期間、介護時間、要介護度、利用限度額の利用程度、雇用状態、仕事の変化、介護きっかけ、利用介護サービスの数、家族関係、余暇活動、今後の介護計画、介護手当の必要性等といった介護環境の違いがあるかを一元配置分散分析とt検定を用いて分析した。

（1）　家族介護状況がもたらす月収の違い

　介護環境がもたらす家族介護者世帯の月収の違いについて分析した結果、有意な差がみられたのは、家族介護者の年齢と雇用状態、仕事の変化、趣味活動、介護手当の必要性であった。言い換えると、介護期間や介護時間、要

介護度、利用限度額の利用程度、介護きっかけ、利用介護サービスの数、今後の介護計画等は、月収による有意差がみられなかった。集団別平均値の差が有意にみられた変数のみをみると、表2-6のようである。

　まず、家族介護者の年齢による世帯月収の違いをみると、「50歳以上65歳未満」の平均月収が44.7万円と最も高く、続いて「50歳未満」で36.11万円であった。次いで「60歳以上75歳未満」が31.58万円、「75歳以上」が30.67万円の順で、有意差がみられた（F=.640、p<.1）。こうした傾向は年齢階級別賃金の傾向[6]と一致するものとして「50歳未満」が「50歳以上65歳未満」よりも月収が少なかったのは、年功序列の賃金構造が反映された結果であると考えられる。そして、65歳以上になると、急激に月収が下がったのは定年と深くかかわっている。すなわち、一般世帯と異なって介護によって再就職が困難であるため、年金だけの収入で暮らさざるを得ないからであると考えられる。

　家族介護者の雇用状態に応じた平均月収の違いは、統計的に有意な差がみられた（F=4.569、p<.01）。雇用状態別平均月収は、「自営業」が92.8万円で他の雇用状態と比較して相当に多く、次に「正規職」が45.43万円と多かった。そして、「パート」が36.25万円、「無職」が33.08万円、「契約職・派遣」が28.25万円の順で、「契約職・派遣」に勤めている家族介護者世帯の平均月収が最も少なかった。「自営業」以外の家族介護者世帯の平均月収を1世帯あたりの1か月国民平均所得47.2万円（2006年基準）に照らし合わせると、「正規職」は国民平均所得とそれほど違いはなかったが、それ以外の雇用形態の場合、国民平均所得よりも、少なくは約10万円から、多くは約20万円近く下回り国民平均所得にも至っていないことがわかった。これらの結果から、家族介護者の雇用状態にその世帯の家計所得が大きく影響を受けていると考えられよう。

　このように家族介護者の雇用状態は上で述べたように介護に影響を受けている。介護に影響を受けた家族介護者の仕事の変化によって月収がどう異な

●表2-6　介護状況と月収の違い

N =60

		N	平均（万円）	標準偏差	t/F 値
家族介護者年齢	50 歳未満	9	36.11	15.560	640 †
	50 歳以上 65 歳未満	33	44.70	43.190	
	65 歳以上 75 歳未満	12	31.58	14.718	
	75 歳以上	6	30.67	10.231	
雇用状態	正規職	7	45.43	20.157	4.569**
	契約職・派遣	4	28.25	6.238	
	パート（アルバイト）	4	36.25	12.500	
	自営業	5	92.80	98.355	
	無職	40	33.08	14.661	
仕事変化	変わりがない	35	44.66	40.450	1.254*
	正規職から契約・パートへ	4	42.00	38.850	
	介護のためやめた	21	30.01	13.747	
趣味活動	している	35	43.03	40.427	.953 †
	していない	25	34.46	20.901	
介護手当	要らない	4	37.50	15.000	.448 †
	どちらでもよい	39	42.33	40.491	
	要る	17	33.06	13.084	

注：1.　† p<0.1、*p<0.05、**p<0.01
　　2.　無回答は分析から省かれたため、N =68 より少なくなっている。

るかをみると、集団間に統計的有意差がみられた（F=1.254、p<.05）。表2-6をみればわかるように、仕事に「変わりがない」よりも、仕事の変化があった方が月収が少なく、なかでも転職よりも、離職の方が少なかった。この結果から、介護のため、転・離職することが家族介護者世帯の家計所得を減少させていると解釈できよう。

　家族介護者の社会参加の1つである趣味活動の有無は月収の多寡に有意差がみられ、月収が低い集団よりも、高い集団の方がより趣味活動に参加して

いた（F=.953、p<.1）。そして、月収と介護手当の必要性との違いは統計的に有意な差がみられた。介護手当は月収が高い集団よりも、少ない集団の方が介護手当をより必要としている（F=.48、p<.1）ことが明らかとなった。

(2)　家族介護状況に応じた介護費用割合の違い

　家族介護状況に応じた介護費用割合の違いについて分析した結果、統計的有意差が認められたのは要介護度、仕事の変化、利用限度額の利用程度、介護手当の必要性であり、それ以外の介護状況は統計的に有意な差がみられなかった。統計的に有意な差がみられた結果は、表2-7のようである。

　要介護度に応じて月収に占める介護費用割合は、「要介護5」が平均30.84%で最も多く占めており、続いて「要介護4」が20.1%を占めている。介護費用割合は、「要介護3」が17.56%、「要介護1」が14.23%、「要介護2」が13.79%、「要支援」が8.76%の順であった（F=2.827、p<.05）。介護費用割合は要介護が重くなるほど、介護費用割合は高くなる傾向を示した。

　これは2つに大別して考えられる。1つは、要介護度が重くなるほど、介護サービス費用や医療費、介護用品等の介護費用もよりかかるようになって、それが介護費用割合の増加につながっていると考えられる。もう1つは、所得減少によって介護費用割合が増加されたと考えられる。すなわち、要介護度が重くなるということは、それほど介護期間も長くなる。長い間、介護によって雇用状況が変化したり、労働時間が縮小したりすることによって、稼得収入が介護を行う前よりも少なくなる蓋然性が高いことから、同じ介護費用でも、収入が少なくなることによって介護費用割合が高くなることも考えられる。これは次の仕事の変化に応じた集団間介護費用割合の違いをみるとよりわかりやすいであろう。「正規職から契約・パートへ」が平均26.91%と最も多く占めており、次が「介護のためやめた」で介護費用割合は23.89%であった。そして、最も介護費用割合が低かったのは「変わりが

● 2-7　家族介護状況と介護費用割合の違い

N =59

		N	平均	標準偏差	F/t 値
要介護度	要支援	3	8.76	2.939	2.827*
	要介護 1	9	14.23	10.749	
	要介護 2	8	13.79	11.168	
	要介護 3	15	17.56	10.821	
	要介護 4	13	20.10	11.069	
	要介護 5	11	30.84	19.469	
仕事の変化	変わりがない	34	15.27	10.938	3.497*
	正規職から契約・パートへ	4	26.91	16.157	
	介護のためやめた	21	23.89	15.941	
利用限度額の利用程度	半分以下	4	6.40	2.831	3.615*
	半分程度	6	20.88	22.921	
	2/3 程度	12	14.06	8.711	
	いっぱい利用	28	18.80	11.586	
	超える場合が多い	9	31.40	14.132	
趣味活動	している	35	16.74	12.407	-1.626 †
	していない	24	22.60	15.204	
介護手当	要らない	4	15.42	7.833	.616 †
	どちらでもよい	38	18.19	13.980	
	要る	17	22.09	14.548	

注：1. p<0.、*p<0.5、**p<0.1
　　2. 回答は分析から省かれたため、N=68 より少なくなっている。

ない」で 15.27% と統計的に有意差がみられた（F=3.497、p<.05）。仕事の変化が「なし」よりも「あり」の方が介護費用割合が高く表れたのは、表2-6でみたように仕事の変化によって世帯の平均月収が減ったことから、月収に占める介護費用割合が高くなったと考えられる。
　要介護状態によって決められる利用限度額の利用程度と介護費用割合の違

いは、利用限度額を「超える場合が多い」が31.4%と介護費用割合が最も高く、続いて「半分程度」が20.88%と高かった。次いで「いっぱい利用」が18.8%、「2/3程度」が14.06%、「半分以下」が6.4%の順で高かった。介護費用割合はおおむね介護サービス利用限度額の利用頻度が多くなればなるほど、介護費用割合も高くなっている傾向を示した（F=3.615、p<.05）。これは、介護サービスを利用すればするほど介護費用も増加するからである。しかし、利用限度額の「半分程度」しか利用していないのに、介護費用割合が高く表われたことについては、第4節2の（1）で述べたように各集団別月収の違いが有意にみられなかったことから、介護サービス以外の介護費用がより多くかかっていることがわかる。

　趣味活動は、介護費用割合が高くなるほど、家族介護者の趣味活動を阻害している傾向を示し（ t＝-1.626、p<.1）、介護費用割合の高低が家族介護者の社会参加にも影響を与えていると解釈できよう。そして、介護手当の必要性については、介護費用割合が高いほど介護手当を必要としている傾向を示した（F=.616、p<.1）。

（3）　家族介護状況に応じた経済的負担の違い

　家族介護状況に応じた経済的負担の違いを分析した結果、統計的に有意な差がみられたのは、表2-8のように家族介護者の年齢と、仕事の変化、介護費用負担状況、利用限度額の利用程度、介護手当であった。

　まず、家族介護者の年齢別経済的負担をみると、「50歳未満」が5点満点中、平均3.4と最も高く、次に「50歳以上65歳未満」と「65歳以上75歳未満」が同じく2.54と高く表われた。最も経済的負担が低かったのは「75歳以上」で1.88であった（F=1.800、p<.1）。「50歳未満」が最も高く表われたのは、この時期はまだ子育てが終わっていない時期なので子どもの学費はもちろん、生活費、住宅ローン等、他の年齢層の消費支出に比べると、最も

●表2-8　家族介護状況と経済的負担の違い

N =68

		N	平均	標準偏差	F 値
家族介護者年齢	50 歳未満	10	3.40	1.430	1.800 †
	50 歳以上 65 歳未満	37	2.54	1.445	
	65 歳以上 75 歳未満	13	2.54	1.266	
	75 歳以上	8	1.88	1.458	
仕事の変化	変わりがない	41	2.34	1.257	1.588*
	正規職から契約・パートへ	5	2.80	1.789	
	介護のためやめた	22	3.00	1.633	
介護費用負担状況	要介護者のお金	38	2.45	1.408	2.510 †
	要介護者と配偶者の収入	19	2.37	1.461	
	子や親戚等の経済的援助	11	3.46	1.293	
利用限度額の利用程度	半分以下	6	3.00	1.265	2.978**
	半分程度	6	1.50	.548	
	2/3 程度	13	2.08	1.382	
	いっぱい利用	34	2.62	1.371	
	超える場合が多い	9	3.67	1.658	
介護手当	要らない	4	1.50	1.000	4.235*
	どちらでもよい	42	2.36	1.340	
	要る	22	3.23	1.478	

† p<0.1、*p<0.05、**p<0.01

　お金がかかる時期である（2007 年度家計調査、総務省統計局）。それに介護費用が加わったことが経済的負担をいっそう重くしていると思われる。

　仕事の変化と経済的負担との関係をみると、「介護のためやめた」が 3.0 と最も高く、続いて「正規職から契約・パートへ」が 2.8、「変わりがない」が 2.34 の順で表われた（F=1.588、p<.05）。家族介護者の仕事の変化が激しいほど経済的負担がより高く表われたが、それは仕事の変化により月収が減少したからである。

　そして、誰のお金で介護費用をまかなっているかによっても家族介護者の経済的負担は集団別に統計的有意差がみられた（F=2.510、p<.1）。「要介護者のお金」で介護費用をまかなっている場合、家族介護者の経済的負担が一番軽く、次に「要介護者と配偶者の収入」でまかなう場合であった。そして、「子や親戚等の経済的援助」を受けている場合、家族介護者の経済的負担が最も高い傾向を示した。

　要介護者の介護サービス利用限度額の利用程度と経済的負担は、利用限度額を「超える場合が多い」の経済的負担が3.67と最も高く、続いて「半分以下」で3.0であった。次いで、利用限度額の「いっぱい利用」が2.62で、「2/3程度」が2.08の順で高かった。そして、最も低かったのは「半分程度」で1.5であり、統計的有意差が認められた（F=2.978、p<.01）。最後に介護手当の必要性と経済的負担との違いをみると、経済的負担を強く感じるほど介護手当を必要としており、集団間の統計的有意差もみられた（F=4.235、p<.05）。

3.　経済的状況が家族介護負担に及ぼす影響

　ここでは、月収や介護費用額、介護費用の割合、経済的負担といった経済的状況が介護負担にいかなる影響を及ぼしているのかどうかを重回帰分析を用いて検証した。分析の際には、説明変数と被説明数間の関数式が成り立っているか、説明変数が独立しているかを確認するため、「多重共線性の診断」をチェックして発生有無を確認した。その結果、多重共線性が4より高く表われた変数は見つからなかった。したがって、多重共線性の問題は生じなかったため、経済的状況にかかわるすべての説明変数を用いた。そして、説明変数の選択方法としては、すべての変数を一括して入れる「強制投入法」を使って分析を行った。その結果は、表2-9のようである。

　まず、家族介護者世帯の月収と、介護費用額、介護費用が月収に占める割

●表 2-9　経済的状況が家族介護感に及ぼす影響

N = 57

説明変数	被説明変数			
	総合的負担 B(β)	介護負担下位因子		
		社会的 B(β)	身体的 B(β)	精神的 B(β)
月収	-.003(-.161)	-.007(-.225)	-.021(-.172)	-.022(-.146)
介護費用額	.049(.214)	.091(.269)	.583(.423)	.536(.317)
介護費用割合	.002(.301)*	.023(.316)*	.079(.249)	.077(.207)
経済的負担	.282(.590)**	.212(.304)*	1.622(.569)*	1.799(.515)**
定数	2.440**	2.108**	6.016*	14.445**
R^2	.464	.240	.428	.311
F 値	11.269**	4.099**	9.729*	5.876**

注：1.*p<0.05，**p<0.01
　　2.無回答は分析から省かれたため、N =68 より少なくなっている。

合、経済的負担といった経済的状況が家族介護者の総合的負担に及ぼす影響
をみると、経済的状況が総合的負担を説明する回帰モデルの決定係数は
R^2=.464 と示され、回帰モデルの説明力は 46.4% で、統計的に有意であっ
た。経済的状況の変数が総合的負担との間に統計的有意な影響を与えている
のは、介護費用額割合と経済的負担であり、その関係は正の関係であった。
つまり、介護費用割合が高くなればなるほど、経済的負担が重くなればなる
ほど、総合的負担も重くなるということである。総合的負担への影響は介護
費用割合（β 値 .301、 p <.05）よりも、経済的負担（β 値 .590、 p <.01）の
方が大きく、有意水準も高く表われた。このことから、総合的負担は経済的
負担の軽重に左右されているといえる。

　それ以外の変数は、月収が総合的負担との間に負の関係で、月収が多くな
ればなると総合的負担は軽減される傾向を示しているが、統計的な有意差は
みられなかったので、月収が総合的負担の軽減に直接的な影響は及ぼしてい
ないといえる。しかし、直接的な影響はないとしても、有意な相関関係がみ

られたことから（資料1参照）、月収水準が総合的負担に影響をまったく及ぼしていないと言い難い。そして、介護費用額は正の関係で、介護費用額が高くなると、総合的負担も重くなる傾向が示されているものの、統計的に有意ではなく、また有意な相関関係もみられなかったことから、介護費用額は総合的負担の改善に影響を及ぼしていないといえる。

　次は、社会的負担が経済的状況にいかなる影響を受けているのかをみると、経済的状況が社会的負担を説明する回帰モデルの決定変数はR^2=.240と示され、回帰モデルの説明力は24%で、統計的に有意であった。具体的にみると、経済的状況のなかで、介護費用割合と経済的負担は社会的負担との間に正の関係が示されており、統計的にも有意な結果がでた。すなわち、介護費用額が月収に占める割合が高くなればなるほど、また、経済的負担が重くなればなるほど、社会的負担も重くなるということである。その影響は総合的負担と異なって、経済的負担（β値.304）よりも、介護費用割合（β値.316）の方が大きかった。そのため、家族介護者の社会参加の機会や社会的孤立等に及ぼす影響は介護による経済的負担よりも、月収の中に占める介護費用額割合によって、より影響を受けているといえる。

　そして、月収と介護費用額は、前述した経済的状況が総合的負担に及ぼす影響と同様であった。つまり、月収は社会的負担と直接的な因果関係が成立していなかったが、相関関係は有意にみられたので、影響を及ぼしていないとはいえない。そして、介護費用額は社会的負担との因果関係も、有意な相関関係がみられなかったので、社会的負担に影響を与えていないといえよう。

　続いて、経済的状況が身体的負担に及ぼしている影響をみると、それを説明する回帰モデルの決定係数はR^2=.428と示され、回帰モデルの説明力は42.8%で、統計的に有意であった。詳しくみると、経済的状況のなかで、身体的負担に有意な影響を与えている説明変数は経済的負担のみであり、その影響の関係は正の関係であった。要するに、経済的負担が重くなればなるほど、家族介護者の身体的負担も重くなることで、経済的負担が身体的負担に

直接的な影響を及ぼしているといえる。他の経済的状況と身体的負担の関係をみると、月収は負の関係で、介護費用額と介護費用割合は正の関係で、月収が少なくなるほど、介護費用額と介護費用割合が高くなるほど、身体的負担は重くなる傾向を示している。しかし、統計的に有意な影響はなかった。月収と介護費用額は、因果関係だけでなく、有意な相関関係もみられなかったことから、身体的負担に影響を及ぼしていないといえる。しかし、介護費用割合は直接的な因果関係はみられなかったものの、相関関係は有意な結果がでたことから（資料1）参照）、介護費用割合が身体的負担に影響を及ぼしていないとはいえない。

　最後に、説明変数の経済的状況と精神的負担との関係をみると、経済的状況が精神的負担を説明する回帰モデルの決定係数は R^2=.311 と示され、回帰モデルの説明力は 31.1% で、統計的に有意であった。これを詳細にみると、精神的負担に有意影響を与えているのは、経済的負担のみであり、その影響は精神的負担と正の関係であった。すなわち、経済的負担が重くなればなるほど、精神的負担も重くなることで、精神的負担は経済的負担に影響を受けているといえる。そして、月収と介護費用額、介護費用割合は精神的負担との間に月収は負の関係の傾向を示していた反面、介護費用額と介護費用割合は正の関係の傾向を示していた。しかし、これらは統計的に有意な関係ではなかった。それに、有意な相関関係もみられなかったため、月収と介護費用額、介護費用割合は精神的負担に有意な影響を及ぼしていないといえよう。

　これらの結果から総括的にみると、経済的状況が家族介護者の介護問題に有意な影響を及ぼしているといえる。経済的状況のなかで、介護問題に直接的な影響を与えているのは介護費用割合と経済的負担のみであった。介護費用割合は社会的負担と総合的負担に影響を及ぼしており、その影響は総合的負担（ β 値 .301）より、社会的負担（ β 値 .316）の方により大きな影響が及んでいることが明らかになった。そして、経済的負担は家族介護者の総合的負担をはじめ、その下位因子である社会的、身体的、精神的負担に統計的有

意な影響を及ぼしている。その影響は社会的（β値.304）＜精神的（β値.515）＜身体的（β値.569）＜総合的負担（β値.590）の順であり、経済的負担が最も大きな影響を与えているのが、総合的負担であり、最も影響が少ないのは社会的負担であることが明らかになった。

　そして、月収は、月収が少ないほど総合的負担とその下位因子が重くなる傾向を占めているが、統計的に有意ではなかったので、直接的な因果関係はないといえる。とはいえ、月収は総合的負担と社会的負担との間に統計的有意な相関関係が示されたことから、まったく影響を及ぼしていないとは言い難い。介護費用額と家族介護者の介護問題との間に因果関係も相関関係も統計有意に認められなかったことから、介護にかかる費用実額そのものが介護問題に影響を及ぼしているというより、それが月収の中にどれぐらい占めているのかが介護問題に影響を与えているといえよう。

第5節　考察

　本章は、介護問題の改善策としての介護サービス利用の限界と経済的支援の必要性を明らかにすることを目的とする。そのため、在宅で要介護者を介護する主たる家族介護者を対象として、①介護サービスが家族介護問題を改善させているのか、②介護状況に応じての経済的状況の違いがあるのか、③経済的状況が家族介護者の社会的、身体的、精神的問題に影響を及ぼしているのか、の3点の分析課題を設定して検証した。データは、介護保険制度施行後の在宅介護者の介護実態と介護負担を明らかにするため、2006年6月20から9月5日まで約3か月間にかけて行った調査を再構成して用いた。分析は、PASW Statistic 17.0 ver。を用いて、頻度分析、一元配置分散分析、t検定、重回帰分析、信頼度、クロス集計、相関関係を使って分析した。本節では、その結果をまとめつつ、考察する。

1.　家族介護の一般的特徴と介護問題

　家族介護の一般的特徴をみると、家族介護者の 76.5% が女性であり、平均
年齢は 60.6 歳で、調査対象者の 85.3% が 50 歳以上年齢層を占めており、な
かでも 65 歳以上が全体の 30.9% を占め、老々介護が進んでいることが窺え
た。その続柄からは、「娘」と「配偶者」がおのおの 32.4% ずつで最も多
く、次に「嫁」が多かった。ちなみに、『高齢者介護に関する世論調査』（内
閣府、2003）によると、自分が要介護状態になった場合、家族のなかで誰に
介護を頼みたいのかという質問に対して、1995 年の世論調査よりも、2003
年の世論調査で、配偶者は 50.9% から 57.3% と 6.4 ポイントの伸びており、
娘も 19.2% から 19.6% と 0.4 ポイントやや伸びたが、嫁は 7.6% から 5.1% と 2.5
ポイントが下がっている[7]。このような結果から、これまで家族介護の主な
担い手として大きな役割を果たしてきた「嫁」から、その役割が「配偶者」
と「娘」に変わりつつあることを示唆するものと解釈できよう。ただし、最
近男性介護者が増えているとはいえ、家族介護の主たる担い手はまだ女性で
あることに変わりがないといえる。

　家族介護者と要介護者の同居率は、家族介護者の 88.2% が要介護者と同居
しており、「高齢者夫婦のみ」が 22.1%、「子どもと同居」が 67.6% であっ
た。子どもとの同居は、「長男夫婦と同居」が 27.9% と最も多く、次に「未
婚の子どもと同居」が 19.1% と多かった。そのなかでも、「未婚の子どもと
同居」が多く表われたのは未婚化、晩婚化と深くかかわっているものと解釈
できよう[8]。

　こうした現状のなかで、未婚の子どもの介護（シングル介護）は、とくに
施設ではなく、在宅介護を一人で行うことを意味しており、たとえ介護サー
ビスを利用するとしても、さまざまな介護問題を免れないであろう。介護負
担はもちろん、介護に時間を割けるように仕事や勤務先の変更、または、勤
務時間の短縮、さらに離職すると、それによって収入が少なくなる問題や、

離職にすると、受給年金額が少なくなったり、無年金になってしまう問題も
生じかねない。それに、いつ終わるかわからない介護が終わったとしても、
その後の再就職も家族介護者の高年齢や平均5〜6年間のブランク等で容易
にできないため、家族介護者の老後の所得保障を含め、生活全般に大きな問
題をもたらしかねない。こうしたシングル介護の問題は少子化、未婚化、晩
婚化が進むにつれて、老々介護、認々介護に続いて、新たな介護問題として
社会に及ぼす影響は少なくなかろう。

　そして、家族介護者の66.2%が自発的介護、つまり「続柄として当然」だ
と思って介護をはじめる者がほとんであり、その介護期間は、短くは2か月
から、長くは20年間に及ぶ介護を続けている介護者もおり、平均介護期間
は5.7年で、介護の長期化が進んでいることが窺える。家族介護者が介護を
はじめてから最もつらいと感じたときは、「診断後1年目」が一番多く表れ
ており、つらかった理由として、認知症の周辺症状と、将来への不安、経済
的問題、自分の健康問題等があげられた。

　家族介護者が感じる1日の介護時間は、家族介護者の63.5%がほぼ半日以
上介護を行っていると感じていた。しかし、24時間タイマーで家族介護者
の介護時間を計った東野ら（2003）は、実際の介護時間は家族介護者が感じ
る介護時間よりも長くないと指摘しており、筒井（2004）も家族介護者が感
じる介護時間と実際の介護時間とのギャップが存在することを指摘してい
る。このような乖離（かいり）が生じるのは、家族介護が介護施設職員のように生活の
空間と介護の空間がはっきり区別されているわけでもなく、何時から何時ま
で決まった時間だけすれば済むということでもないから、実際の介護時間と
家族介護者が感じる介護時間とのギャップが生じていると考えられる。すな
わち、家族介護は問題がいつ起きるかがわからない不規則性、頻発性、持続
性のある等、「介護の連続」のなかで介護と日常生活を同時に営んでおり、
実際の介護時間より長く感じていると思われる。そして、介護保険制度と介
護時間との関係をみると、内閣府（2002）・清水谷・野口（2004）等の研究

によると、介護保険制度施行以前と施行以後の家族介護者の介護時間には変化がなかったという。以上のことから、介護保険制度が「家族介護から介護の社会化へ」を掲げているが、家族介護者の主観的介護時間はもちろん、客観的介護時間も減らせていないといえよう。このように介護保険制度が施行されているにもかかわらず、長時間介護が解消しないことについて清水谷・野口（2003）は、1 割の自己負担を避けるために家族介護を行わざるを得ないことと、家族介護が外部の介護サービスと代替できないことを指摘している。

　家族介護者の健康状態は、「介護以前から健康である」が 32.2% と最も多かったものの、なんらかの異常を含め、健康上に問題を抱えている家族介護者が 68.8% であった。介護が家族介護者の健康に及ぼす影響は多くの先行研究からも明らかになっており（緒方ら；2000、林；2000、三田寺；2000；2003、高木ら；2003、東野；2003、保坂ら；2004、上田；2004、等）、持続的な在宅介護を阻害するだけでなく、在宅介護から施設介護へ転換させる要因にもなっている（藤田ら；1999、三田寺；2003）。それに、介護による家族介護者の健康状態への悪影響は、介護が新たな介護を生み出す、いわゆる「介護の悪循環」をもたらしているといえよう。

　そして、家族関係は、「以前から仲良かった」が 68.3% と多かったが、「悪くなった」も 19% と次に多かった。介護による家族・親族の葛藤や関係悪化、不和等は在宅介護を破綻させる要因になるのみならず（朝田、1991）、さらに家庭の破綻までもたらす要因にもなっている。家族介護者の半分以上が趣味活動をしており、今後の介護計画については、介護サービスを利用しながら、在宅介護を持続したいと願っている家族介護者が最も多かった。

2.　介護サービス利用と家族介護問題との関係

　介護保険制度下における介護サービス利用が家族介護者の介護問題に及ぼ

す影響をみると、図2-3のようである。

　第1に、訪問系介護サービスは在宅介護サービスのなかでも最も古いサービスとして、排泄や入浴、食事介助、医療的介護、生活援助といった保健・医療・福祉サービスを総括したサービスといえよう。この介護サービスの利用が家族介護者の介護問題に及ぼす影響をみると、訪問系介護サービスを利用すればするほど家族介護者の身体的負担を軽くする効果がみられた反面、経済的、社会的、精神的、総合的負担の軽減には効果が認められなかった。それは表2-3でみたように、訪問系介護サービス利用は「週1時間～5時間未満」がほとんどであったからである。この介護サービスの利用時間は、入

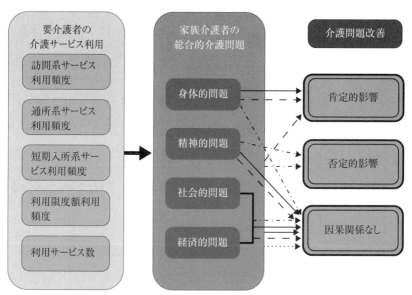

注：1. 細い矢印は訪問系介護サービスを示す。
　　2. 破線矢印は通所系介護サービスを示す。
　　3. 破線・点線矢印は短期入所系介護サービスを示す。
　　4. 点線矢印は利用限度額の利用程度と利用介護サービスを示す。

●図2-3　各介護サービス別利用頻度と家族介護者の介護負担との関係

浴や排泄、食事介助といった直接的な身体介護が介護専門家に代替できるので、それが身体的負担を軽くしていると思われる。

　しかし、身体的負担の軽減に効果があったとはいえ、それが総合的負担の軽減につながったり、経済的、社会的、精神的負担を軽減する効果があったとはいえない。それは、訪問系介護サービスが経済的活動と社会参加ができるほど利用時間が長くないこと。そして、訪問系介護サービスの利用時間は上で述べたように「週1時間～5時間未満」が多かったので、それを1日の利用時間に概算すると、1日1時間にも及ばない。その時間では到底経済的活動と社会参加は難しい。また、家族が在宅で介護を行う際には、身体介護だけでなく、身の回りの介助や見守り、家事等、生活支援も同時に行っている。むしろ、家庭での生活時間が長い要介護者の家族にとっては、直接的な身体介護よりも、日常生活を営むための生活支援の方がいっそう切実に求められる支援であろう[9]。しかし、2006年度の介護保険法改正により、同居家族がいる場合、生活援助サービスを受けられなくなった。無論、2008年に「同居家族がいる場合における訪問介護サービス等の生活援助の取り扱いについて」の厚生労働省老健振興課事務連絡を通して改正され、生活支援サービスが利用できるようになったとはいえ、その利用対象が「利用者の家族等が障害や疾病等の理由により、家事を行うことが困難な場合」、「利用者の家族等が障害や疾病でなくても、その他の事情により家事を行うことが困難な場合」等、限られている。在宅要介護者の約9割近くが家族と同居しているなかで、生活支援なしに、身体介護を中心とした訪問系介護サービスの利用頻度を増やして、一時的に直接的な身体介護が代替され、身体的負担が軽減されたとしても、日常生活面での介助は家族が行わないとすすまない。そうしたことによって身体的負担の軽減があって、精神的、総合的負担の軽減につながるのを阻害しているのではないかと思われる。こうした結果は、三田寺・早坂（2003）、内閣府（2006）の研究でも一致する結果となっている。

　第2に、通所系介護サービスは在宅介護サービスなかで最も利用率が高い介護サービスとして、要介護者を昼間の間、介護施設に預けることで、家族介護者の介護時間減少や社会参加の機会拡大等を通して、身体的、精神的負担の軽減を促す介護サービスとして期待されている（筒井；2001、三田寺、2003；三田寺・早坂、2003；保坂ら、2004等）。この介護サービスが家族の介護問題に及ぼす影響について、筒井（2001）、保坂ら（2004）は家族介護者の「拘束時間の軽減」、「友人との交流時間増加」といった介護時間が減少されたことを明らかにした。その反面、杉澤ら（2005）は、非利用者に比べ、利用者の介護時間が少なかったと述べつつも、社会的、身体的、精神的負担を軽くする効果は出なかったと述べている。本章で検証したように、通所系介護サービスの利用頻度を増やしても社会的、経済的、精神的負担を軽くする効果がなかった点は、杉澤ら（2005）の研究と一致する結果であったが、身体的負担と総合的負担を軽くする効果が示された点では杉澤ら（2005）の研究と異なる結果であった。これは、①通所系介護サービスが訪問系介護サービスに比べて利用時間が長いことによって介護時間が減少したこと、②また、通所介護施設から提供される各種機能訓練等によって要介護者の要介護状態が改善したこと、の2点が身体的負担と総合的負担の軽減につながったと思われる。

　しかし、これらの結果が経済的、社会的、精神的負担の軽減にはつながらなかった。それは、通所介護サービスの利用時間が長いといっても昼間だけなので、限られた時間しか社会参加ができず、たとえ直接的な介護時間が減って社会参加したとしても、介護サービスの送迎時間に合わせて帰宅しないといけないという介護による時間的拘束が精神的負担の軽減を阻害しているのではないかと思われる。また、介護時間の減少は家族介護者の社会参加の機会を拡大するだけであって、それが家族介護者の社会参加を促す役割と機能を果たすわけではないからだと考えられる。

　そして、そもそも介護サービス利用を通して経済的負担を軽減させること

は困難である。それは介護サービス利用、それ自体が介護費用がかかるからである。できることならば、介護サービス利用時間を活用して家族介護者が労働市場に参加し、介護費用以上の労働収入を得るしかない。しかし、在宅介護サービスのなかで利用時間が最も長い通所系介護サービスの利用回数を増やしても利用時間がおおむね午前9時から午後4時までと決まっているため、正規の労働市場へ参加することは困難である（藤田ら2002、西向ら2002、權2010）。したがって、労働収入を通した経済的負担の改善は難しい。

　第3に、短期入所系介護サービスは要介護者の要介護状態を改善するための介護サービスというより、家族介護者のレスパイト的な介護サービスとして、他の家族の病気、出産、介護疲れ、冠婚葬祭、出張、旅行等、一時的に介護が困難になった場合、その期間、施設に預かってもらう介護サービスである。この介護サービスの利用が介護問題に及ぼす影響について、立松ら（2001）、安部ら（2001）、藤田ら（2002）らは身体的、精神的負担を軽減されたと述べているが、杉澤ら（2005）は、身体的、精神的、社会的負担を軽くする効果が見出せず、むしろ負担を重くする傾向がみられたと述べている。本章で検証した結果も、杉澤ら（2005）、内閣府（2006）の研究と一致する結果であった。すなわち、短期入所系介護サービス利用によって家族介護者の経済的、社会的、身体的、精神的、総合的な介護負担が軽減される効果はなく、かえって介護負担が増している傾向がみられた。

　それに、精神的負担は短期入所系介護サービスを利用すればするほど重くなる結果が示されており、統計的にも有意であった。これは、実質的にこの介護サービスを利用するためには前もって2〜3か月前に予約しないと利用しにくいといった事情や、空き情報の一元化がなされてないこと、緊急時利用がしにくいこと、緊急時利用ができても当初の希望通りとならなかったり等[10]、利用者からの不満の声が高いことからも理解できることである。緊急時の対応やレスパイト的役割等、本来果たすべき機能が果たしていないことがこうした結果をもたらしたと考えられる。また、短期入所系介護サービ

スは訪問系介護サービスと通所系介護サービスのように定期的に利用する介護サービスとは異なって、緊急時ないしは何らかの事情が生じたとき、一時的に利用するサービスであるため、この介護サービスの利用頻度を増やすということは、一定の介護費用にその費用が加えられ、全体の介護費用を上昇させることになる。表2-9と資料1）をみればわかるように、介護費用の増加は、介護費用割合の増加はもちろん、経済的負担を増加させ、それが精神的負担を増加させるに至ると考えられる。

　第4に、利用限度額の利用程度と利用介護サービス種類の数については、多様な介護サービス利用が家族介護者の介護問題にどう影響を及ぼしているのかを検証する必要がある。三田寺・早坂（2004）は、訪問系介護サービスと通所系介護サービスを1つひとつ利用するより、2つを組み合わせて利用する方がより効果があることを明らかにした。この結果のように、1つの介護サービスのみを利用するよりも、それぞれの状況やニーズに応じて多様な介護サービスを利用することが介護問題改善においてはより効果があるかもしれない。しかし、本調査の結果では、利用限度額の利用程度と利用介護サービス種類の数は家族介護者の介護問題の改善と直接的な関係がみられなかった。それは、表2-9でみたように利用限度額の利用を増やしたり、介護サービスの数を増やしたりすると、それに伴って介護費用額と介護費用の割合も増加し、経済的負担を重くする結果に至るからである。そして、介護保険制度下における介護サービス量が生活環境や家族の状況等という在宅介護における基礎的条件を考慮せず、要介護者の心身状態だけで決められることや、ケアプランの作成においてもケアマネジャーが家族と相談して決めるとはいえ、要介護者の心身状態の改善に重点を置いていることも、多様な介護サービスを利用しても家族の介護問題改善につながらない原因になっていると考えられる。また、介護保険制度が要介護者の心身状態の改善を通して、家族介護者の介護問題を改善しようとしていたが、筒井（2001）の研究結果から明らかなように介護サービス利用（通所系介護サービス以外）によっ

ては要介護者の心身状態の改善が図られなかったことも関連があると考えられよう。

3. 家族介護環境と経済的状況

　分析課題（2）の1）家族介護環境に応じた経済的状況の違いについては、次のようである。第1に、家族介護者世帯の平均月収は、家族介護者の年齢、雇用状態、仕事の変化、趣味活動有無、介護手当の必要性が0.1未満の有意水準で各集団間に有意な差がみられた。とりわけ、家族介護者の雇用状態と仕事の変化が家族介護世帯全体の月収に左右されることが明らかになった。介護が家族介護者の経済活動を抑制していることが多く、その点が研究からも明らかになっている（岩本；2001、西本・七條；2004、樋口ら；2006、小原；2008）。岩本ら（2001）の研究によると、家庭内に要介護者が発生すると、要介護者1人につき介護者0.1人が仕事を断念せざるを得なくなり、そして、要介護状態の場合は年間世帯所得が約11%、寝たきり状態の場合は約15%減少している。介護保険制度施行以後にも介護による離・転職が増えつつある現状のなかで、仕事の変化によって所得が減少することに加えて介護が長期化すると、所得減少はいっそう際立つ。こうした所得減少の影響は、要介護者の介護サービス利用状況に及ぼす影響よりも、その世帯全体の消費生活をよりいっそう切り詰めさせる形で現れている[11]。岩本ら（2001）の研究によると、要介護状態の場合、約24%消費水準が低下し、寝たきり状態の場合になると約34%低下するという。これを所得水準別にみた家計経済研究所（2003）の研究によると、一般世帯を100とした場合、平均収入が約19万円弱の低所得層は介護費用以外の消費支出が53.9%に抑えられており、平均収入が約30万円の中所得層は67.3%に抑えられている。そして、平均収入が約54万円の高所得層は一般世帯と同じ水準を維持している。その内訳をみると、所得水準にかかわらず、抑えられているの

が交通通信費、教養娯楽費であった。これらの結果からすると、介護が要介護者はもとより、家族介護成員全体の生活の質の低下はもちろん、家族介護者の社会的活動を抑制させ、社会的孤立を助長しかねないといえよう。また、これは本調査の結果のなかで趣味活動が介護費用割合に影響を受けているという結果と、介護費用割合によって社会的負担が影響を受けているという結果を裏付けるものでもある。

　第2に、介護費用割合との関係をみると、有意水準が0.1未満で集団間の有意差がみられた変数は、要介護度、仕事の変化、利用限度額の利用程度、趣味活動、介護手当であった。つまり、介護費用割合は要介護度が重度になるほど、仕事の変化があるほど、趣味活動していないほど、介護手当を必要とするほど、高く表われた。要介護度が重くなるほど介護費用割合も高くなる傾向を示している。それは、要介護度が重くなると、それに伴う介護サービス費用やその他の介護費用が増加するからである。それに、要介護状態が進行するということは、それほどの時間が必要であろう。上で述べたように、介護の長期化は、家族介護者の仕事の変化によって所得が減少する要因にもなっているので、それが介護費用割合を高めていると考えられる。それは表2-7をみればわかるように、利用限度額の利用程度によって必ずしも介護費用割合が高くなっていないからである。すなわち、要介護度が重くなって介護費用割合が高くなることが、介護費用額の増加と所得減少をもたらしているといえよう。

　第3に、経済的負担との関係をみると、0.1未満の有意水準で集団間の有意差が認められたのは、家族介護者の年齢、仕事の変化、介護費用負担状況、利用限度額の利用程度、介護手当であった。すなわち、若年層になるほど、離職・転職するほど、介護サービスを利用するほど、介護手当を必要とするほど、経済的負担をより強く感じていた。これは労働政策研究・研修機構の研究（2006b）と一致する結果であった。若年層が他の年齢層より、経済的負担を強く感じるのは、まだ年功序列の賃金構造が残っている日本社会

においてこの年齢層は他の年齢層より月収が少ないことや、介護費用以外に
も養育費用や生活費用等がよりかかる時期であること、それに介護による仕
事の変化がそれをよりいっそう圧迫しているからだと思われる。そして、利
用限度額の利用程度による経済的負担は、介護サービスを利用すればするほ
ど経済的負担も増加する傾向が示されたが、とくに、利用限度額を超えて利
用する集団が最も重く経済的負担を感じていた。それは利用限度額を超える
と 10 割自己負担になっているからである。こうした傾向と異なって、本調
査では「半分以下」を利用する集団が、2 番目に強く経済的負担を感じると
表われたが、その集団を詳しくみると、他の集団より月収が少なく、女性よ
りも男性の方が多く、経済的援助を受けている人が多く分布しているという
特徴があった。労働政策研究・研修機構（2006b）の報告書でもこれらの特
徴を持っている層がより経済的不安が高いと指摘しており、本研究において
も同じ結果がでたので、これらの原因が利用限度額を「半分以下」しか利用
しなくとも経済的負担を強く感じさせているといえよう。

4.　経済的状況と家族介護問題

　経済的状況が家族の介護負担に及ぼす影響を検証した結果、介護費用割合
と経済的負担が家族の介護問題に有意な影響を及ぼしていることが明らかに
なった。介護費用割合は社会的負担と総合的負担に正の影響を与えており、
そして、経済的負担は社会的、身体的、精神的、総合的負担に正の影響を及
ぼしている。その影響をみると、介護費用割合は、総合的負担（β 値 .301）
よりも社会的負担（β 値 .316）の方が大きかった。それは、すでに述べたよ
うに、月収の中に介護費用が占める割合が高くなると、家族介護者世帯の生
活費用のなかで、まず切り詰め始めるのが娯楽、余暇、交際費用といった社
会参加費用だからである[12]。それが社会的負担を増加させ、総合的負担に
も影響を与えていると思われる。

　こうした結果は経済的負担が他の負担に及ぼす影響をみればよりわかりやすい。その影響は、図2－5のようである。要するに、経済的負担が重くなると、家族介護者は社会参加費用を制限して社会的孤立に陥りがちで、憂うつ、焦燥等の精神的不安はもちろん、介護の生活への不安までも感じ、精神的負担を強く感じることになると考えられる。そして、こうした精神的負担が身体的負担にも影響を与え、総合的負担が強くなるという一連のプロセスも描くことができよう。

　これは、家族の介護問題のなかで、社会的、身体的、精神的負担は介護サービス利用によって改善される蓋然性はあるとしても、経済的負担は介護サービスの利用によって改善できる問題ではないことは分析課題（1）の検証結果からも明らかになっている。たとえ、入所介護サービスを利用して経済活動が可能になったとしても、介護費用がかからなくなるわけでもない。経済的負担の程度に違いはあって、本質的な経済的負担の解決策にはならないからである。それに、介護保険制度が在宅を基本方針とし、入所介護サービスの利用を制限しているため、現実的に在宅要介護者が入所介護サービスを利用することもたやすいではない。それに、在宅介護サービスを利用して社会的、身体的、精神的負担が改善されたとしても、経済的負担が改善しない限り、それが他の負担に影響を与えて介護サービスの効果も減らされてし

●図2-5　経済的負担が他の介護負担に及ぼす影響

まうということも起こりうる。

　したがって、介護手当や所得保障といった直接的な介入をして改善しない限り、経済的負担の改善はもとより、家族介護者の介護問題の全体を改善することは困難であるといえよう。

第6節　小括

　要介護者の介護問題が家族の介護問題に影響を及ぼしているように、家族の介護問題も要介護者の介護問題に影響を及ぼしていることは、多くの先行研究から明らかになっている。つまり、要介護者の介護問題と家族介護者の介護問題は、互いに影響を及ぼし合っている。したがって、介護問題を考えるに際しては、介護を必要とする要介護者の生活上の諸問題と、それらの人々を介護することによって生じる家族介護者の生活上の諸問題、その双方の問題を同時に考えなくてはならない。また、対応策も、双方の問題を同時に考えて講じなくてはならない。

　もちろん、家族介護者の介護問題は家庭内で要介護状態が発生することによって生じる2次的問題であるが、それが時間の経過とともに拡張、変質、生成という過程を経て1つの独立した問題として存在したり、新たな問題を生み出したりするため、それを2次的な問題として見なして取り扱うと、その問題は改善しにくいと思う。つまり、家族介護者の経済的、身体的、精神的、社会的問題等の介護諸問題は、1つ、1つの問題として存在しつつ、問題同士が互いに影響を及ぼし合うため、ある1つの問題に着目して改善を図ろうとしても、他の問題により改善が軽減されてしまうので、これらの問題を改善するには、1つ、1つの問題に対応できるように、総合的な支援が必要である。

　ところが、介護保険制度が介護サービスのみですべての介護問題を改善しようとする点と、制度の中に直接的な家族支援策がない点からすると、介護

保険制度は家族介護者の介護問題を2次的問題としてしか捉えていないといえよう。総合的な支援が必要な問題を介護サービスのみで対応しているから、介護サービスの効果が出にくいと考えられる。

　したがって、本章では、介護問題の改善策としての介護サービス利用の限界と経済的支援の必要性を明らかにすることを目的とした。その目的をはたすため、要介護者の介護サービス利用が、家族介護者の介護問題に及ぼす影響と経済的状況が家族介護者の介護問題に及ぼす影響を検証した。

　2000年に導入された介護保険制度は、「家族介護から介護の社会化へ」というスローガンを掲げて、介護サービスの普遍化を通して介護問題の改善を図ろうとした。制度施行後、介護サービス利用量の増加から介護サービスの普遍化はなされたと思われる。それに伴って家族の介護問題も改善されたのかどうかを検証した。その結果、身体的負担以外は改善されておらず、家族介護者のレスパイト的介護サービスという短期入所系介護サービスは、かえって利用するほど精神的負担を重くする逆効果があることが明らかになった。介護サービス利用が家族介護者の介護時間を減らしていることはその通りである。しかし、杉澤ら（2005）、内閣府（2006）の研究結果を含め、本章の結果からも、それが必ずしも家族の介護問題の改善につながっているとは限らないということである。したがって、介護サービスのみでは家族介護者の社会的、身体的、精神的、経済的等の介護問題を改善することに限界がある。特に、いかなる介護サービスを利用しても経済的負担の改善に影響を及ぼしていないことが確かめられた点は重要である。

　また、制度施行後、ほとんど社会的議論が行われなかった家族介護者の経済的問題に着目して、それが他の問題に及ぼす影響を検証してみた。その結果、介護費用割合は社会的負担と総合的な負担に有意な影響を与え、経済的負担はすべての介護負担に直接的な影響を与えていることが明らかになった。このことから、経済的負担を改善しなければ、家族の介護問題は改善することができない。そして、すでに述べたように、経済的負担は介護サービスで

は解決できない問題であって直接的な支援を別途に必要とする問題として考えなければならない。しかし、介護保険制度は、制度的に介護による所得減少を補填する仕組みはもとより、現金給付である介護手当すら講じていない。少子化、未婚化、晩婚化が進むなかで、家族介護者の経済的問題は今後よりいっそう深刻化、可視化されると思われるだけに、家族介護者への経済的支援を考えなければならないのである。

　介護による家族介護者の所得損失を補うための支援策は、前章（序章と第1章）検討したようにいくつがある。そのなかでも、最も直接的な効果が得られれるのは介護手当である。日本において介護手当は、2つの仕組みをもっており、両方とも自治体の任意事業として行われている。しかし、日本において介護手当がいつから始まり、どのように展開されてきたのかは明確ではない。それに、支給対象や支給目的、給付額、支給条件等、全市町村の介護手当の実施状況をとらえた実態調査はもちろん、それに対する分析も十分に行われていない。

　したがって、家族介護者の経済的支援の必要性を論じるためには、全市町村の介護手当の実態と課題を明確にする必要がある。

【注】

1) 「認知症の人と家族の会」は、旧「ぼけ老人をかかえる家族の会」が2006年6月に名称を変更したもので、現在（2010）日本全国から44支部をもっている全国的な当事者団体である。
2) 夜間訪問介護は2006年度の介護保険改正により、地域密着型介護サービスとして導入されたため、調査当時、調査項目の中にはその項目を入れておいたが、調査の結果では、利用する人がいなかったことから、今回の分析には、訪問系介護サービスの中に含まれていない。
3) 2007年度国民生活基礎調査によると、1世帯あたりの国民平均所得が566.8万円であった。それを12か月に分けて概算した金額である。
4) 「全国調査、1993年」34,146円、「東京都調査、1995年」37,800円、「東京都調査、1998年」40,300円という金額は、家計経済研究所編（2003）『介護保険導入後の介護費用と家計』財務省、p.36を引用したものである。
5) 保険料算出は2006年度を基準にして概算した。

① 第 1 号保険料基準額

全国平均値：4,090 円（滋賀県：3,837 円、京都：4,427 円、大阪：4,675 円）

② 年間所得：平均月収 34.5 万円 x12 月 = 415.2 万円

③ 保険料の算定に関する基準（厚生労働省）

③ に基づいたら、年間所得 200 万円以上は、第 6 段階に当たる

6 段階：基準額 x1.5（市町村によって段階区分が異なり、基準額 x1.75 に該当するところもある。）

④ 保険料：基準額 4.090 円 x1.5 = 6,135 円（滋賀県：5,756 円、京都：6,641 円、大阪：7,013 円）

6) 2006 年度の「賃金構造基本統計調査」によると、男性労働者の賃金は 18 歳から 54 歳まで年齢が上がるほど増加しつつあるが、それを過ぎると下がる傾向であった。一方、女性労働者の賃金は 18 歳から 44 歳まで年齢が上がるほど増加しているが、45 歳以上になると下がる傾向がみられた。

7) 性別にみると、2003 年の世論調査では、男性は「配偶者」が 78.8% と最も多く、次に「娘」が 5.0%、「息子」が 3.7%、「嫁」が 3.4% と表われたのに対して、女性は「配偶者」が 42.1% と最も多く、次に「娘」が 29.9%、「嫁」が 7.0%、「息子」が 6.5% と表われた。男性は「配偶者」を圧倒的に多くの者が望んでおり、女性は「配偶者」と「娘」を望んでいることから、介護に対する意識が変わっていることがわかる結果である。

8)「平成 21 年度国民生活基礎調査」によると、65 歳以上の高齢者世帯のうち、「未婚の子どもとの同居」は 1986 年 11.1% であったが、2009 年現在 18.5% と 7.4 ポイントも伸び、伸びつつあることが確認できた。

9) 東京都老人総合研究所社会福祉部門編（1996）『高齢者の家族介護と介護サービスニーズ』光生館、149.

10) 厚労省（2004.1）『第 8 回社会保障審議会介護保険部会議事「給付の在り方（3）」』関連資料 4（http://www.mhlw.go.jp/stf/shingi/2r98520000008f07.html#shingi31、2010.11.28 閲覧）

11) 家計経済研究所編（2003）『介護保険導入後の介護費用と家計』財務省、69.

12) 前掲 12）に同じ、36.

第 **3** 章

家族介護者の所得保障の実態と政策展開の動向

ー全国介護手当の実態調査を中心にー

<u>第 1 節</u>　介護手当支給の実態調査概要

1. 調査目的

　家族介護者の介護問題を改善・解決するうえで、経済的問題の位置づけは、第 2 章で明らかになった。家族介護者の経済的問題にかかわる日本の施策としては、オムツ等の介護用品支給（現物給付）、介護休業給付制度、家族ヘルパー制度、介護手当が取り上げられるが、なかでも、介護による経済的損失に対して直接的な効果の蓋然性が高いのは、介護休業給付制度、家族ヘルパー制度、介護手当である。

　この 3 つの制度のなかで、介護休業制度と家族ヘルパー制度は、すでに法制化されている反面、介護手当は、市町村の単独事業、あるいは市町村の任意事業として行われている。それにもかかわらず、本章で家族介護者の経済的技援の実態調査において介護手当に着目したのは、次のような理由からである。

　第 1 に、制度の普及率である。介護休業給付制度は、給付条件の厳しさと手続きの複雑さのうえに、給付水準が介護休業前の賃金の 40％しか保障されていないことから、所得減少を懸念し、その利用者は、労働政策研究・研修機構の調査（2006）によると、調査対象者 610 人のうち 9 人（1.5％）であった。そして、家族ヘルパー制度は、菊池（2010）の調査によると、2005 年現在全市町村のうち、4 市町村で実施している。それに対し、介護手当は、

1995年朝日新聞の調査によると、全市町村のうち、82％（3,234市町村のうち、2,670市町村実施）が介護手当を実施しており、介護保険制度実施後の厚生労働省の調査（2002）においても61.4％（3,213市町村のうち、1,973市町村実施）と多くの市町村で実施されている。このことから、介護休業制度と家族ヘルパー制度に比べて、介護手当の方がより普及しているといえる。

　第2に、特定の階層と地域に限られた支給対象であるか、どうかである。介護休業制度は、その給付額が雇用保険から支給されることから、雇用保険の被保険者のみを対象にしている。そして、家族ヘルパー制度は、離島、山間のへき地や訪問介護見込量の確保が困難な地域のみを対象にしている。すなわち、上記の2つの制度は、特定の階層と地域のみを対象にしている。それに対し、介護手当は、介護休業制度と家族ヘルパー制度のように特定の階層と特定の地域だけを対象にするわけではなく、基本的に在宅介護を前提として介護手当が支給されている。この点からすると、介護手当は介護休業制度と家族ヘルパー制度よりも支給対象が一般化されている。上記の2点は、家族介護者が抱えている経済的問題を改善、解決するという点からすると、最も基本的な前提条件であり、こうした理由から本章では介護手当に着目している。

　日本において介護手当は、介護保険制度の施行以前から地方自治体の単独事業として行われつつある「自治体介護手当」と、介護保険制度の施行以後、家族介護支援事業の1つとして行われている「介護慰労金」、の2つがある。

　「自治体介護手当」は、都道府県の単独事業、もしくは市町村の単独事業、または、都道府県の補助事業として、要介護者もしくは家族介護者を対象として、「慰労金」、「激励金」等の名目で1960年代末から1970年代の初めごろから行い始めた。その当時の日本では、高齢化率が7％に至り、高齢者問題が世間から注目を浴びている時期であったことや、革新自治体が高齢者福祉に力を入れて、独自の多様な事業を展開した時期であり、「自治体介

護手当」もその流れの 1 つであった。

　一方、「介護慰労金」は、1999 年 10 月に、厚生省（当時）が介護保険制度を円滑に実施するために講じた特別対策の 1 つである「家族介護支援事業」に含まれている支援事業である。この「家族介護慰労金事業」は、要介護度 4、または 5 の重度の高齢者のうち、1 年間介護サービスを利用しなかった住民税非課税世帯を対象にして、年額 10 万円までの金品を市町村が支給するものである。しかし、この事業は法制化された事業でもなく、強制力をもった事業でもない。そのため、この事業の実施は、「自治体介護手当」と同様に介護保険保険者である市町村に実施するか否かの判断が委ねられている。そのため、すべての市町村が実施しているわけではない。

　これらの介護手当の実態については、上記の調査以外にもいくつかの調査が行われ、介護手当の実施率や、給付水準、給付目的等が明らかになっている。しかし、先行調査では、介護保険制度実施以前（全国社会福祉協議会の調査 1987 年、朝日新聞社の調査 1995 年）においては自治体介護手当の実態が中心である、介護保険制度実施以降（厚生労働省 2001 年、2002 年）は介護慰労金の実態が中心となっている。そして、介護保険制度実施後、「自治体介護手当」と「介護慰労金」を含めた全国の介護手当実態をとらえようとした菊池の研究（2010）があるものの、郵送法を用いて調査を行ったため、全国の実態を把握するには、調査方法上の限界があった。そのため、「自治体介護手当」と「介護慰労金」をあわせた介護手当全体を総括した調査はいまだにない。

　また、日本において介護手当がどのように展開されてきたのかについても菊池の研究（2010）のみである。一部の都道府県が欠けているとはいえ、菊池の研究では都道府県単独事業としての介護手当の実施状況から日本の介護手当がどのように変遷してきたか、そして、事例を通して介護手当の導入の背景等を明らかにしている。

　しかし、上記で述べたように、日本において介護手当は、革新自治体が高

齢者の在宅福祉政策の一環として導入し始めたのがきっかけで、全国に広がるようになった。その広がりは都道府県単位よりも市町村単位であることからすると、一部の都道府県が欠けていることはともかく、都道府県単独事業としての介護手当実施状況からは、日本における介護手当の展開と動向を明確にとらえることは難しい。

　したがって、本章では、日本全国で行われている介護手当の実態を明らかにし、日本において介護手当がどのように展開されたのかを明確にすることを目的とする。

2.　調査対象及び方法

　調査対象は、2009 年現在、介護保険法に定めている保険者 1,795 市町村（特別区 23 区を含む）すべてとした。調査は、2009 年 5 月 26 日から同年 12 月 6 日まで約 6 か月半にかけて、インターネット調査法と電話調査法を用いて行った。

　全国規模のような母集団が大きい調査を行う場合、郵送法を用いて調査し、資料を収集、分析することが最も一般的な方法である。しかし、本調査では、こうした方法をとらず、インターネット調査法と電話調査方法を用いて、調査し、資料収集を行った。その主な理由は、アンケートの回収率が低いという郵送法がもった問題を解決するためである。つまり、郵送法を用いて調査対象であるすべての市町村に質問紙を送ったとしても、それがすべて回収される可能性はきわめて低い。そうなると、全国の介護手当実態を一か所も漏れなく調査することは難しい。こうした問題に対して、本調査ではインターネット調査法と電話調査方法を用いて解決しようとした。そして、収集した資料の正確さと信ぴょう性を高めるため、各市町村の公式ホームページに公開されている福祉サービス情報や例規集（要綱・条例）、高齢者保健福祉計画・介護保険事業計画、財政健全化対策、事務事業評価調書、広報誌

のみを使用した。

　具体的な調査方法は、図3-1のように段階を順次にふみながら筆者が自ら1つひとつ資料を収集し、確認しながら、介護手当の実施有無を確かめた。まず、第1段階として、各市町村の例規集（要綱・条例）から、介護保険法の要介護者を介護する家族介護者、もしくは要介護者を対象にした介護手当に関する規則、あるいは要綱、条例があるか否かを調べた。例規集は、介護

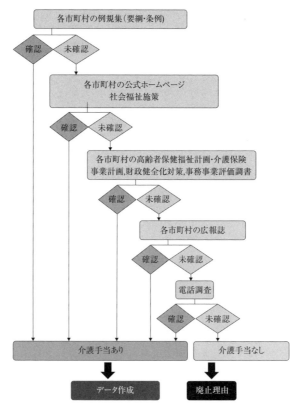

●図3-1　各介護保険者の介護手当実施状況確認プロセス

慰労金や介護手当、見舞金、激励金、家族支援金等に関する規則等を調べて
おり、また、それに当てはまる規則等がない場合には、障害者介護手当に関
する規則や、地域福祉支援に関する規則等も調べ、家族介護者と要介護高齢
者を対象にしている介護手当の有無を確かめた。これらの規則等から介護手
当の存在が確認できた場合、その例規集をもとにしてデータを作成した。反
面、確認できなかった場合、次の第2段階である各市町村の公式ホームペー
ジで公開されている社会福祉施策を調べ、介護手当の有無を確かめた。介護
手当の支給に関する情報が公開されている場合は、それに基づいてデータ作
成を行った。

そして、公式ホームページに社会福祉施策として公開されていない場合、
次の第3段階として、各市町村の高齢者保健福祉計画・介護保険事業計画、
財政健全化、事務事業評価書を確認して、介護手当の有無を調べた。介護手
当支給に関する内容がある場合にはそれをもとにしてデータを作成してお
り、内容がない場合は第4段階として各市町村が発刊する広報誌を調べた。
上記の4段階を経ても確認できなかった場合には、最後の段階として、直接
各市町村役所の担当者に電話をかけ、介護手当の有無や支給条件、支給目的
等、調査項目を聞き取り、データを作成した。

3. 調査項目と変数値の分類基準

調査項目は、介護手当実施の有無をはじめとして、制度名、支給目的、支
給対象、支給水準、支給条件、財政力等で構成した。また、介護手当が廃止
された場合は、廃止年度と廃止理由が示されている資料の収集にも努めた。
市町村の合併や介護手当の廃止から時間の経過している場合、資料収集が容
易ではなかったため、廃止資料についてはばらつきがある。これらの項目を
中心として収集した基礎資料は、Microsoft Excel 2007 を用いて整理を行
い、それをもとにして再構成を行った。再構成に当たって、変数値の分類基

準は以下のようである。

(1)　介護手当の有無

　介護手当の有無は、上記の２で述べたように、５段階を経て介護手当の有無を判断した。

(2)　介護手当の支給対象

　介護手当の支給対象は、各市町村が誰を対象にして介護手当を支給しているのかを調べるための項目である。支給対象は、基礎資料に基づいて「家族介護者」、「要介護者」、「両方」の３つの変数値に分けた。「家族介護者」と「要介護者」の変数値は、支給対象がその対象のみにする場合とした。そして「両方」の変数値は、家族と要介護者を両方とも支給対象としている場合と、一市町村において家族と要介護者それぞれを対象としている制度がある場合とした。それに、支給条件として認知症高齢者を介護する家族、もしくは認知症高齢者を支給対象としているか否かも追加変数として入れた。

(3)　介護手当の名称

　介護手当の名称は、各市町村がどのような名称で介護手当を行っているのかを調べるための項目である。家族もしくは、要介護者に支給する介護手当の名称は多様であったが、本調査では「介護慰労金」、「介護手当」、「激励金」、「見舞金」、「支援金」、「その他」の６つの変数値に分類、整理した。家族介護者を対象にした給付と、要介護者を対象にした給付が両方ともある場合は、家族介護者を対象にした給付を基準とした。「介護慰労金」の変数値は、制度の名称に「慰労」がついていたり、支給目的に「家族介護慰労事

業」と示している場合とした。「介護手当」、「激励金」、「見舞金」、「支援金」の変数値は、変数値名と一致するものとし、これらの変数値に当てはまらない名称は、「その他」とした。

(4) 支給目的

支給目的は、家族、もしくは要介護者にいかなる目的で介護手当を支給しているのかを調べるための項目である。各市町村が介護手当を支給する目的は、身体的・精神的・経済的介護負担軽減や家族介護のねぎらい、慰労、見舞い、生活支援、福祉向上及び増進等、多様であった。その目的を本調査では「経済的負担軽減」、「心身負担軽減」、「慰労」、「労い」、「激励」、「福祉向上・増進」、「その他」の7つの変数値で分類した。目的が複数の場合、内容をみて、「経済的負担軽減」、「心身負担軽減」、「慰労」、「労い」、「激励」、「福祉向上・増進」、「その他」の順で分類を行った。なお、支給目的に経済的、身体的、精神的負担軽減が明確に示されていない場合には、「心身負担軽減」としており、「見舞い」の場合は、「慰労」と「激励」両方とも当たるが、本調査では、「激励」として取り扱った。これら変数値以外の目的は「その他」として取り扱った。

(5) 支給条件

支給条件は、各市町村が支給要介護度以外にいかなる条件で家族、もしくは要介護者に介護手当を支給しているのかを調べた項目である。各市町村の支給条件は、要介護者の要介護度、年齢、介護サービス利用期間、家族介護者の介護期間、居住期間、課税と非課税等、さまざまであり、その組み合わせにおいても多岐であった。こうした支給条件を整理し、「支給条件」の変数は、「条件なし」、「所得制限のみ」、「年齢制限のみ」、「居住制限のみ」、

「所得・年齢制限」、「所得・居住制限」、「所得・年齢・居住制限」、「年齢・居住制限」の8つに分類した。各変数の基準は、次のようにした。

　「条件なし」は、支給要介護度以外の条件を有していない場合として、「年齢制限」は、支給条件として年齢が示されている場合とした。そして、「居住制限」は、同居の有無や同居期間といった居住条件に関わる内容がある場合とし、「所得制限あり」の変数は、非課税のみを対象としたり、あるいは課税と非課税に応じて支給額が違う場合、支給対象から生活保護受給者を対象外にする場合、または保険料未納者を除外する場合とした。

(6)　支給要介護度

　支給要介護度は、介護手当支給において最も基本的な条件である要介護者の要介護度状態をどのような状態から支給しているのかを調べるための項目である。支給要介護度は、介護保険制度の要介護度認定によって支給する市町村と、市町村の単独判断によって支給する市町村の大きく2つのタイプがあった。そのため、支給要介護度の変数は、「要支援から」、「要介護度1から」、「要介護度2から」、「要介護度3から」、「要介護度4・5から」、「単独判断」の6つとした。「要支援1」、または「要支援2」を支給対象とする市町村が1か所しかなかったため、「要支援から」としてくくり、「要介護度4」と「要介護度5」の場合は、支給条件と支給額がほとんどの市町村で同じ扱いをしていたので、「要介護度4・5から」としてまとめた。そして、「単独判断」の変数は、資料の中に支給要介護度が明示されていなかったり、市町村が障害老人の日常生活自立度（寝たきり）判定基準や認知症高齢者の日常生活自立度判定基準、ADL・IADLの判定基準等、単独基準を設けている場合とした。

（7）　支給事業

　支給事業は、各市町村で家族、もしくは要介護者に支給している事業が、介護保険制度施行以後、家族介護支援事業として市町村の任意的判断により行われるようになった「家族介護慰労金事業」として支給しているのか、それとも介護保険制度施行以前から、市町村の単独事業として支給している「自治体介護手当」なのか、または家族介護慰労金事業と自治体介護手当の「両方」ともあるのかを調査した項目である。そのため、支給事業の変数は、「家族介護慰労金事業」、「自治体介護手当」、「両方」の3つの変数値で構成した。

　第1に、「家族介護慰労金事業」の変数値は、以下のような事業とした。

　　① 2001年厚生労働省老人保健局「介護予防・生活支援事業の実施について」（平成13年5月25日　老発第213号厚生労働省老健局長）に明示されている基準に準ずる事業とした。その基準は、「要介護度4又は5に相当する市町村民税非課税世帯に属する在宅の高齢者であって過去1年間介護保険サービス（年間1週間程度のショートステイの利用を除く。）を受けなかったものを現に介護している家族」に支給する場合とした。

　　② ①の基準とはやや異なるが、各市町村の規則及び要綱等に「家族介護慰労事業」であることが明文化されている場合である。つまり、各市町村が①の（支給要介護度や介護サービス利用可能な日数等）基準を柔軟に適用して家族介護慰労事業を行っている場合にする。

　　③ 制度の名称が「介護慰労事業」である場合にした。

　　④ 「介護慰労事業」以外の事業がない場合にした。

　第2に、「自治体介護手当」の変数値は、

　　① 「家族介護慰労金事業」の基準にあてはまらない場合、

　　② 支給要介護度基準が示されていない場合、

③　支給対象が要介護者である場合、

④　所得、介護サービス利用期間、家族介護期間等、支給条件によって支給額が異なる場合、

⑤　介護手当の支給条件が明確に示されていない、または支給要介護度以外にない場合、

⑥　重度心身障害者介護手当の中に明文化されている場合、

⑦　「自治体介護手当」以外の事業がない場合、とした。

第 3 に、「両方」の変数値は、一市町村において上記の「家族介護慰労事業」と「自治体介護手当」が両方ともにある場合とした。

(8)　年間支給平均額

介護手当の支給方法は、各市町村によって、1 か月ごと、3 か月ごと、6 か月ごと、1 年ごと等、多様であったので、それを一括して年間額として概算して整理を行った。また、支給額が要介護者の要介護度、年齢、介護サービス利用期間、家族介護者の介護期間、居住期間、課税と非課税等、さまざまな支給条件により異なっていることから、分析の便宜上、平均額を算出して変数化を行い、「年間支給平均額」とした。年間支給平均額の算出は、各市町村が支給する総額を支給条件に沿って支給する支給額の項目の数で割り出したものである。

たとえば、A 市が家族介護者と要介護者の両方とも対象にしながら、要介護度 3 の要介護者を介護する非課税家族介護者には年間 50,000 円、課税には年間 20,000 円、そして、非課税要介護度 4・5 には年間 100,000 円、課税は年間 50,000 円を支給する。また、非課税と課税にかかわらず、すべて要介護者に市の単独事業として年間 30,000 円を支給しているとしよう。そうすると、A 市が介護手当として支給する年額支給総額は年間 250,000 円になり、支給項目は非課税の要介護度 3 と要介護度 4・5、課税の要介護度 3

と要介護度4・5、の家族介護者に対する4項目と、要介護者の1項目、延べ5項目になる。したがって、年間総額250,000円を支給項目5で割り出し、その額を年間支給平均額とした。

A市の年間支給平均額の概算方法
　年間総額250,000円（非課税要介護度3の50,000円＋課税要介護度3の20,000円＋非課税要介護度4・5の100,000円＋課税要介護度4・5の50,000円＋要介護者の30,000円）／支給項目5（非課税・課税要介護度3、非課税・課税要介護度4・5、要介護者）＝年間支給平均額50,000円

　そして、年間支給平均額の変数は、各市町村の年間支給平均額から、「6万円未満」、「6万以上9万円未満」、「9万円以上12万円未満」、「12万円以上15万円未満」、「15万円以上」、の5つに分類した。

（9）　財政状況

　財政状況は、各市町村の過去3年間の平均的な財政状況を示す「財政力指数」を用いており、資料は、総務省統計局のデータから得られたものである。総務省の指標説明によると、「財政力指数」は、高くなればなるほど普通交付税算定上の留保財源が大きくなり、市町村の財政状況に余裕があるということであり、2007年度「財政力指数」の平均は、0.55である。この平均値を基準として「財政力指数」は、「0.3未満」、「0.3以上0.5未満」、「0.5以上0.7未満」、「0.7以上0.9未満」、「0.9以上」と再構成した。

4. 分析方法

(1)　介護手当の実態

　介護手当の実態は、上記3の調査項目を数字化した資料をPASW Statistic 17.0 ver. を用いて分析した。主な分析方法は、頻度分析を用いて明らかにした。

(2)　介護手当の政策展開と動向

　介護手当の政策展開と動向は、介護手当の実態を明らかにするために収集した各市町村の例規集をもとにして、年代別、都道府県別介護手当の開始時期をまとめた。それに先行調査から明らかになった介護手当の実施率を照らし合わせて、「草創期」、「第1次停滞期」、「拡大期」、「第2次停滞期」、「衰退期」の5つの時期に分けてまとめた。

　「草創期」は、1969年から1980年までとした。この時期は、社会福祉政策の展開からすると、1970年代の前半と後半に分けて論じるべきである。しかし、1960年代は社会福祉・社会保障運動や住民運動等を背景に1969年日本で初めて行われた介護手当が、福祉見直し論の検討され始めた1970年代後半においても、その広がりが止まることなく、1980年まで続いていた。それは、福祉見直し論が介護問題において国の公的責任よりも、家族を含み資産とみなして、家族の役割を強調する日本型福祉社会の建設構想にも影響を及ぼす。その日本型福祉社会の構想には、家族の役割を助長する政策として、3世代同居世帯への優遇措置が設けられ、その中に家族介護者の介護苦労に対する補償として補償金も盛り込まれていた。実際に政策までには至らなかった[1]が、そうした構想が1970年代後半においても自治体介護手当の広がりに影響を与えたと考えられる。したがって、介護手当の政策展開においては、1970年代全体を1つの時期としてみることができることから、こ

の時期を1つの時期とした。そして、この時期の名称においては、1987年全国社会福祉協議会の介護手当実態調査によると、介護手当の実施率は29.3％であった。この実施率には、1984年から介護手当を都道府県単独事業として介護手当を行った石川県も含まれていることから、1980年以前は、1987年の介護手当実態調査の実施率よりも低かったと推察できる。また、介護手当が在宅福祉政策の一環として行われている点からすると、1970年代後半から国庫事業として在宅福祉の3本柱であるショートステイとデイサービスがはじまった点を踏まえて、「草創期」と名付けた。

　そして、「第1次停滞期」は、1981年から1987年までとした。それは、家族を含み資産とみなした日本型福祉社会論と福祉費用抑制策が本格的に行われ、1970年代後半に国庫事業として始まったデイサービスとショートステイといった在宅福祉施策が伸び悩んだ時期である点と、新しく介護手当を実施する地方自治体で都道府県が石川県のみである点から、停滞期と名付けた。そして、「拡大期」と「衰退期」の間にもう1回停滞期が生じるので、あとの停滞期と区分するために、この時期を「第1次停滞期」とした。

　次いで、「拡大期」は、1988年から1994年までとした。この時期は、高齢社会に関する関心とともに、家族介護者の介護問題への関心も高まり、初めて政治の側から介護手当がアジェンダとして取り上げられた時期でもある。こうした社会状況から介護手当もふたたび広がるようになる。特に、1995年朝日新聞社の調査によると、全市町村の82％に介護手当が広がり、介護手当実施率のピークに至る。このようなことから、この時期を介護手当の「拡大期」と名付けた。

　続いて、「第2次停滞期」は、1995年から1999年までとした。この時期は、介護保険法制定をめぐっての議論が最も活発に行われており、その議論の中には介護手当の導入に関する議論もふくまれていた。しかし、新しく介護手当を実施する地方自治体で都道府県が全く無いことから、停滞期と名付けた。

　最後に、「衰退期」は、2000年以降とした。この時期は、介護保険制度の施行に伴って、市町村の任意事業として家族介護慰労金事業が始まり、すべての都道府県で介護手当が実施されるようになる。しかし、介護手当の実施率は、2001年61.9％、2002年61.4％と、1995年の調査に比べて約20ポイントも下がる。この減少がいつごろから始まったかは定かではないが、本調査の結果（54.1％）も含めて考えると、減少していることは事実である。そのため、この時期を介護手当実施の「「衰退期」」と名付けた。

第2節　介護手当制度の展開と動向－市町村における介護手当実施率を中心に

　本節は、日本において介護手当がどのように展開されてきたのかを明らかにすることを目的とする。資料は、全国介護手当実態調査のために集めた各市町村の例規集にある介護手当関連の要綱と条例等を年代別、都道府県別にまとめた。その結果は、表3-1-1と表3-1-2の通りであり、それに基づいて論じる。

1．介護手当の実施動向と時期区分

（1）　介護手当の実施動向

　表3-1-1と表3-1-2をみると、日本において要介護高齢者の家族を対象にした介護手当は、1969年「福祉介護手当支給条例」を制定して支給しはじめた静岡県吉田町が最も早い。この静岡県吉田町の介護手当支給がきっかけで、その翌年（1970年）には、岐阜県明宝村「老人援護年金支給条例」と、宮崎県西部市「市民福祉手当支給条例」、長野県戸倉町「ねたきり老人等介護手当金支給条例」が制定され、介護手当を支給するようになる。特に、同年他の都道府県では市町村の単独事業としての介護手当条例が制定さ

れていることとは異なって、大阪府では府の単独事業として「福祉見舞金」
を支給し始め、都道府県単位においては初めてのものとなった。

　そして、1971 年には、千葉県八千代市と栃木県の小山市でも介護手当が
支給できる条例が制定され、1972 年には、県単独事業として神奈川県が介
護手当を支給し始め、市町村単独事業として東京都江戸川区、鹿児島県西之
表市、和歌山県串本町、埼玉県加須市等においても介護手当を支給するよう
になる。このように、介護手当を支給し始める市町村、あるいは都道府県が
日本全国に徐々に広がり、1970 年代前半だけでも 47 都道府県のうち、約半
数の 20 都道府県で行われる。その広がりの勢いは、オイルショックの影響
により福祉元年の宣言を撤廃したり、福祉費用の削減や福祉見直し論等が検
討され始める 1970 年代後半においても止まることなく、1980 年まで続く。
その結果、1980 年には 47 都道府県のうち、半数以上の 29 都道府県で介護
手当が実施されるようになる。

　ところが、介護手当の広がりは 1980 年代に入り、厳密にいうと、日本型
福祉社会の実現と第二次臨時行政調査会が設置される 1981 年からしばらく
伸び悩んで停滞するようになる。ふたたび介護手当が勢いを戻して全国に広
がり始めるのは、世帯構造や家族の機能と役割の変化、急激な人口構造の変
化、社会経済状況の変化等により、家族だけで介護を担うのが難しくなり、
介護問題が社会問題として位置づけられる 1980 年代後半からである。こう
した広がりは、介護保険制度の導入をめぐって本格的な議論が始まる 1994
年まで続き、当時 47 都道府県のうち、44 都道府県で介護手当が実施される
ようになる。

　しかしながら、介護手当の広がりは、介護保険制度に関わる議論が活発に
行われる 1995 年以降からふたたび停滞期に入る。そして、介護保険制度が
実施されると、また広がり、2001 年にはすべての都道府県で介護手当が実
施されるようになる。

　このような介護手当の実施状況からすると、日本における介護手当の展開

●表 3-1-1　自治体介護手当制定年度

都道府県	制定年度	資　　料
静岡県	1969	吉田町福祉介護手当支給条例、昭和 44 年吉田町条例第 15 号（吉田町福祉介護手当支給条例、平成 8 年条例第 7 号）
岐阜県	1970	明宝村老人援護年金支給条例、昭和 45 年明宝村条例第 84 号（郡上市寝たきり高齢者等介護者慰労金支給要綱、平成 16 年告示第 33 号）
宮崎県	1970	西都市市民福祉手当支給条例、昭和 45 年日西都市条例第 28 号
長野県	1970	戸倉町ねたきり老人等介護手当金支給条例、昭和 45 年戸倉町条例第 15 号（千曲市重度要介護高齢者等家庭介護者慰労金支給事業実施要綱、平成 15 年告示第 40 号）
・大阪府 [1]	1970	福祉見舞金
千葉県	1971	八千代市重度心身障害者及びねたきり老人福祉手当支給条例、昭和 46 年条例第 21 号
栃木県	1971	小山市ねたきり老人福祉年金条例、昭和 46 年条例第 4 号（小山市在宅ねたきり老人等介護手当支給条例、平成元年条例第 31 号）
東京都 [2]	1972	江戸川区熟年者激励手当条例、昭和四十七年条例第二十三号
鹿児島県	1972	市民福祉手当支給条例、昭和 47 年西之表市条例第 10 号（西之表市老人介護手当支給条例、平成 3 年条例第 6 号）
和歌山県	1972	串本町ねたきり老人扶養手当支給条例、昭和 47 年串本町条例第 27 号（串本町ねたきり老人等扶養手当支給条例、平成 17 年条例第 119 号）
・神奈川県	1972	ねたきり老人等家族見舞金交付要綱
埼玉県 [3]	1972	加須市ねたきり老人等手当支給条例、昭和 47 年条例第 36 号
岩手県	1973	在宅重度障害者及び寝たきり老人等介護手当支給事業補助金交付要綱、昭和 48 年岩手県告示第 1268 号（二戸市家族介護慰労金支給要綱、平成 18 年告示第 42 号）
・愛知県	1973	愛知県在宅ねたきり老人等福祉手当支給規則
山梨県	1973	大月市老人介護慰労金支給条例平成、平成 7 年条例第 9 号（大月市老人介護手当支給条例、昭和 48 年大月市条例第 5 号）
福島県	1974	いわき市ねたきり老人及び重度心身障害者福祉金支給条例、昭和 49 年いわき市条例第 18 号（いわき市要介護老人介護手当支給条例、昭和 63 年いわき市条例第 4 号）

沖縄県 [4]	1974	名護市民福祉手当支給条例、昭和49年条例第2号
福井県	1974	敦賀市ねたきり老人等介護福祉手当支給条例、昭和49条例第11号
・北海道	1974	平成11年度北海道寝たきり老人等介護手当支給要綱
・山形県	1974	平成13年度山形県ねたきり老人等介護者激励金支給要綱
・山口県	1975	ねたきり老人等介護見舞金助成事業県費補助金交付要綱
・群馬県	1975	介護慰労金支給
京都府	1977	介護見舞金（京都市政略年表、http://web。kyoto-net。or。jp/people/my10s4/ryakunenpyo。htm）
福岡県	1977	山田市居宅ねたきり老人見舞金支給要綱、昭和52年山田市規程第1号（嘉麻市在宅寝たきり高齢者介護者助成金支給規則、平成18年規則第78号）
・滋賀県	1977	滋賀県在宅ねたきり老人等介護激励金支給要綱
富山県 [5]	1977	八尾町在宅福祉介護手当支給条例、昭和52年八尾町条例第502号（富山市重度心身障害者等介護手当支給条例、平成17年富山市条例第163号）
・茨城県	1978	平成13年度茨城県在宅介護慰労金支給要綱
奈良県	1979	當麻町ねたきり老人介助慰労金支給条例、昭和54年當麻町条例第17号（葛城市家族介護慰労金支給条例、平成16年条例第95号）
大分県	1980	安岐町ねたきり老人等介護者手当支給条例、昭和55年安岐町条例第7号（国東市介護者手当支給条例、平成18年条例第123号）
・石川県	1984	在宅ねたきり老人等介護慰労金支給要綱
高知県 [6]	1988	本山町在宅介護手当支給に関する条例、昭和63年条例第6号
新潟県	1988	入広瀬村在宅ねたきり老人等介護手当支給要綱、昭和63年入広瀬村要綱第2号（魚沼市寝たきり老人等介護手当支給条例、平成16年条例第92号）
熊本県	1988	本渡市在宅寝たきり老人等介護者手当支給規則、昭和63年本渡市規則第36号（天草市在宅寝たきり老人等介護者手当支給規則、平成18年規則第76号）

●表 3-1-2　自治体介護手当制定年度

都道府県	制定年度	資　　　料
兵庫県 [7]	1989	三木市在宅高齢者介護手当支給条例、平成元年条例第 24 号
香川県	1989	直島町在宅介護福祉金支給条例、平成元年条例第 4 号
愛媛県	1990	御荘町ねたきり老人等介護慰労金支給要綱、平成 2 年御荘町訓令第 3 号（愛南町ねたきり老人等介護慰労金支給要綱 平成 16 年告示第 10 号）
長崎県	1991	平戸市在宅ねたきり老人等介護見舞金支給要綱、平成 3 年平戸市告示第 27 号（平戸市在宅寝たきり高齢者等介護見舞金支給要綱、平成 17 年 告示第 30 号）
三重県	1991	大宮町ねたきり老人等介護手当の支給に関する条例、平成 3 年大宮町条例第 11 号（大紀町ねたきり老人等介護手当の支給に関する条例、平成 17 年条例第 74 号）
秋田県	1991	阿仁町寝たきり老人等介護慰労金支給要綱、平成 3 年阿仁町要綱第 2 号（北秋田市家族介護慰労金支給に関する条例、平成 17 年条例第 106 号）
広島県	1991	大朝町在宅ねたきり老人等介護手当支給条例、平成 3 年大朝町条例第 11 号（北広島町在宅ねたきり老人等介護手当支給条例、平成 17 年条例第 133 号）
岡山県 [8]	1992	早島町介護手当支給条例、平成 4 年条例第 3 号
佐賀県	1992	玄海町ねたきり老人等介護見舞金支給条例、平成 4 年条例第 7 号
青森県	1994	蓬田村在宅寝たきり老人等介護手当支給要綱、平成六年蓬田村訓令第 1 号（蓬田村家族介護支援特別事業実施要綱、平成十四年訓令第十八号）
鳥取県 [9]	2000	東郷町家族介護支援特別事業実施要綱、平成 12 年東郷町訓令第 16 号（湯梨浜町家族介護支援特別事業実施要綱平成 16 年訓令第 53 号）
徳島県 [9]	2001	板野町家族介護支援事業実施要綱、平成 13 年告示第 11 号
島根県 [9]	2001	金城町家族介護慰労事業実施要綱、平成 13 年金城町告示第 19 号（浜田市家族介護慰労事業実施要綱、平成 17 年告示第 23 号）

注：1. この表は、主に筆者の調査結果をもとにして作成したオリジナルものである。

2. 都道府県名称の前に「・」は、菊池いづみ氏の調査結果の方が筆者の調査結果よりも、介護手当実施年度が先であったため、菊池いづみ氏の調査結果をそのまま引用したものである。菊池いづみ『家族介護への現金支払い - 高齢者介護政策の転換をめぐって』2010、p.158-161.

3. 筆者の調査は、主に 2009 年度各自治体の例規集に基づいている。

4. 表の濃く書かれているところは、（　）の例規集から確認された。

   1) 介護見舞金は、1967 年に重度障害者を対象にして支給され始めた介護手当である。筆者の調査では、この介護見舞金が 1970 年に要介護高齢者を対象としているかどうかについては確認できなかった。そのため、菊池氏の調査結果に基づいて 1970 年とした。菊池氏がその根拠として示したのは「介護見舞金に関する残存資料と府職員の聞き取り」であった。

   2) 江戸川区の他、中央区

   3) 加須市の他、上福岡市、鳩ヶ谷市、吉川市、東松山市、飯能市、富士見市、上尾市、所沢市、入間市、朝霞市、志木市、秩父市、熊谷市、越谷市、草加市、桶川市、坂戸市、三芳町、杉戸町、鳩山町、上里町、大利根町、毛呂山町、美里町、小鹿野町、川島町、横瀬町、松伏町、川本町、伊奈町、吉田町、両神村、東秩父村、大滝村、荒川村、18 市 14 町 4 村の条例から確認した。

   4) 名護市の他、沖縄市

   5) 現行（2009）富山市の重度心身障害者等介護手当支給条例では、要介護者が対象になっている。しかし、この条例が制定された当時（1974）、要介護高齢者が対象であったかどうかは定かではなかったため、八尾町の制定年度を基準にした。

   6) 本山町の他、西土佐村。1995 年に制定された土佐市在宅介護手当支給条例では、要介護高齢者が対象になっているが、この条例の元になった土佐市心身障害者福祉手当支給条例（1972 年）において要介護者が対象になっていたかどうかが定かではなかったため、本山町と西土佐村の制定を基準とした。

   7) 三木市の他、西脇市、稲美町、福崎町、黒田庄町、播磨町、香住町、村岡町、美方町

   8) 早島町の他、勝山町

   9) 鳥取県、徳島県、島根県は 1994 年厚生省の調査、1995 年朝日新聞社の調査、1996 年読売新聞社の調査、いずれも介護保険制度施行以前に介護手当を支給しているという結果がなかった点から、3 つの県は介護保険制度施行以後に介護手当が実施されたと思われる。

は、「1969 年から 1980 年まで」、「1981 年から 1987 年まで」、「1988 年から 1994 年まで」、「1995 年から 1999 年」、「2000 年以降」の 5 つ時期に分類することができる。

（2）　介護手当の展開の時期区分

　上記の分類を 1 つの軸として、表 3-2 に示している各市町村の介護手当の実施率に照らしてみると、次のようである。

　まず、「1969年から1980年まで」は、上記で述べたように47都道府県のうち、半分以上の都道府県で介護手当が行われ、日本全国に介護手当が最も広がる時期である。しかし、1987年全国社会福祉協議会の調査結果によると、当時介護手当は、有効回答2,155市町村（東京特別区、政令指定都市の行政区を含む）のうち、29.3%にあたる631市町村しか実施していない（石川県を含む）。この調査の結果には、1984年から介護手当を都道府県単独事業として介護手当を行った石川県も含まれている。このことからすると、1980年以前の介護手当の実施率は、1987年の介護手当の調査の実施率よりも低いことが推察できる。いいかえれば、この時期に介護手当を実施する地方自治体で都道府県が大きく増えたとしても、全市町村からすれば介護手当を実施する市町村は多くなく、まだまだ介護手当は発展途上にあったといえる。

　ところが、この時期は、社会福祉制度・政策の変遷からみれば、1つの時期としてくくることは難しい。社会福祉制度・政策の変遷過程において1970年代は、福祉元年が宣言される1970年代前半と、福祉見直しが行われる1970年代後半とに分けることができる。つまり、相容れない2つの政策が行われるため、前半を「福祉の拡大期」とし、後半を「福祉見直し期」として2つの時期に分けて論じるのが一般的である。しかし、介護手当の実施と関連性が高い在宅福祉の変遷からみると、1つの時期としてまとめることも可能である。

　それは、1971年「社会福祉施設緊急整備5ヵ年計画」をはじめとして、日本の社会福祉は、1970年代後半まで主に入所施設を中心に発展してきたため、在宅福祉にかかわる施策は、表3-2をみればわかるようにわずかであった。つまり、1970年代後半に在宅要介護者とその家族の支援のため、ショートステイ（1978年）とデイサービス（1979年）が国庫補助事業として行われる以前は、家庭奉仕員事業や、訪問診査、特殊寝台貸与等、在宅福祉施策はわずかしかなかった。それに、それら在宅福祉施策も1982年に利

●表3-2　介護手当制度の時期区分

年度別 区分	実施 都道府県数	市町村の介護 手当実施率	高齢者福祉制度の動向 在宅福祉を中心に	時期区分
1969年～ 1980年	29都道府県	1987年29.3%	・1962年「老人家庭奉仕員」国庫補助事業 ・1963年「老人福祉法」制定 ・1965年「家庭奉仕員事業」の対象拡大 ・1969年「訪問診査」「特殊寝台貸与」、在宅福祉施策促進への運動展開「日常生活用具給付」 ・1971年「社会福祉施設緊急整備5ヵ年計画」実施 ・1973年「老人医療費無料化」制度実施 ・1975年 社会保障長期計画懇談会「今後の社会保障のあり方について」在宅福祉の充実強調 ・1978年「ショートステイ」国庫補助事業 ・1979年「デイサービス」国庫補助事業 「新経済社会7ヵ年計画」—新しい日本型福祉社会の実現提言	「草創期」
1981年～ 1987年	30都道府県		・1981年中央社会福祉審議会「当面の在宅老人福祉対策について」意見具申 ・1982年「老人保健法」制定 「家庭奉仕員派遣事業」改正：対象拡大と有料化 ・1985年「高齢者福祉法」改正「高齢者対象企画推進本部」設置 ・1986年「在宅国庫補助率」1/3から1/2へ引上げ 「長寿社会対策大綱」同居奨励策 ・1987年「老人保健施設」創設	第1次 停滞期

1988 年～ 1994 年	44 都道府県	1995 年 82%	・1988 年「ケアハウス」増設 ・1989 年「高齢者保健福祉推進 10 ヵ年戦略」策定 　　　「介護対策検討会」介護の社会化の推進 ・1990 年「市町村老人保健福祉計画」 　　　「福祉関係 8 法」改正 　　　「在宅介護支援センター」創設 　　　「高齢者生活福祉センター」創設 ・1991 年「老人保健法」改正、老人訪問看護制度創設 ・1992 年「デイサービス D 型・E 型」創設 ・1994 年「新高齢者保健福祉推進 10 ヵ年戦略」策定 　　　「21 世紀福祉ビジョン」	「拡大期」
1995 年～ 1999 年	44 都道府県	・	・1995 年「24 時間対応ホームヘルプサービス」創設 ・1997 年「介護保険法」制定	第 2 次 停滞期
2000 年 以降	47 都道府県	2001 年 61.9% 2002 年 61.4% 2009 年 54.1%	・2000 年「介護保険法」施行 　　　「今後 5 ヵ年間の高齢者保健福祉施策の方向」策定 ・2001 年「家族介護慰労金事業実施」市町村任意事業	「衰退期」

注：年度別区分は、表 3-1-1 と表 3-1-2 に基づいて作成。

用対象の拡大と有料化が実施される前は、主に低所得者を対象にして行われたため、一般の要介護者は利用することすら困難なほど、1970 年代は在宅福祉が進んでいなかった。

　日本において在宅福祉の必要性に関する議論は、すでに 1970 年代前半から始まったが、それが形として打ち出されるようになった背景に福祉見直し論がある。1973 年秋におきた第一次オイルショックは、日本の経済状況を

高成長から低成長へと押しやり、その影響は国の財政状況に及んだ。特に、社会福祉において国の財政状況に大きな影響を及ぼしていたのが社会福祉施設の運営と老人医療費無料化制度であり、国にとってそれを見直す必要があった。その財政負担を軽くするためにとった政策は、いままで国の責任のもとで行われた施設中心の施策から、その責任を家族に転嫁する在宅福祉への政策転換であった。その形として打ち出されたのが、上記したデイサービスとショートステイの国庫補助事業であったと考えられる。つまり、日本において在宅福祉は、在宅要介護者とその家族を支援するための目的と必要性によって施設から在宅へと転換されたというよりも、国の財政負担軽減の1つの手段として取り入れられている。しかし、この福祉見直し論が社会福祉発展に及ぼした影響とそれに対する評価はともかく、1970年代後半に在宅福祉の推進を助長するきっかけとなったことは紛れもない事実である。

　そして、福祉見直し論のもう1つの産物であるといわれているのが、日本型福祉社会論である。家族依存型福祉と象徴される日本型福祉社会論は、1979年「新経済社会7ヵ年計画」に取り入れられることで実現可能になるが、それにかかわる施策は1980年代に入ってから行われることになる。

　しかし、日本型福祉社会論が1975年に村上泰亮らによって当時の首相三木武夫への「私的提言」として発表された段階、つまり、日本型福祉社会論の構想の段階では、介護を行う家族の苦労に報いるため、家族介護への報償として税制上の優遇措置と報奨金を設けるとともに、介護のため勤労が不可能な人に対する報償として家庭介護手当も考慮されていた。

　この構想による報奨金と家庭介護手当は、1980年代に入っても国の制度として制度化されることはなかったが、この構想が少なくとも1970年代後半に介護手当の広がりが止まることなく、続けられた1つの背景になったと思われる。

　以上のことを踏まえて、介護手当展開の動向や、全市町村における実施率の状況、在宅福祉の発展過程における位置づけをみると、「1969年から1980

年まで」を 1 つの時期としてみることができる。そして、この時期を介護手当の「草創期」と名付けた。

　次に、「1981 年から 1987 年まで」においては、新しく介護手当を実施する地方自治体として都道府県では石川県のみである。この時期は、1970 年代の 2 回にわたってオイルショックによって行われた福祉見直し論が本格的に展開される時期でもある。そして、この時期において在宅福祉は、利用対象が拡大されたり（1982 年）、在宅福祉サービスの国庫補助が 1/3 から 1/2 へと引き上げられたり（1986 年）する等、制度的に一定の前進をみせている。しかし、在宅福祉施策の数が多くなかった。また、日本型福祉社会論の実現と「増税なき財政再建」を掲げた第二次臨時行政調査会の発足によって、地方自治体の財政負担が重くなる。それに伴って、地方自治体の財政状況を反するする可能性の高い介護手当も影響を受け、その結果、介護手当の広がりが停滞につながっていったと思われる。したがって、この時期を介護手当の停滞期といえよう。そして、「1995 年から 1999 年まで」の時期と区分するため、この時期を「第 1 次停滞期」と命名した。

　そして、「1987 年から 1994 年まで」の時期は、1989 年に「高齢者保健福祉推進 10 ヵ年戦略」が策定され、在宅福祉施策の整備や人材育成、等が本格的に行われはじめた時期である。それによって在宅福祉施設が一気に増えるのである。一方で、介護手当の広がりは、この時期に新しく介護手当を実施する地方自治体は 14 都道府県であり、介護手当の実施率は、1995 年朝日新聞社の調査によると、全市町村の 82％である。この結果からすると、この時期は「1969 年から 1980 年まで」の時期に比べて、新たに介護手当を支給し始める地方自治体で都道府県の数は少ないが、全市町村の介護手当実施率は大きく伸びていることがわかる。また、この時期の介護手当の実施率は、他の時期に比べて最も高い。したがって、この時期を介護手当の拡充期とみなすことができよう。

　次いで、「1995 年から 1999 年まで」は、介護保険制度をめぐって議論が

最も盛んに行われた時期であり、その議論のなかで介護手当を介護給付とし
て導入するか、否かの議論も行われ、介護手当の行方が明確になっていない
時期でもある。このような影響もあり、新たに介護手当を導入した都道府県
はなかった。したがって、この時期を「1981 年から 1987 年まで」の時期と
同じく介護手当の停滞期とみなした。そして、「1981 年から 1987 年まで」
と区別するため、この時期を「第 2 次停滞期」と命名した。

　最後に、「2000 年以降」は、この時期になると、すべての都道府県で介護
手当が実施されるようになる。しかし、介護手当の実施率は、2001 年
61.9%、2002 年 61.4％と、1995 年の調査に比べて約 20 ポイントも下がる。
この減少がいつごろから始まったかは定かではないが、本調査の結果
（54.1％、本章 3 節参照）も含めて考えると、減少していることは事実であ
る。そのため、この時期の介護手当の「衰退期」とみなした。

　したがって、本節では、この 5 つの時期の背景と、その時期における介護
手当をめぐっての議論を整理していきたい。

2.　介護手当の草創期一介護手当導入の背景

　日本において要介護高齢者を対象にした介護手当は、1960 年代末から
1970 年代にかけて市町村、あるいは都道府県の単独事業として全国に広が
り始めた。なぜ、この時期に家族介護者、あるいは要介護高齢者を対象にし
た介護手当が支給され始めたのか、その背景は、次のようである。

　第 1 に、1955 年から始まった高度経済成長は、1960 年代に入るとピーク
に至り、1968 年にはアメリカに次いで世界第 2 の経済大国までに上りあが
る。こうした経済成長とともに、国民の生活様式の改善や、公衆衛生の改
善、医療の発達によって人々の寿命が長くなり、高齢者人口が増加すること
になった。しかし、高齢者人口の増加は、要介護問題を生じさせた。その実
態は、1968 年全国社会福祉協議会が行った「居宅寝たきり老人実態調査」

によって、20万人以上の寝たきり高齢者が在宅で介護を受けており、その家族は重い介護負担を背負っていることが明らかになった。この結果によって高齢者の介護問題が社会的に注目を浴びることになる。それが介護手当の実施につながったと考えられる。とりわけ、各市町村、あるいは各都道府県で単独事業として介護手当が行われるいくつかの背景のうち、この実態調査の結果が介護手当を実施するようになる最も直接的な背景であると推察できる。

　第2に、その実態調査の結果が発表された1960年代後半の日本社会は、住民の権利意識が高くなり、高度経済成長の影としてあらわれた公害問題や、地域の過疎・過密問題、物価高騰、等の生活問題の改善を求める住民運動が盛んに行われていた。それに伴って、福祉に対するニーズも多様化され、そのニーズの充足を求める社会福祉・社会保障運動も活発に行われた。老人医療費無料化運動もこの頃ことであった[2]。これらの運動の1つの成果として住民の生活改善と福祉優先を掲げた革新自治体があらわれるようになる。要するに、住民運動や社会福祉・社会保障運動によって成立した革新自治体は、運動側の要求、つまり住民の多様なニーズに対応するため、独自の政策を行うようになり、その1つが介護手当であったと考えられる。

　第3に、なぜ、革新自治体は介護手当を導入したかというと、それは、在宅福祉サービスの乏しさがあげられる。1960年代後半の住民運動と社会福祉・社会保障運動によって1971年「社会福施設緊急整備5ヵ年計画」が策定され、高齢者施設が整備されており、1973年には老人医療費無料化制度が実施された。かくして、やむをえない理由によって家庭で介護を行うことが困難な要介護者は高齢者施設の利用や入院がしやすくなったと思われる。しかし、高齢者福祉施設が整備され、老人医療費無料化になったとはいえ、入所・入院できる施設は限られており、当時の福祉と介護に対する認識、すなわち、親の介護は子どもの義務とか、親を施設に入所させるのは家の恥とか、国に世話になることは良くないとかといった認識が強かったため、多く

の要介護者は家族によって介護されている。

　一方で、そうした在宅家族介護者、あるいは要介護者のための在宅福祉サービスは、当時（1970年代後半以前）低所得世帯を対象にした「家庭奉仕員派遣事業」と「訪問診査」、「特殊寝台貸与」、「日常生活用具給付」しかなかった。それに、上記で述べたように、在宅福祉サービスの3本柱といわれているショートステイ（1978年）とデイサービス（1979年）が国庫補助事業として行われるのも1970年代後半である[3]。要するに、介護手当は、社会福祉施設の整備に比べて在宅福祉施設及び制度が立ち遅れ、乏しい在宅福祉サービスを代替するサービスとして、もしくは、在宅福祉サービスの一環として各市町村、あるいは都道府県で導入されたと思われる。

3. 介護手当の拡大期一第1次停滞期から拡大期まで

(1)　介護手当停滞期から発展期に転換した背景

　1960年代後半から1970年代にわたって日本全国に広がりつつあった介護手当は、1980年代に入ると、広がらなくなってくる。その背景には、1970年代半ば2回にわたっておきたオイルショックの影響により、議論が始まった福祉見直しがある。この福祉見直しは、日本型福祉社会という形としてあらわれ、それが実現されるのが1980年代に入ってからである。

　1980年代の高齢者福祉の動向は、前半と後半において大きな変化をみせる。前半には、日本型福祉社会論が伝統的な地域共同体の役割や、家族を高齢者介護の含み資産として重視する思想、理念をうちだし、自助・互助論を優先させ、最後に公助があるとする役割分担論を主張する。「社会福祉施設緊急整備5ヵ年計画」の終了（1975年）の時期に第1次オイルショックから「福祉見直し論」がいわれ、「在宅福祉サービスの戦略」（全国社会福祉協議会在宅福祉サービスのあり方に関する研究会、1979年）が提言される。

　この提言は、「施設福祉から在宅福祉」への政策転換を図るものとして注目
される。高齢化の進行や家族規模の縮小、家族形態の変化がこの時期に、新
たな社会問題として注目を集め始める。都市部を中止に施設入所にかわる在
宅生活支援の事業が高齢者福祉分野を中心に高まりをみせる。高齢者福祉の
ショートステイ（1978 年）、ディサービス（1979 年）等の事業開始ととも
に、コープくらしの助け合い事業、食事サービス、友愛訪問サービス等が生
活協同組合、ボランティア団体、女性団体等によって活発に取り組み始めら
れるのがこの時期である。

　財政再建元年といわれる第二次臨時行政調査会（1981 年）は福祉関係費
用抑制を目的にしており、当時の高齢者福祉サービスは事業の種類が乏しい
だけではなく、サービス対象の所得制限を特徴にしており、低所得高齢者以
外の者は利用ができなかった。これらを背景に、コープくらしの助け合い事
業や市民団体（多くは女性中心のボランティア活動）の活動が有償サービス
（低額で実費程度）で対象の拡大を図っている。「福祉見直し」の財政抑制期
に、自分たちの老後を自分たちの共同で支えあう参加型福祉の登場が全国の
主要都市でみられた。この時期における非営利型の在宅福祉サービスの対象
拡大を図ったものとして武蔵野福祉公社（1980 年）の創設があげられる。
武蔵野福祉公社は、第3セクターとして発足し、在宅生活支援を会員方式で
行い、介護サービスを必要とするニーズに「有料化」で応えている。この福
祉公社方式はその後、一気に都市部を中心に全国に広がりをみせている。つ
まり、要介護の実態が「家族を含み資産」として、女性の肩を頼りに伝統的
な精神主義で乗り越えられないところにきていたのである。

　1980 年代を貫く一本の柱は「行財政改革」（1981 ～ 1988 年）であり、財
政再建の要請を受け、「小さな政府」が追求され、この文脈から、国の財政
負担を軽くするために地方分権化が進行する。まさに、財政主導による財政
改革案が社会保障予算を抑え、規制緩和による「民間活力」を方向づける。
社会保障予算の抑制を象徴するのが老人保健法（1982 年）の成立であり、

老人医療費が有料化し、受益者負担が導入される。さらに、国庫負担減少のために各種健康保険と国民健康保険の制度間財政調整制度をつくり、国による社会保障予算の補助削減が社会保険の危機、利用者負担の増加とつながる原型をここでつくっている。

　規制緩和による「民間活力」の活用を象徴するのは、中央社会福祉審議会による「今後のシルバーサービスのあり方について」の意見具申（1987年）である。社会福祉・医療事業団法によって、シルバーサービスも融資対象に加える形で創設されている。このことから、高齢者福祉事業に営利型の参入を制度的に受け入れ、承諾することになった。

　この時期は二面性がある。一面では、行財政改革による社会保障関係費の補助金削減や、受益者（利用者）負担の増加、分権化、規制緩和による公的責任縮小、第3セクター方式、営利型の導入に至る福祉供給システムの多元化が図られている。このような政策動向が高齢者福祉分野に集中的にあらわれている。他面では、国際障害者年の影響を受け、高齢者福祉分野にノーマライゼーションの理念が広がり、個の尊厳や自己決定の原理がはいってくる。地域生活の場からコープくらしの助け合いや非営利共同の新たな組織が次々と誕生するのもこの時期の特徴である。

　1980年代の後半は、高齢者福祉分野が国の政策動向の影響を大きく受ける時期である。その最大のものが通例「ゴールドプラン」といわれる高齢者保健福祉推進10ヵ年戦略である。その背景に、日本で初めての消費税の導入（1989年）がある。消費税については不公平税制との批判もあったが、「高齢者福祉の財源にする」と説明し、導入が決定した。

　高齢者保健福祉10ヵ年戦略を受けて、老人福祉法等の8法改正があり、基礎自治体に高齢者保健福祉計画の策定を意義付けることになった。基礎自治体が高齢者「保健・福祉」の計画策定と実施の主体になること、高齢者福祉と身体障害者福祉を市町村が実施するという方向に大きく政策の転換が図られる。

　1980年代における地方自治体の介護手当は、前半の国による財政引き締めで沈静化し、模様をみているうちに消費税や高齢者保健福祉10ヵ年戦略の政策変動にのみこまれ、大きな動きがない。しかし、高齢化が急速に進行し、伝統的な家族介護で対応できないことが社会問題がすることからどのような介護への対応策をとるかで揺れる時期である。

4.　介護手当の衰退期－第2次停滞期から衰退期へ転換

(1)　介護保険制度の政策形成過程においての議論

　家族介護に対する評価と介護手当をめぐる主な議論を整理すると表3-3?のようである。

　介護手当は1988年、消費税導入等の税制改革をめぐる与野党の国会審議過程で野党から「年収300万円以下の世帯の寝たきり老人に対して月額5万円の老人介護手当を支給」することが求められた。この要求に対して、同年12月、臨時介護福祉金の支給が合意されることによって厚生省で本格的な議論が始まったといっても過言ではなかろう。

　介護手当の創設について意見を出したのが、1989年12月の「介護対策検討会」の報告と1994年12月の「高齢者介護・自立支援システム研究会」の報告、そして、1995年7月の「社会保障制度審議会」の勧告であった。

　まず、介護対策検討会の報告書では、公費を財源に国の制度として介護手当を創設することについて、「介護手当は必ずしもサービスの供給と結びつくものではないため、要介護老人については給付要件の設定の仕方の如何によってはかえって、寝たきり状態の解消につながらない可能性があること、対象者の個別性に対応できないこと、所得制限を設定すれば対象者が限られること」から「慎重に検討すべきである」という発想の転換を基本的考え方として示した。

　そして、高齢者介護・自立支援システム研究会の報告は「外部サービスを

利用しているケースとの公平性の観点、介護に伴う支出費などといった経済面を考慮し、一定の現金支給が検討されるべき」とした。また、介護対策検討会の報告よりも介護手当の創設に対して、さらに具体的に構想されている。介護手当の目的も激励や慰労などの「ばらまき福祉」という論争になりがちな目的ではなく、「施設・在宅サービスの受給者との均衡」、介護に伴う支出費への対応という「介護費用の補填」、本人や家族の選択の幅を広げるという「自らの裁量に基づく介護サービスの利用」という目的が想定された。それだけでなく、介護問題に対しても、家族に対する研修や、専門家のケアプランによる管理、外部サービスへの切り替えが行えるようなバックアップ体制も提案するなど、介護手当の制度化に一歩を踏み出した報告であった。また、社会保障制度審議会の勧告でも「公的介護保険とは現物給付とまたは現金給付をあるいはそれらを組み合わせた介護給付の費用を負担する制度である」と述べていた。にもかかわらず、なぜ、制度化されなかったのであろうか。

　介護保険制度の政策形成過程において、保険給付として介護手当を導入するか否かという議論は、主に老人保健福祉審議会（以下、老健審）で論じられた。老健審は、1995年2月から1996年4月まで、1年3か月の間に、分科会を含めて約50回の議論が開催されたし、3回にわたって厚生大臣に報告を行っている。そのなかで、介護手当を中心テーマに議論したのは老健審で1回、介護給付分科会で1回しかなかった。

　老健審で家族介護をテーマにした議論のなかで介護手当について、特に強い賛成も反対も出されなかった。しかし、財政論の側から、「介護手当は現行制度にはないため、介護保険で行うとなる給付規模が拡大し、新たな負担となるので、慎重な検討が必要になる」という指摘が出、3回にわたって厚生大臣に報告を行っている。そのなかで、介護手当を中心テーマに議論され、結局、世論調査を行って再議論することになっている。それゆえ、1995年9月、総理府による「高齢者介護に関する世論調査」が実施され、その結

●表 3-3　介護手当に関する検討経緯

1988.12.	介護対策検討会
	「介護手当は必ずしもサービスの供給と結びつくものではないため、要介護老人については給付要件の設定の仕方の如何によってはかえって、寝たきり状態の解消につながらない可能性があること、対象者の個別性に対応できないこと、所得制限を設定すれば対象者が限られること」から「慎重に検討すべきである」と結論づけた。
1994.12.	高齢者介護・自立支援システム研究会
	家族介護の評価に関しては「外部サービスを利用しているケースとの公平性の観点、介護に伴う支出費などといった経済面を考慮し、一定の現金支給が検討されるべき」とした。
1995.5.	老人保健福祉審議会「家族介護をテーマにした議論」
	「介護手当については強い賛成意見も強い反対意見も出されなかった」だが、財政論から現行制度にはないため、介護保険で行うとなると給付規模が拡大し、新たな負担となるので、慎重な検討が必要であるという指摘がされた。総理府の世論調査につながることになる。
1995.7.4	社会保障制度審議会「社会保障体制の再構築（勧告）－安心して暮らせる 21 世紀を目指し」
	「公的介護保険とは現物給付とまたは現金給付をあるいはそれらを組み合わせた介護給付の費用を負担する制度である」
1995.7.26	老人保健福祉審議会「中間報告」
	「家族が介護を行う場合の評価をどう考えるべきなのか、たとえば一定の要件のもとに現金を支給することとすべきか」の問題が挙げられた。
1996.4.	老人保健福祉審議会「最終報告」
	現金給付については、消極論と積極論の両論併記となり結論を得るに至らなかった。
1996.5.	厚生省
	「家族介護に対する現金給付は、原則として当面行わないもの」とする。
1999.9.	厚生省
	「離島・僻地そのほかのサービス供給が不足する地域において、在宅で介護している家族が訪問介護事業者のホームヘルパー等（要資格者）である場合には、一定の条件の下で介護給付を認める」

出典：増田雅暢（2003）「介護保険見直しの争点－政策過程から見える今後の課題－」法律文化社　ｐｐ.169－182. と岩間大知子（2003）「家族介護者の政策上の位置づけと公的支援－日英における政策の展開及び国際比較の視点」レファレンス 1 月号、ｐｐ.11－17 を参考にしてまとめた。

果、現金給付について賛成が58％、反対が28％と、賛成側が多数であった。のみならず、当時各新聞社が行った世論調査においても賛成側が多数という結果が出ていた[4]。

　しかし、老健審と厚生省のなかでは消極論が有力となりつつあった。その理由は、1つ目は、老健審において女性委員から現金給付に対する反対論が強く主張されたようになったことである。さらに「高齢社会をよくする女性の会」の独自に行った介護の費用負担に関する調査結果[5]は、「女性は現金給付に反対している」という印象を強く与えたからである。2つ目は、財政的な問題であり、新たな負担増になる現金給付は認め難いとする大蔵省の意向を無視できなかったからである。3つ目は、介護サービスを提供する民間団体からも消極論が展開されるようになったことである。介護保険制度の創設によりビジネスチャンスと考えている民間事業者にとって、介護手当が導入されると外部サービスが伸びないという不安や苦情が反映されたからである[6]。

　結局、老健審では家族介護の評価や介護手当についての議論はこれ以上は行うことなく、1996年4月に最終報告をまとめたが、介護手当については、制度化するかどうかは厚生省に委ねられることになった。

　介護手当については、世論調査に基づく国民の支持や地方団体からの要望が強かったにもかかわらず、厚生省は1996年5月に3つの理由をあげて「介護手当を当面行わない」と結論付けた。

　しかし、介護手当の問題については自治体関係者から一貫して強い要望が出されており、一方、在宅介護サービスの基盤整備が十分進まない状況が明らかになったことなどにより、介護保険制度の施行を間近にして、介護手当の問題が再浮上することになった。これに対応するため、1999年9月に厚生省は条件付介護給付を提示した[7]。だが、きわめて厳しい条件を全て満たさないと対象にならないので、本当に名目上の条件付介護手当であって、有名無実の制度といわざるをえないものであった。

（2）介護手当の「衰退期」

　介護手当が衰退した要因として以下の3つのことが指摘できる。

　第1に、在宅福祉（介護）サービスを代替するサービスとしての機能の低下である。1968年全国社会福祉協議会の「居宅寝たきり老人実態調査」と1987年「痴呆性老人の介護実態調査」の2つの調査によって多くの家族介護者が重い介護負担を背負って介護を行っていることが明らかになった。しかし、当時（1980年代後半以前）日本ではディサービスやショートステイ、ホームヘルプサービスといった在宅福祉の整備の遅れによって在宅福祉サービスが不足していた。そのため、多くの市町村では在宅福祉サービスの代わりに家族介護者、あるいは要介護者に介護手当を支給した経緯がある。つまり、介護手当は在宅福祉サービスの代替サービスとして導入されたわけである。ところが、介護保険制度施行とともに在宅福祉（介護）サービスが整備され、在宅福祉サービスが多様化されることによってその代替機能が低

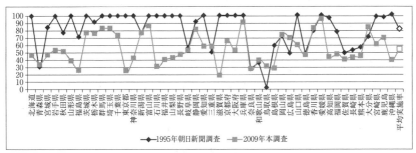

注1.1995年朝日新聞調査（1995年10月21日、朝刊）と筆者の調査結果を組み合わせて作成したものである。
　2.1995年朝日新聞調査において、都道府県事業として介護手当が実施されている都道府県は、市町村の実施率を100.0％とした。
　3.都道府県事業のなかで、継続した都道府県は、群馬県、富山県、兵庫県、愛媛県、山梨県である。

●図3-2　都道府県別介護手当の実施率比較

下され、それが減少につながっていると推察される。

　第2に、都道府県の単独事業として介護手当の見直しである。介護保険法制定前は、市町村の単独事業だけではなく、都道府県の単独事業としても行われた。また、都道府県と市町村が半々に財源を負担して介護手当を支給していたところもある。ところが、介護保険制度施行以後の家族介護慰労金事業は、国の補助により、国が半分を負担し、あとの半分を都道府県と市町村が負担する仕組みになっている。そのため、長年続けてきた都道府県の単独事業として行われた介護手当から家族介護慰労金事業へ転換したり、支給額を逓減したり、または現物給付へと変えた都道府県も少なくない。菊池の調査（2003年調査）によると、宮城県や愛知県、京都府、福井県は、1999年に経過措置なしで廃止しており、同年滋賀県はクーポン交付へ変えた後に廃止を行った。そして、北海道や石川県、千葉県、茨城県、山形県、岩手県、埼玉県、長野県、東京都、神奈川県は、2000年以降に支給条件を改正したり、支給額を逓減したりしたが、いずれも廃止した。一方、継続した都道府県は、山梨県、兵庫県、群馬県、愛媛県、富山県であった（図3-2）[8]。

　これらの都道府県の介護手当の実施率をみると[9]、継続していた愛媛県が47都道府県のなかで最も高い95.0％の実施率を有しており、兵庫県（90.2％）、富山県は86.7％、群馬県は83.3％等、高い実施率であった。その反面、廃止された都道府県では、滋賀県が47都道府県のなかで最も低い19.2％を占めており、次に低い都道府県として25.8％の東京都が示されていた。そして、青森県が（35.0％）、長野県（47.5％）、北海道（47.5％）、宮城県（48.6％）等、都道府県の単独事業としての介護手当を廃止した都道府県の方が継続した都道府県よりも実施率が低い傾向にあった。このような結果から、都道府県の単独事業として介護手当の見直しが市町村の介護手当実施にも影響を与え、それが全体の介護手当の実施率の低下にもつながっているといえる。

　第3に、介護保険法制定とのかかわりはないが、平成の大合併と財政健全

化法の施行も介護手当実施率の減少に影響を及ぼしている。1999年日本では3,233市町村が存在していたが、2006年には1,821市町村となり、約7年間にわたって、日本の市町村の約半分近く減少した。地方公共団体の財政の健全化のために、健全性に関する比率を公表し、健全化の計画を図る、財政健全化法が2005年に制定される。このことによって、多くの市町村では財政健全化のもとで受給者が少ない介護手当を廃止している。

　以上のような事情から介護手当が衰退し、今日に至っているのである。

第3節　日本における介護手当実態－全国における介護手当実施状況

　全国における介護手当の実施状況は、表3-5のようである。介護保険の被保険者延べ1,795市町村のうち、家族介護者、あるいは要介護者に介護手当を支給している市町村は、971市町村で全体の54.1％を占めている一方で、家族介護者もしくは要介護者に介護手当を支給していない市町村は、824市町村で45.1％を占め、半分以上の被保険者が介護手当を支給している。その受給対象として「家族介護者」のみに介護手当を支給している市町村が全体の971市町村のうち、917市町村で94.4％を占め、ほとんどの市町村では主に「家族介護者のみ」を対象としていることがわかった。一方で、「要介護者」のみに介護手当を支給している市町村は28市町村（2.9％）である。そして、実施率は最も低いが、家族介護者と要介護者の「両方」を対象として、それぞれに介護手当を支給している市町村も26市町村（2.7％）ある。

　そして、市町村によって支給されている介護手当の名称は、「家族介護慰労金」や「寝たきり老人等介護手当支給事業」、「重度心身障害者及び重度要介護高齢者等介護者手当」、「家族介護福祉手当」、「介護見舞金」、「在宅生活支援手当」等、さまざまな名称が用いられている。これをまとめてみると、「介護慰労金」という名称で支給している市町村が523市町村で全体の53.9％を占め、最も多く使われており、次に多く使われている名称は「介護

手当」（348市町村、35.8％）である。続いて、「支援金」が39市町村
（4.0％）、「見舞金」が28市町村（2.9％）、「激励金」が26市町村（2.7％）
の順で使われている。「その他」としては、「重度心身障害者等介護手当」や
「高齢者応援手当」、「在宅生活支援手当」、「介護保険円滑実施推進事業条

●表3-5　全国介護手当実施状況

N＝971（％）

項目	変数	N（%）	項目	変数	N（%）
実施有無	実施	971（54.1）	年間支給平均額	6万円未満	122（12.5）
	未実施	824（45.9）		6万円以上9万円未満	255（26.3）
支給対象	家族介護者	917（94.4）		9万円以上12万円未満	442（45.5）
	要介護者	28（2.9）		12万円以上15万円未満	96（9.9）
	両方	26（2.7）		15万円以上	56（5.7）
認知症対象有無	対象	968（99.7）	支給条件	条件なし	93（9.6）
	対象外	3（0.3）		年齢制限のみ	89（9.2）
支給名称	介護慰労金	523（53.9）		居住制限のみ	61（6.3）
	介護手当	348（35.8）		年齢・居住制限	100（10.3）
	激励金	26（2.7）		所得制限のみ	300（30.9）
	見舞金	28（2.9）		所得・年齢制限	129（13.3）
	支援金	39（4.0）		所得・居住制限	98（10.1）
	その他	7（0.7）		所得・年齢・居住制限	101（10.4）
支給目的	経済的負担軽減	226（23.3）	支給要介護度	要支援から	1（0.1）
	心身負担軽減	45（4.6）		要介護度1から	8（0.8）
	慰労	342（35.2）		要介護度2から	19（2.0）
	労い	146（15.0）		要介護度3から	148（15.2）
	激励	31（3.2）		要介護度4・5から	643（66.2）
	福祉向上・増進	172（17.7）		単独判断	152（15.7）
	その他	9（0.9）	注：介護手当実施有無は、N＝1,795である。		
介護手当支給事業	単独事業	395（40.7）			
	家族介護慰労金事業	432（44.5）			
	両方	144（14.8）			

例」等がある。

　このように、多様な名称で行われている介護手当の内訳は、その目的も多様であった。それを整理して再分類してみると、介護手当は、家族介護者が行っている介護を「慰労」するために支給している市町村が 342 市町村（35.2％）で最も多く、家族介護者の「経済的負担軽減」を目的としている市町村は 226 市町村（23.3％）で、次に多い。そして、家族介護者と要介護者の「福祉向上・増進」を目的に支給している市町村は 172 市町村（17.7％）

　で、「労い」は 146 市町村（15.0％）、「心身負担軽減」は 45 市町村（4.6％）、「激励」は 31 市町村（3.2％）である。「その他」の目的としては、「生活の安定」や「介護支援」、「在宅福祉の向上」等（9 市町村、0.9％）がある。

　そして、各市町村が実施している介護手当は、介護保険制度の「家族介護慰労金事業」のみを実施している市町村が 432 市町村で全体の 44.5％を占めている反面、「自治体介護手当」として介護手当を実施している市町村は 395 市町村で 40.7％を占め、「家族介護慰労金事業」の方が「自治体介護手当」よりもやや多くの市町村で行われている。そして、市町村の中には、家族介護慰労金事業と自治体介護手当の「両方」とも実施している市町村も 144 市町村（14.8％）がある。

　次いで、介護手当の年間支給平均額をみると、介護手当を支給している市町村のうち、年間支給額が最も低い市町村は、徳島県の阿南市である。阿南市では、「ねたきり高齢者等見舞金」として家族介護者に 6,000 円を支給している。一方、最高の年間支給額は、秋田県の上小阿仁村が「特例居宅介護サービス」として家族介護者に支給する 1,224,000 円である。そして、全国年間支給平均額は 93,081 円であり、その分布は、「9 万円以上 12 万円未満」を支給する市町村が 442 市町村（45.5％）で最も多く、次いで「6 万円以上 9 万円未満」が 255 市町村（26.3％）で多い。そして、「6 万円未満」は 122 市町村（12.5％）、「12 万円以上 15 万円未満」は 96 市町村（9.9％）、「15 万

円以上」は56市町村（5.7％）の順で分布している。

　このような年間支給額を支給するにあたって、各市町村では支給条件を設けている。その支給条件をみると、次のようである。第1に、認知症の人を対象とするか、否かである。ほとんどの市町村では、ねたきり高齢者だけではなく、認知症高齢者も支給対象にしているが、北海道の北竜町と浜中町、そして山形県の大江町の3市町村は、ねたきり高齢者のみを対象にしている。

　第2に、支給条件として基本条件ともいえる要介護者の要介護度を定めている。支給要介護度は、「要介護度4・5から」介護手当を支給する市町村が643市町村で全体の66.2％を占め、最も多く、「要介護度3から」は148市町村（15.2％）である。そして、「要介護度2から」は19市町村（2.0％）で、「要介護度1から」は8市町村（0.8％）、「要支援から」は1市町村（0.1％）の順である。一方で、介護保険制度の要介護認定に従わず、各市町村が障害老人の日常生活自立度（寝たきり）判定基準や認知症高齢者の日常生活自立度判定基準、ADL・IADLの判定基準といった独自の判断基準（単独判断）に基づいて支給対象を選定する市町村（152市町村、15.7％）も少なくない。

　第3に、支給要介護度以外の支給条件である。介護手当の支給条件を大きく所得制限の有無に分けてみると、971市町村のうち、所得制限を設けている市町村が627市町村、64.6％を占め、所得制限を設けていない市町村（344市町村、35.4％）よりも多い。

　こうした所得制限の有無に年齢制限と居住制限を加えて、支給条件を詳しくみると、支給要介護度以外の支給「条件なし」で介護手当を支給する市町村は、93市町村（9.6％）である。一方、「所得制限のみ」を支給条件としている市町村は300市町村（30.9％）があり、その基準は、主に非課税世帯を対象にしているが、一部の市町村では生活保護受給者、あるいは保険料及び住民税未・滞納者も支給対象から外している。他方で、所得制限はないが、「年齢制限のみ」が設けられている市町村は89市町村（9.2％）で、その年

齢基準のほとんどは 65 歳以上となっている。そして、「居住制限のみ」を支
給条件としている市町村は 61 市町村（6.3%）であり、その条件は、要介護
者との同居や同地域に住むことである。次いで、2 つの支給条件がある市町
村をみると、「所得・年齢制限」がある市町村は 129 市町村（13.3%）で、
「年齢・居住制限」は 100 市町村（10.3%）、「所得・居住の制限」は 98 市町
村（10.1%）である。そして、「所得・年齢・居住制限」の 3 つの支給条件
を設けている市町村は 101 市町村（10.4%）である。

　各市町村が介護手当を支給するうえで、設けている支給条件の分布率が高
い順に並び替えると、「所得制限のみ」＞「所得・年齢制限」＞「所得・年
齢・居住制限」＞「年齢・居住制限」＞「所得・居住制限」＞「条件なし」
＞「年齢制限のみ」＞「居住制限」である。

第 4 節　介護手当実態の考察

　本調査の目的は、日本全国で行われている介護手当の実態を明らかにし、
日本において介護手当がどのように展開されたのかを明確にすることを目的
とする。調査は、2009 年 5 月 26 日から同年 12 月 6 日まで約 6 か月半にか
けてインターネット調査法と電話調査法を用いて、全国 1,795 市町村すべて
を対象にして行った。資料は、各市町村の公式ホームページに掲載されてい
る例規集（要綱・条例）を含め、5 つの段階を踏んで収集した。収集された
資料は、PASW Statistic 17.0 ver. を用いて計量化し、分析を行った。その
結果に対する考察は、次のようである。

1.　介護手当の実施率

　本調査によると、日本において要介護高齢者を対象にした介護手当は、
1969 年静岡県吉岡町から始まった。それから 40 年経った現在（2009 年）、

　介護手当は全国1,795市町村のうち、54.1％にあたる971市町村で実施されている。先行調査によると、介護手当の実施率は、初めて全国調査が行われた1987年（全国社会福祉協議会）で29.3％であり、1995年（朝日新聞社の調査）には82％となり、1987年に比べて大きく上昇した。しかし、介護保険制度施行後、2001年に行われた調査（家族介護慰労金の実施状況、厚生労働省）では61.9％、2002年には61.4％となり、1995年以降、減少傾向を示している。こうした減少傾向は、本調査の結果でさらに進んでいることが明らかになった。介護手当実施率がいつごろから減少に転じたかは定かではないが、実施率の推計からすると、介護保険法の制定以降から始まっていると推察される。その関連性は、本章の第2節で述べたように、次の理由からである。

　第1の理由は、在宅（介護）サービスの代替サービスとして介護手当の必要性の低下があげられる。1968年全国社会福祉協議会の「居宅寝たきり老人実態調査」と1985年「在宅痴呆性（認知症）老人の介護実態調査」の2つの調査によって多くの家族介護者が重い介護負担を負って介護を行っていることが明らかになった。しかし、当時（1980年代後半以前）日本ではディサービスやショートステイ、ホームヘルプサービスといった在宅福祉の整備の遅れによって在宅福祉サービスが不足していた。そのため、多くの市町村では在宅福祉サービスの代わりに家族介護者、あるいは要介護者に介護手当を支給した経緯がある。つまり、介護手当は在宅福祉サービスの一環として支給されてきた。ところが、介護保険制度施行とともに在宅福祉（介護）サービスが整備され、多様化されることによってその必要性が弱まり、それが減少につながっていると推察される。

　第2の理由は、自治体介護手当の見直しがあげられる。介護保険制度以前の自治体介護手当は市町村の単独事業だけではなく、都道府県の単独事業としても行われた。また、都道府県と市町村が半々に財源を負担して介護手当を支給していたところもある。ところが、介護保険制度施行以後、実施する

ようになった家族介護慰労金事業は、国の補助により、国が半分を負担し、あとの半分を都道府県と市町村が負担する仕組みになっている。そのため、介護手当の財政負担問題のゆえに長年続けてきた都道府県の単独事業として行われた介護手当を家族介護慰労金事業に転換したり、支給額を逓減したり、または現物給付へ変えたりする都道府県も少なくない。このように経過措置を置いた都道府県がある反面、経過措置を置いていなかった都道府県もあり、こられの都道府県はいずれも単独事業としての介護手当を廃止した。一方では、介護保険法施行後も継続した都道府県もある。この廃止した都道府県と継続した都道府県を比較してみると、廃止した都道府県の市町村の介護手当実施率の方が継続した都道府県よりも低い傾向を示していた。すなわち、都道府県単独事業としての介護手当の見直しが市町村の介護手当実施にも影響を与え、それが全体の介護手当の実施率の減少にもつながっている。

　第3の理由は、介護保険法制定とは直接的なかかわりはないが、市町村の合併と財政健全化も介護手当実施率の減少に影響を及ぼしたと思われる。それは、平成の大合併と呼ばれている 1999 年から 2006 年まで8年にかけて行われた市町村間の合併で日本の市町村が約半分近く減少した。問題は市町村の合併ではなく、合併議論のなかでこれまで介護手当を支給している市町村が介護手当を廃止したことである。特に、2005 年、介護手当の主要財源として役割を果たしてきた特別交付税が合併法改正によって削減されるとともに、財政健全化法が 2005 年に制定されることによって、財政的問題と事業の効果性を理由として受給者が少ない介護手当を廃止した市町村が少なくないからである。

2. 支給対象

　介護手当実施の「草創期」である 1960 年代後半から 1970 年代には、主に寝たきり高齢者を対象にして、要介護者本人、または介護する家族に介護手

当が支給されてきた。それが介護手当の発展期といえる1980年代後半に入ると、寝たきり高齢者だけではなく、認知症高齢者まで対象を拡大しようとする動きがあった。その背景には、1985年全国社会福祉協議会によって行われた「在宅痴呆性（認知症）老人の介護実態調査」（1986年）の結果、認知症高齢者を介護する家族の半分以上が在宅サービスも利用せずに、重い介護負担を背負いながら介護していることが明らかになったことにある（1986年厚生白書）。それによって、多くの市町村では認知症高齢者も対象にする介護手当条例や要綱等が見直され、いまや、介護手当を実施している市町村のほとんど（本調査では、99.7％）が認知症高齢者も対象にしている。しかし、北海道の北竜町と浜中町、そして、山形県の西川町の3町では、いまだに、ねたきり高齢者のみを対象にしている。この3町は、自治体介護手当、単独判断、そして、障害者福祉施策の一環事業であることが共通していた。

　介護手当を実施している市町村では、主にそうした要介護者を介護する家族を支給対象にしている。本調査では94.4％（917市町村）が「家族介護者」のみを対象に示している。厳密にいうと、各市町村では、「家族介護者」という表現よりも、「家族」または、「介護者」という表現が多い。京都府の宇治市や石川県の内灘町、三重県の伊勢市、等、一部の市町村では、その範疇を3親等内の親族と示しているが、ほとんどの市町村では明確にしていない。一方、わずかであるが、「要介護者」のみ（2.9％、28市町村）、あるいは要介護者と家族介護者を両方（2.7％、26市町村）とも対象にしている市町村もある。「要介護者のみ」と「両方」（要介護者と家族介護者）を対象にしている市町村では、共通の特徴をもっている。その特徴は、①自治体は、一般市（要介護者のみ：13市、両方：11市）で多く行われているが、その分布率からみると、一般市（要介護者のみ：2.8％、両方：2.4％）よりも、町（要介護者のみ：11町、2.9％、両方：10町、2.6％）の方がやや高くなっている。そして、②「福祉向上・増進」を目的として、③年間「6万円以上9万円未満」を支給する市町村が多かった。また、④市町村の財政力指数は

高い（0.7 以上）ところで実施されている傾向があった。一方、相違点としては、「要介護者のみ」（50.0％）よりも「両方」（65.4％）の方が所得制限を設けて支給する市町村の分布率が高くなっている点である。

3.　介護手当の支給名称と支給事業、支給目的

　介護手当は、市町村の任意事業として行われているため、市町村によって支給事業や名称、そして、その目的はさまざまである。まず、事業の名称をみると、「家族介護慰労金」や「寝たきり老人等介護手当支給事業」、「重度心身障害者及び重度要介護高齢者等介護者手当」、「重度心身障害者等介護手当」、「家族介護福祉手当」、「介護見舞金」、「在宅生活支援手当」等、多様であった。これらの名称をまとめると、「介護慰労金」という名称で支給している市町村が全体の 53.9％（523 市町村）を占め、最も多く用いられており、次に、「介護手当」（348 市町村、35.8％）である。それ以外、「激励金」や「見舞金」、「支援金」等の名称で介護手当を支給する市町村もあった。こうした事業名称から、在宅で要介護高齢者を介護する家族、あるいは本人である要介護高齢者に支給されている介護手当は、地方自治体の高齢者福祉施策としてだけではなく、障害者福祉施策の一環としても支給されていることが窺える。

　そして、介護手当事業は、「自治体介護手当」よりも「家族介護慰労金事業」の方がやや多く行われている。それは、市町村の財政状況と深くかかわっている。つまり、上記（1）で述べたように、自治体介護手当の場合は、実施市町村が 100％、あるいは 50％財政負担になるが、2001 年から家族介護支援事業の一環として実施するようになった家族介護慰労金事業の場合、実施市町村の財源負担が 25％となっている。そのため、多くの市町村では市町村の財政負担を軽くするため、自治体介護手当から家族介護慰労金事業に転換した。その結果、「自治体介護手当」よりも「家族介護慰労金事

業」の方が多くあらわれたわけであり、また、事業名称において「介護慰労金」という名称が多いのもこれと関連している[10]。一方、一部の市町村ではあるが、自治体介護手当と家族介護慰労金事業の「両方」とも行われている市町村もある。しかし、そのほとんどは所得制限を設けている。

　これらの事業は、家族介護者の経済的負担を軽減するため、あるいは家族介護者の身体的、精神的負担を軽減するため、または、介護を行っている家族を慰労や激励、ねぎらうため、もしくは、家族介護者と要介護者の福祉向上と増進のためといったさまざまな目的で行われている。そのなかでも家族介護者の激励やねぎらい、慰労といった目的で介護手当を支給する市町村が全体の53.4%と最も多く占めており、次に経済的負担軽減（23.3%）を目的として行っている。この結果は、先行調査の結果（厚生省、1994；菊池、2010等）と一致しており、これらの結果から、各市町村では家族介護者の経済的問題を改善するために、介護手当を支給するというよりも、家族介護への慰労やねぎらい、激励に重点を置いて実施されている。

4.　年間支給平均額

　こうした目的で支給されている介護手当の年間支給額をみると、最低額は徳島県の阿南市が支給する6,000円であり、最高額は、秋田県の上小阿仁村が支給する1,224,000円と、最低額との差額が200倍以上であった。介護手当を実施している市町村のなかで最も低い支給額を支給する阿南市では、ねたきり高齢者見舞金として65歳以上高齢者のうち、3か月以上寝たきり状態の高齢者に支給している。そして、阿南市ほどではないが、全国年間支給平均額93,081円の3分の2にも満たない、年間60,000円以下を支給する市町村は230市町村があり、介護手当を実施する市町村全体の約4分の1（23.9%）を占めている。

　一方、最高額を支給する上小阿仁村の介護手当は、他の市町村の介護手当

とは違って家族ヘルパー制度の一環としてホームヘルパーに代わって家族が
ケアマネジャーのケアプランにそって要介護者に適正な介護サービスを行っ
た場合、支給する仕組みをとっている。支給額は要介護度によって異なる
が、要介護度5の要介護者を介護する場合は、1か月支給限度額が12万円
であり、要介護度4は10万円、要介護度3は9万円となっている。しかし、
家族が実際受け取る支給額は、要介護者の自己負担金10％と事務委託費5％
を差し引いた支給限度額の85％である。85％といっても上小阿仁村の1か
月支給額が他の市町村の年間支給額と同様な水準である。このように、家族
ヘルパー制度として介護手当を支給する市町村は、菊地の調査では4市町村
であった1）が、それがさらに減っていまや全国でも上小阿仁村のみである。

　家族ヘルパー制度としての介護手当を除くと、石川県の川北町が家族介護
者に支給する600,000円が最高額である。このように、全国年間支給平均額
をはるかに超えて支給する市町村、年間300,000円以上を支給する市町村
は、北海道の長沼町（360,000円）、埼玉県のときがわ町（396,000円）、岐阜
県の神戸町と輪之内町（360,000円）、京都府の南丹市（360,000円）、高知県
の本山町（360,000円）の8市町村であった。これらの市町村の共通点は、
南丹市を除くと、すべてが自治体は「町」と「村」であり、支給条件におい
ても所得制限なしで支給している点である。特に、川北町では、支給要介護
度（川北町の単独判断）以外の支給条件を設けず支給している。

　全国年間支給平均額の分布をみると、「9万円以上12万円未満」が全体の
45.5％を占め、最も多く、次に「6万円以上9万円未満」（26.3％）であっ
た。そして、最も少なく分布しているのが、「15万円以上」であった。この
ように「9万円以上12万円未満」の分布が多く示されたのは、支給事業で
みたように、原則的に年間10万円を支給する家族介護慰労金事業の実施率
が高くなっているからである。

5. 支給条件

　介護手当を支給するために各市町村では支給条件を設けている。その支給条件のうち、最も基本的な支給条件となっているのは、要介護者の要介護状態である。介護手当を実施する市町村のほとんど（84.3％、819 市町村）は、介護保険制度の要介護認定を支給要介護度としている。そのうち、「要介護度 4・5 から」介護手当を支給する市町村は、643 市町村と全体の 78.5％を占め、最も多く、次に「要介護度 3 から」（18.1％、148 市町村）が多く分布している。そして、「要介護度 2 から」介護手当を支給する市町村は 19 市町村、「要介護度 1 から」は 8 市町村、「要支援から」は 1 市町村であった。

　一方、要介護認定を支給要介護度とせずに、介護手当を実施する市町村の場合、障害老人の日常生活自立度（寝たきり）判定基準や認知症高齢者の日常生活自立度判定基準、ADL・IADL の判定基準等、独自の判断基準によって支給（152 市町村）している。その支給基準をみると、主にねたきり状態の高齢者と重度の認知症高齢者を対象にしている。

　このことから、介護手当を実施している市町村では、要支援や要介護度1、要介護度 2 といった軽度の要介護者よりも、重度の要介護者を対象にしているといえる。

　そして、支給要介護度以外の支給条件としては、介護サービス利用期間や家族介護者の介護期間、居住期間、居住形態、年齢、課税形態、生活保護受給有無、介護保険保険料と住民税滞納有無等がある。これらの支給条件がどのようになっているのかをみると、次のようである。

　第1に、介護サービス利用期間にかかわっては、自治体介護手当を行っている市町村よりも、家族介護慰労金事業を行っている市町村の方で介護サービスの利用期間を支給条件とする傾向が高くみられている。それは、家族介護慰労金事業が「1 年間介護サービスを利用しないこと（年間 1 週間程度のショートステイ利用を除く）」を原則としているからである。しかし、一部

の市町村では、介護サービス利用について柔軟に運用して介護手当を支給している。たとえば、群馬県の館林市や仁田町、南牧村、昭和村等では、ショートステイの利用期間を年間100日未満としており、千葉県の旭市では、14日未満、岐阜県の美濃市では93日未満としている。特に、このような運用は群馬県で多くみられている。そして、静岡県の下田市や岐阜県の海津市のような市町村では、介護サービスを利用した者のための介護手当と、介護サービスを利用しなかった者の介護手当という、2つの仕組みを設けている。このように、介護サービス利用にかかわる支給条件だけでも市町村によって支給条件が異なっている。

　第2に、家族介護者の介護期間にかかわる支給条件を一部の市町村で設けており、特に、家族介護慰労金事業よりも、自治体介護手当の方で設けられている傾向がある。この支給条件も市町村によってその基準が多様である。たとえば、北海道の小平町では家族介護者が介護手当を受給するには、6か月以上介護を続けていないと支給対象にならないし、高知県の四万十町では3か月以上、滋賀県の甲賀市では1か月間15日以上等、家族介護者の介護期間を支給条件としている。

　第3に、居住にかかわっては、介護手当を支給する市町村の約3分の1が介護手当の支給条件としている。多くの市町村では、要介護者との同居を支給条件としており、それに加えて居住期間まで支給条件としている市町村もある。要は、居住にかかわる支給条件は、主に居住形態と居住期間となっている。たとえば、佐賀県の有田町では、町内に1年以上居住していることが支給条件に含まれており、福岡県の柳川市では、住民票の住所が市内になっていることが支給条件となっている。しかし、一部の市町村では、たとえば瀬戸市のように同居だけではなく、近隣に居住していることも認めている市町村もある。

　こうした支給条件は、都道府県別では埼玉県が最も多かったが、地域的には中部地域の市町村で多く設けている。そして、一般市で多く行われている

傾向がみられた。

　第4に、年齢にかかわる支給条件である。介護保険制度によると、要介護者は、40歳以上となっているため、40歳以上の要介護者、もしくはその家族が介護手当の支給対象となるはずである。しかし、介護手当を支給する市町村の約半分（419市町村）が年齢制限を設けている。そのほとんどは、自治体介護手当を行っている市町村（「両方」を含めて316市町村）である。すなわち、介護手当を実施する市町村の約半分が、65歳未満の要介護者、あるいはそれらを介護する家族を支給対象から外して、主に65歳以上の要介護者、またはその家族のみを対象にしている。こうした傾向が、自治体介護手当に多く示されたのは、自治体介護手当が「草創期」から高齢者福祉施策の一環として行われ、主に65歳以上の高齢者を対象にしたことが介護保険制度以後の介護手当の支給対象にも反映されたと考えられる。そして、家族介護慰労金事業を実施している市町村の一部においても自治体介護手当と同様な理由と推察できよう。それは、このような市町村のほとんどが2001年家族介護慰労金事業実施とともに、既存の自治体介護手当から家族介護慰労金事業に変えて実施している。その際に、既存の自治体介護手当の年齢制限が新しい家族介護慰労金事業に反映されたと推察できるからである。

　最後に、所得にかかわる支給条件をみると、介護手当を実施している市町村の約3分の2が何らかの所得制限を設けている。その大半は、住民税非課税世帯のみを支給対象にしている。すなわち、多くの市町村では住民税課税世帯を介護手当の支給対象にしていない。それは、介護手当を支給する市町村のうち、その半分以上を占めている家族介護慰労金事業が原則として住民税非課税世帯のみを対象にしているからである。このことから、家族介護慰労金事業よりも、自治体介護手当の方が住民税課税世帯もいるので、支給対象に含めて、より普遍化された介護手当といえる。

　所得にかかわる支給条件は、課税・非課税かどうかだけではない。たとえば、北海道の森町や、静岡県の富士市、新潟県の村上市・魚沼市、大阪府の

大東市等、一部の市町村では、生活保護受給者を介護手当の支給対象から排除している。そして、埼玉県のさいたま市や沖縄県のうるま市、大分県の国東市、栃木県の市貝町、高知県の土佐町等の一部の市町村では、介護保険料や住民税等を未・滞納する者を介護手当の支給対象から排除している。また、北海道の北広島市や宮城県の村田町、東京都のあきる野市等の一部の市町村では、支給対象となる家族介護者の収入がないこと（無報酬）を支給条件としている。つまり、年金や労働収入等があれば、支給対象にならないような仕組みをとっている。このように、市町村によっては生活保護受給者や保険料及び税の未・滞納者、収入がある者等を介護手当の支給対象から排除している。これらの支給条件を設けている自治体は、政令市・特例市・中核市よりも、一般市の方で多くみられている。

　以上のような支給条件は、市町村によって多岐にわたって組み合わせられている。これらをまとめて、各市町村が介護手当を支給するうえで、設けている支給条件の分布率が高い順に並び替えると、「所得制限のみ」＞「所得・年齢制限」＞「所得・年齢・居住制限」＞「年齢・居住制限」＞「所得・居住制限」＞「条件なし」＞「年齢制限のみ」＞「居住制限」の順である。

　このような支給条件を設けている市町村の特徴をみると、支給要介護度以外の支給条件を全く設けず（「条件なし」）に、介護手当を支給する市町村では、「家族介護慰労金事業」よりも、「自治体介護手当」の方を支給する傾向があり、「慰労」を目的として年間6万円以上9万円未満を支給するところが多くみられている。そして、自治体の財政力指数が0.5未満の「町」の支給条件として設けられているところが多い。それから、「年齢制限のみ」を支給条件とする市町村は、「条件なし」を条件とする場合と同様に「自治体介護手当」が支給される傾向があり、「福祉向上・増進」を目的として年間9万円未満を支給する市町村が多い。そして、財政力指数が0.5未満の「町」の支給条件として多く用いられている。

　次いで、「居住制限のみ」と「年齢・居住制限」の支給条件は、「条件な
し」と「年齢制限のみ」の支給条件と同様に、「家族介護慰労金事業」より
も、「自治体介護手当」の方で多く行われる傾向があり、主に慰労を目的と
して年間9万円未満を支給する「一般市」と「町」で多くみられている。し
かし、「居住制限のみ」は財政力指数が0.3以上0.7未満で実施される傾向が
ある。それに対し、「年齢・居住制限」は、財政力指数が高ければ高いほど
実施される市町村が多くなる傾向を示している。

　そして、「所得制限のみ」を支給条件とするのは、「自治体介護手当」より
も、「家族介護慰労金事業」の方で行われている傾向があり、主に「慰労」
を目的として年間「9万円以上12万円未満」の間を支給する市町村が多く、
財政力指数は0.3以上0.7未満の「一般市」で多くみられている。次に、「所
得・年齢制限」の支給条件は、「家族介護慰労金事業」と「自治体介護手
当」、そして「両方」を実施する市町村でほぼ均等に行われている。そし
て、主に「慰労」を目的として年間6万円以上12万円未満を支給しており、
財政力指数が0.3以上の「一般市」で設けている傾向がある。

　さらには、「所得・居住制限」は、「経済的負担軽減」を目的とした「家族
介護慰労金事業」で多くみられており、年間「9万円以上12万円未満」を
支給し、財政力指数0.3以上の一般市で設けられている傾向がある。

　最後に、「所得・年齢・居住制限」は、「慰労」を目的とした「家族介護慰
労金事業」で多くみられており、年間6万円以上12万円未満を支給する「一
般市」で支給条件とする傾向がある。

　これらの特徴を所得制限の有無によって分けてみると、所得制限を設けて
いない市町村では、「家族介護慰労金事業」よりも、「自治体介護手当」の方
で用いられている傾向があり、特に「町」で多く用いられている。そして、
「福祉向上・増進」を目的として年間6万円未満を支給するところが多い。
それに対して、所得制限を設けている市町村では、「経済的負担軽減」を目
的とした「家族介護慰労金事業」で多く用いられる傾向を示しており、

「町」と「村」よりも「一般市」以上の方で多く用いられており、年間「9万円以上12万間未満」を支給する傾向をみせている。

第5節　小括

　介護による家族介護者の経済的問題を改善・緩和するための支援策がいくつかある。その中で、本章では、経済的問題に最も直接的な影響を及ぼしうる介護手当に着目して、その実態と変遷過程を明らかにすることを目的とした。

　日本において介護手当は、自治体の任意事業として行われており、その仕組みは大きく2つがある。1つは、1960年代末から革新自治体が在宅福祉政策の一環として支給し始めた「自治体介護手当」である。もう1つは、2000年介護保険制度施行以後、介護保険制度を円滑に実施するために講じ、「家族介護支援事業」の1つとして導入された「家族介護慰労金」である。このように、2つの仕組みをもっている介護手当は、在宅福祉の展開とともに変遷してきたといえる。その変遷過程は、介護手当の実施率からすると、「草創期」、「第1次停滞期」、「拡大期」、「第2次停滞期」、「衰退期」の5つの時期に分けることができる。それぞれの時期の背景をまとめると、次のようである。

①　「草創期」は、1969年から1980年までである。この時期には、全市町村における介護手当の実施率はそれほど高くないが、介護手当が全国に最も広がる時期である。

　　この時期に介護手当が実施されるようになった背景には、1960年代半ばから始まった住民運動や、老人医療費無料化運動のような社会福祉・社会保障運動によって住民の生活改善と福祉優先を掲げた革新自治体の登場がある。このように、登場した革新自治体が介護手当を実施するようになったきっかけを与えたのが、1968年全国社会福祉協議会に

よって行われた「居宅寝たきり老人実態調査」である。この調査の結果によって、高齢者の介護問題が社会的に注目を浴びることになる。こうした介護問題を支援する在宅福祉サービスの一環として、革新自治体を中心に介護手当が導入されるようになり、全国に広がり始めた。

② 「第1次停滞期」は、1981年から1987年までである。全国に広がりつつあった介護手当は、1980年代に入ると、広がらなくなってくる。その背景には、1970年代半ばに起きたオイルショックの影響によって構想された「福祉見直し論」と、「日本型福祉社会」の実現がある。

　1980年代に入ってから、介護問題において家族を「含み資産」とみなしている「日本型福祉社会」を実現するため、在宅福祉を中心とした福祉見直しが本格的に行われるようになる。それによって、1982年から有料化とともに、福祉サービスの利用対象が拡大されるようになった。それに、1970年代後半から国庫補助事業として行い始めたデイサービスやショートステイ等、在宅福祉を促すため、1986年から国庫補助割合を1/3から1/2まで引き上げる。しかし、こうした在宅福祉の発展は、結果的に在宅福祉サービスの代替的な役割を果たしてきた介護手当の広がりを阻害することにつながったと思われる。

　また、家族による在宅介護を進めるため、税制上の優遇措置（税控除）や住宅建替え助成支援の充実等の3世代同居世帯に対する優遇政策も介護手当の広がりを停滞させる一つの要因として働きかけたと推察できる。

　一方、1985年から徐々に社会福祉に対する国庫補助割合の引き下げが行われ、自治体の財政負担が重くなった。こうした自治体の財政負担の増加が、都道府県、もしくは市町村の単独事業として行われている介護手当の実施を阻害する要因につながったと考えられる。

③ 「拡大期」は、1988年から1994年までである。1980年代後半になると、介護手当は、再び広がり始め、その実施率は最も高かった。このよう

に、介護手当の実施率が停滞期から拡大期に転換した背景をみると、次のようである。

　第 1 に、1980 年代前半から進められた在宅福祉のインフラが思ったほど進んでいなかった。その中で、高齢化率が上昇し、介護を必要とする高齢者も増えてきた。しかし、高齢者の介護において、中枢的な役割を果たしてきた家族の機能や規模等が変化により、既存の在宅福祉インフラでは対応しきれなくなった。こうした実態が、1987 年全国社会福祉協議会の調査によって明らかになり、介護問題が社会問題として認識し始めるようになった。

　第 2 に、1989 年 12 月の「介護対策検討会」の報告と 1994 年 12 月の「高齢者介護・自立支援システム研究会」の報告にも介護手当の検討されたように、1980 年代後半から介護手当に関する議論が本格的に行われるようになる。その議論には、介護手当に対する考え方だけではなく、介護費用負担をめぐる議論も行っており、そこには厚生官僚たちも加わられていた。

④　「第 2 次停滞期」と「衰退期」は、介護保険制度が施行される 2000 年以後である。介護手当の実施率は、減少している。その背景には、介護保険制度施行がある。つまり、在宅（介護）福祉サービスの代替サービスとして支給し始めた介護手当は、介護保険制度の施行により、その必要性が低くなった。

　そして、もう 1 つの背景としては、これまで市町村・都道府県の単独事業として行われてきた介護手当（「自治体介護手当」）が介護保険制度施行以後、新たな介護手当の仕組みとして「家族介護慰労金」が導入されたことをあげる。この「家族介護慰労金」は、既存の「自治体介護手当」と同様に市町村の任意事業として行われるが、その財政においては、「自治体介護手当」とは違って、国から一部補助を受けることができる（2005 年まで）。そのため、介護保険制度施行以後、都道府県、あ

るいは、都道府県と市町村が半分ずつ財政負担をしてきたところの多く
が、既存の「自治体介護手当」から「家族介護慰労金」へ転換した。そ
の過程のなかで、財政問題を抱えている市町村では、介護手当の支給を
やめざるを得なくなり、それが介護手当の実施率につながったと推察で
きる。

　以上のような背景をもって介護手当は展開されてきた。1995年、ピーク
を迎えた介護手当の実施率は、徐々に下がっている。介護手当は、2009年
末現在、介護手当の実施状況をみると、次のようである。

① 　介護保険の保険者延べ1,795市町村のうち、家族介護者、あるいは
要介護者に介護手当を支給している市町村は、971市町村で全体の
54.1％を占めている。

② 　その支給対象は、介護手当を支給している市町村が全体の971市町
村のうち、917市町村で94.4％が「家族介護者」のみを対象にしてい
るが、家族介護者と要介護者の「両方」を対象としている市町村も
26市町村がある。

③ 　そして、介護手当の名称は、「介護慰労金」（53.9％）という名称で
支給する市町村が全体の半数以上を占めている。続いて、「介護手
当」（35.8％）＞「支援金」（4.0％）＞「見舞金」2.9％＞「激励金」
2.7％＞「その他」の順で多く使われている。

④ 　介護手当の支給目的は、支給名称と同様に多様である。それをまと
めると、家族介護に対する慰労や激励、ねぎらいといった「慰労」を
目的として支給する市町村が全体の53.4％（519市町村）を占めてい
る。そして、家族介護者の「経済的負担軽減」を目的として市町村
は、23.3％の226市町村である。それ以外にも「福祉向上・増進」
（17.7％）＞「労い」（15.0％）＞「心身負担軽減」（4.6％）＞「激
励」（3.2％）＞「その他」（0.9％）の順であった。

⑤　　各市町村が実施している介護手当の仕組みは、「家族介護慰労金事業」（432 市町村、44.5％）の方が「自治体介護手当」（395 市町村、40.7％）よりもやや多い。なかには、家族介護慰労金事業と自治体介護手当の「両方」とも実施している市町村も 144 市町村（14.8％）がある。

⑥　　介護手当の年間支給平均額をみると、最低額は徳島県の阿南市が支給する 6,000 円に対し、最高額は秋田県の上小阿仁村が支給する1,224,000 円であり、その差額は 200 倍以上である。そして、全国年間支給平均額は 93,081 円でる。その分布は、「9 万円以上 12 万円未満」が全体の 45.5％を占め、最も多く、次に「6 万円以上 9 万円未満」（26.3％）であった。つまり、6 万円以上 12 万円未満の間を支給する市町村が全体 7 割以上を占めている。そして、最も少なく分布しているのが、「15 万円以上」であった。

⑦　　最後に、介護手当を支給する市町村の支給条件をみると、支給要介護度は、「要介護度 4・5 から」介護手当を支給する市町村が 643 市町村で全体の 66.2％を占め、最も多い。そのあとの約半分が「要介護度3 から」（15.2％）である。そして、一方、介護保険制度の要介護認定に従わず、各市町村が独自の判断基準に基づいて支給対象を選定する市町村（15.7％）も少なくない。

　　そして、支給要介護度以外の支給条件を設けずに介護手当の支給する市町村は、全体の 9.6％の 93 市町村である。そのため、ほとんどの市町村では何らかの支給条件を設けて介護手当を支給している。特に、所得制限を設けて支給する市町村が全体の 64％（628 市町村）である。所得制限以外にも年齢制限や居住制限を設けている。

　以上のように、日本では、介護手当が実施されている。こうした介護手当が介護による家族介護者の所得損失を補うための経済的支援の観点からみる

　と、どのような役割をしているのかを明確する必要がある。そのためには、任意事業として行われている介護手当が抱えてる課題と問題を明らかにすることが重要である。

【注】

1) 菊池いづみ（2010）『家族介護への現金支払い - 高齢者介護政策の転換をめぐって -』公職研、79.

2) 河合幸尾（1985）「第2章 日本における社会福祉の展開」、一番ヶ瀬康子・高島進編『講座社会福祉2 社会福祉の歴史』有斐閣、119-122.

3) 井岡勉（2002）「第4章 在宅福祉サービスの政策的展開」三浦文夫・高橋紘士・田端光美・ほか編『講座戦後社会福祉の総括と二一世紀への展望 III政策と制度』ドメス出版、214.

4) 増田雅暢（2003）「介護保険見直しの争点 - 政策過程から見える今後の課題ー」法律文化社、177.

　　総理府は8月から9月にかけ、「高齢者介護に関する世論調査」を実施し、その結果、現金支給の賛成が58.3％、反対が27.6％となった。賛成理由「休職に失われる収入を補う必要がある」が最も多く、反対理由「介護を金銭で評価することは不適切」が最も多かった。

5) 前掲4）に同じ、178.

　　「高齢社会をよくする女性の会」はこの会主催のシンポジウムに出席した会員等約400名を対象にし、調査を実施した。ホームヘルプ等の現物給付と現金給付のどちらを選びたいかとの設問に対して現物給付：62.8％、現金給付：10.6％と圧倒的に現物給付の選択が多いという結果になっていた。さらに、現金給付は家族の苦労に報いるもので家族は喜んで介護するという設問には54％の人が否定していた。だが、この調査は偏ったサンプルからの調査結果であって、現物給付か現金給付かという二者択一のものであった。

6) 岩間大知子（2003）「家族介護者の政策上の位置づけと公的支援 - 日英における政策の展開及び国際比較の視点」レファレンス1月号、15.

7) 前掲6）に同じ、17.

8) 菊池いづみ（2010）168-171. 47都道府県を対象にして調査した結果、有効回答は23都道府県であった。

9) 本調査によると、47都道府県のなかで、介護手当の実施率が最も高いところは愛媛県であった。愛媛県は、20市町村のうち、19市町村が介護手当を実施し、95.0％の実施率であった。次に、実施率が高いのは兵庫県で、41市町村のうち、37市町村が介護手当を支給しており、90.2％の高い実施率を示した。一方で、最も低い実施率を示したのは滋賀で、26市町村のうち、19.2％の5市町村が介護手当を実施していた。

　　この介護手当の実施率を平均実施率（54.1％）を基準として区切ってみると、平均実施率より

も高い都道府県は、富山県（86.7%）、群馬県（83.3%）、大分県（83.3%）、埼玉県（82.9%）、香川県（82.4%）、静岡県（81.1%）、新潟県（77.4%）、茨城県（77.3%）、栃木県（76.7%）、岡山県（74.1%）、千葉県（73.2%）、広島県（69.6%）、鹿児島県（68.9%）、京都府（65.4%）、宮崎県（60.7%）、山口県（60.0%）、三重県（58.6%）、愛知県（58.3%）、岩手県（54.3%）の 21 都道府県であった。そして、平均実施率よりも低い都道府県は、大阪府（53.5%）、岐阜県（52.4%）、秋田県（52.0%）、宮城県（48.6%）、北海道（47.5%）、長野県（47.5%）、福岡県（47.0%）、徳島県（45.8%）、熊本県（44.7%）、高知県（44.1%）、長崎県（43.5%）、山梨県（42.9%）、神奈川県（42.4%）、福井県（41.2%）、山形県（40.0%）、和歌山県（40.0%）、佐賀県（40.0%）、沖縄県（39.0%）、青森県（35.0%）、石川県（31.6%）、鳥取県（31.6%）、島根県（28.6%）、奈良県（28.2%）、福島県（27.1%）、東京都（25.8%）の 26 都道府県であった。

10) 朝日新聞 1995 年 12 月 21 日朝刊では、「手当の名称は「慰労金」「見舞金」、「家庭援護金」「介護支援金」、「老人福祉手当」等さまざま」と書かれている。この表現は、1995 年朝日新聞社の調査結果に基づいている。仮に、その当時の調査結果で介護手当の名称のなかで「介護慰労金」という名称が多く用いられたならば、手当の名称として朝日新聞の記事でも取り上げられたと考えられるであろう。しかし、取り上げられていなかったということは、「介護慰労金」という名称があってもそれほど多く用いられていなかったと推察できよう。こうした仮説からすると、家族介護慰労金事業の開始後、「介護慰労金」という名称が多くの市町村で用いられるようになったといえよう。

第 4 章

任意（単独）事業としての介護手当の実態と課題

第1節　分析の概要

1. 目的

　第3章では、市町村の任意事業として日本全国で行われている介護手当の実態について、調査を行い、明からにした。そして、それをもとにして、日本の介護手当がどのように展開されてきたのか、その政策動向を探ってみた。しかし、本書の目的である家族介護者の経済的支援の必要性とともに、介護手当を国の制度として法制化の必要性を論じるには、任意事業として行われている介護手当の課題と位置づけを実証的に明確化する必要がある。

　しかし、第1章で明らかになったように、家族介護者の経済的支援に関する研究において実証研究は、浦坂・大日の研究（2001）や柵木の研究（1991）、菊池の研究（2010）等、きわめて少ない。なかでも、研究者が直接調査を行ったものは菊池の研究（2010）のみである。自治体の高齢者福祉サービス格差と現金給付との代替性を実証的に検証した浦坂・大日の研究（2001）と、自治体の高齢者福祉サービス実態を分析した柵木の研究（1991）は、先行調査を活用して行われたものである。しかし、菊池の研究においても、市町村ごとに介護手当がどう違うか、それが介護手当の支給目的や支給条件、財政状況とかかわりがあるのか、否か、給付水準が家族介護者の経済的損失に対する経済的支援として十分であるのか、否か、もしくは、今の給付水準が一般労働者賃金に比べてどの程度の水準なのか等の分析

に至っていない。

　したがって、本章は、第 3 章の介護手当実態調査データをもとにして、任意事業としての介護手当の課題と位置づけを明らかにすること目的としている。

2.　課題

　調査の目的に沿って以下のように課題を設定した。
　(1)　自治体の規模と支給目的からみた介護手当支給状況の違いを明らかにする。
　(2)　介護手当支給状況からみた年間支給平均額と市町村の財政力指数の違いを明らかにする。
　(3)　介護手当の受給率を明らかにする。
　(4)　給付水準からみた現行介護手当の位置づけを明らかにする。

3.　分析方法

　分析は、第 3 章の介護手当実態データを活用し、PASW Statistic 17.0 ver. を用いて分析した。主な分析方法は、頻度分析、クロス集計、一元配置分散分析等を用いて行った。具体的な分析方法は、次のようである。

　第 1 に、調査課題を明らかにするため、一元配置分散分析と t 検定、クロス集計を用いており、特に一元配置分散分析は統計上、有意な違いがある場合、集団間の違いを明らかにするため、多重比較の Duncan 法を用いて事後検定を行った。

　第 2 に、分析にあたって、自治体と支給目的からみた違いにおいては、地域と支給目的を独立変数とし、実施有無、支給対象、支給目的、年間支給平均額、支給条件、支給要介護度を従属変数とした。そして、年間支給平均

額、財政力指数においては、実施の有無、支給対象、支給目的、年間支給平均額、支給条件、支給要介護度を独立変数とし、年間支給平均額、財政力指数を従属変数とし、介護手当の実施状況の違いを検証した。

　第3に、データの分析上、いくつかの変数を再構成した。

　1つ目は、各市町村を都市の機能と人口の規模によって「政令市」、「中核市」、「特例市」、「一般市」、「町」、「村」の6自治体に再分類した。そして「特別区」は、都市の機能と人口規模から「中核市」に入れて分析を行った。

　2つ目は、同様の意味をもった「慰労」、「労い」、「激励」という支給目的は、「慰労」に括って行った。

　3つ目は、「経済的負担軽減」とその他の目的との違いを確かめるため、「経済的負担軽減」と「経済的負担軽減以外」に分けてt検定を行った。

　4つ目は、「支給要介護度」の変因の中に、「要支援」から介護手当を支給する市町村が1か所のみであったため、多重比較を通じて支給要介護度の違いを正確に検証することができなかった。

　したがって、支給要介護度による違いは、「要支援」から「要介護度2」までを「軽症」、「要介護度3」を中症、「要介護度4・5」と「単独判断」を重症と再構成して行った。

第2節　介護手当実施状況からみた違い

1. 自治体規模からみた介護手当の実施状況と違い

　自治体規模からみた介護手当の実施状況とその違いを調べるため、各市町村を「政令市」、「中核市（特別区）」、「特例市」、「一般市」、「町」、「村」の六つの自治体に再分類した。分析は、一元配置分散分析とクロス集計を用いて行った。一元配置分散分析は、制度の実施率と年間支給平均額、支給要介護度で行い、多重比較のDuncan法を用いてその違いを検証した。そして、

クロス集計は支給事業、支給目的、支給条件で行い、カイ2乗検定で統計的
有意を確かめた。その結果、支給対象、支給要介護度は、自治体別違いが統
計的に有意ではなかった。したがって、ここでは、統計的に有意な結果が出
された変数のみを論じる。

（1）　自治体規模からみた介護手当の実施率と違い

　自治体別介護手当の実施率をみると、表4-1のようである。介護手当の実
施率が最も高いのは「政令市」であり、全体18政令市のうち、77.8％の14
市が介護手当を実施しており、次に、「特例市」が76.2％（32市）と高くあ
らわれている。続いて、「一般市」が68.1％（466市）、「中核市」が59.7％（37
市）、「町」が47.5％（379町）、「村」が22.5％の順であり、統計的に有意と
あらわれた（F値34.551、p<.001）。
　そして、多重比較のDuncan法を用いて自治体間の介護手当実施率の違い
をみた結果、.05有意水準で「政令市」は「中核市」や「特例市」、「一般市」
の間に統計的有意な実施率の違いがないとあらわれているが、「町」と

●表4-1　自治体規模からみた介護手当実施率と違い

N = 1,795（%）

自治体	制度有無		平均値	標準偏差	F値	P
	実施	未実施				
政令市	14（77.8）	4（22.2）	.78	.428		C
中核市	37（59.7）	25（40.3）	.60	.495		C
特例市	32（76.2）	10（23.8）	.76	.431	34.551	C
一般市	466（68.1）	218（31.9）	.68	.466	***	C
町	379（47.5）	419（52.5）	.47	.500		B
村	43（22.5）	148（77.5）	.23	.419		A

*** p<.001

「村」の間には統計的に有意な違いがみられた。そして、「町」と「村」は、それぞれすべての自治体と違いがみられた。しかし、介護手当の実施率は、「政令市」・「中核市」・「特例市」・「一般市」＞「町」＞「村」の順で、自治体の規模が大きいほど実施率が高い傾向を示している。

(2)　自治体規模からみた介護手当事業の状況と違い

　自治体規模からみた介護手当事業の状況と違いは、表4-2の通りである。自治体別介護手当事業をみると、「政令市」は、13市が「家族介護慰労金事業」であり、3市が「自治体介護手当」として介護手当を実施し、「自治体介護手当」よりも「家族介護慰労金事業」として介護手当を行っている市の方が多い。そのうち、「家族介護慰労金事業」のみを行っている市は、全体の78.6％の11市であり、「自治体介護手当」のみは1市（7.1％）だけである。そして、自治体介護手当と家族介護慰労金事業を「両方」とも行っている市は2市（14.3％）である。

　次に、「中核市」では、介護手当を実施している市のうち、28市が「家族介護慰労金事業」であり、15市が「自治体介護手当」として行っている。そのなかで、「両方」とも行っている市は、6市である。すなわち、「家族介護慰労金事業」のみを行っている市は22市であり、全体の59.2％を占めている反面、「自治体介護手当」のみは9市、24.3％を占め、「自治体介護手当」よりも「家族介護慰労金事業」の方の実施率が高くあらわれている。そして、「特例市」は、「家族介護慰労金事業」が18市、「自治体介護手当」が17市で行われており、そのうち、「両方」とも行っている市は3市である。そして、「家族介護慰労金事業」のみを行っている市は15市と全体の46.9％を占めており、「自治体介護手当」のみは14市、43.8％を占め、「家族介護慰労金事業」の方が「自治体介護手当」よりも実施率がやや高く示されたが、その差は大きくない。

　続いて、「一般市」では、介護手当を行っている市のうち、「家族介護慰労金事業」は302市、「自治体介護手当」は243市で行われている。そのなかで、「両方」とも行っている市は、79市と全体の17.0％を占め、他の自治体に比べて高い実施率をみせている。そして、「家族介護慰労金事業」のみを行っている市は223市と全体の47.9％を占めており、「自治体介護手当」のみは35.1％の164市で行われ、「家族介護慰労金事業」の方が「自治体介護手当」よりも多く実施されている。次に、「町」の介護手当の支給事業をみると、「町」では介護手当を支給している379町のうち、196町が「家族介護慰労金事業」を行っており、232町が「自治体介護手当」を行っている。そのなかで、「両方」とも行っている町は、49町と全体の12.9％を占めている。そして、「家族介護慰労金事業」のみを行っている「町」は、147町、38.8％を占めており、「自治体介護手当」のみは183町、48.3％を占め、「家族介護慰労金事業」よりも「自治体介護手当」の方で介護手当を行っている町が多い。

　最後に、「村」で支給されている介護手当は、「家族介護慰労金事業」として介護手当を支給する村は19村であり、「自治体介護手当」は29村で行わ

●表4-2　自治体規模からみた介護手当支給事業の違い

N = 971（%）

自治体	支給事業		
	家族介護慰労金事業	自治体介護手当	両方
政令市	11（78.6）	1（7.1）	2（14.3）
中核市	22（59.2）	9（24.3）	6（16.2）
特例市	15（46.9）	14（43.8）	3（9.3）
一般市	223（47.9）	164（35.1）	79（17.0）
町	147（38.8）	183（48.3）	49（12.9）
村	14（32.6）	24（55.8）	5（11.6）

χ^2=31.858***、*** p<.001

れている。そのなかで、「両方」を行っている「村」は、5村である。そして、「家族介護慰労金事業」のみを行っている村は、全体の32.6％を占めており、「自治体介護手当」のみは55.8％を占め、「家族介護慰労金事業」よりも「自治体介護手当」の方の実施率が高い。

　要するに、「政令市」、「中核市」、「特例市」、「一般市」では、「自治体介護手当」よりも、「家族介護慰労金事業」として行われているところが多い反面、「町」と「村」では、「家族介護慰労金事業」よりも、「自治体介護手当」として行われているところが多い。自治体別介護手当の事業実施率が高い順に並べると、「家族介護慰労金事業」の実施率で最も高い自治体は、全体の介護手当事業のうち、78.6％を「家族介護慰労金事業」で行っているのが「政令市」であり、次に高い自治体は、59.2％の「中核市」である。続いて、「一般市」が47.9％、「特例市」が46.9％、「町」が38.8％の順であり、最も低いのは、32.6％の「村」である。他方、「自治体介護手当」は、その逆の傾向を示している。そして、「両方」は、「特例市」の方が「町」と「村」よりも、実施する分布率が低かったが、それ以外の市では、「町」と「村」よりも高く示された。つまり、自治体別介護手当の事業は、人口規模が大きい自治体ほど「家族介護慰労金事業」と「両方」を行っている傾向があり、人口規模が小さいほど「自治体介護手当」として介護手当を行っている傾向を示しているといえる（χ^2=31.858、p<.001）。

（3）　自治体規模からみた年間支給平均額の状況とその違い

　自治体規模から年間支給平均額の状況とその違いは、表4-3の通りである。「政令市」は、岡山県の岡山市が「在宅寝たきり高齢者等介護者慰労金」として、要介護度3以上のすべての家族介護者に支給する40,000円が最低額であり、最高額は、兵庫県神戸市の「家族介護慰労金」（要介護度3以上）と埼玉県のさいたま市が「重度要介護高齢者手当支給」（要介護度4・

5）として家族介護者を対象に支給する 120,000 円である。年間支給平均額は、99,286 円と全国年間支給平均額を上回っている。これは、「政令市」の年間支給平均額が「9 万円以上 12 万円未満」（71.4％）に集中しており、極端な低額も高額もなかったからである。

　そして、「中核市」は、青森県の青森市が「家族介護慰労金」という名称で、要介護度 2・3 を介護する家族介護者に支給する 20,000 円が最低額であり、最高額は、東京都の中央区が「おとしより介護応援手当」という名称で要介護度 3 を介護する家族に支給する 240,000 円である。年間支給平均額は、96,095 円と全国年間支給平均額をやや上回っている。それは、9 万円以上を支給する市の分布率が高く示されたからである。

　次に、「特例市」では、愛知県の春日井市が「在宅重度要介護者介護手当」として要介護度 3 以上を介護する家族に支給する 24,000 円が最低額であり、最高額は、長野県の松本市が「高齢者手当」の経過措置として要介護度 5 の家族介護者に支給している 150,000 円である。年間支給平均額は、80,250 円と他の自治体に比べて最も低くあらわれている。これは、12 万円以上の分布率が低い反面、9 万円未満の分布率が高く示されていたからである。

　そして、「一般市」では、徳島県の阿南市が家族介護者の福祉増進を目的に支給する 6,000 円であり、この額は、介護手当を支給する 971 市町村のなかでも最も低い額である。一方で、「一般市」の最高額は、京都府の南丹市が「家族介護慰労金」として要介護度 4・5 を介護する家族に支給する 360,000 円である。そして、年間支給平均額は 86,640 円と全国年間支給平均額を下回っている。これは、「一般市」も「特例市」と同様に「6 万円以上 9 万円未満」以下の分布率（40.1％）が高く示されていたからである。しかし、「一般市」が「特例市」よりも年間支給平均額が高いのは、「9 万円以上 12 万円未満」以上の分布率が高かったからである。

　続いて、「町」は、山形県の西川町が「ねたきり老人及び重度障害者介護

●表4-3　自治体規模からみた年間支給平均額の違い

N = 971（%、円）

| 自治体 | 年間支給平均額（万円） | | | | | 最低額 | 最高額 | 平均額 | 平均値 | 標準偏差 | F値 | P |
	6未満	6以上9未満	9以上12未満	12以上15未満	15以上							
政令市	・	2 (14.3)	10 (71.4)	2 (14.3)	・	40,000	120,000	99,286	3.00	.555	3.250**	B
中核市	3 (8.1)	6 (16.2)	22 (59.5)	5 (13.5)	1 (2.7)	20,000	240,000	96,095	2.86	.855		AB
特例市	5 (15.6)	11 (34.4)	13 (40.6)	3 (9.4)	・	24,000	150,000	80,250	2.44	.878		A
一般市	56 (12.0)	131 (28.1)	233 (50.0)	36 (7.7)	10 (2.1)	6,000	360,000	86,640	2.60	.875		AB
町	49 (12.9)	94 (24.8)	151 (39.8)	42 (11.1)	43 (11.3)	10,000	600,000	99,632	2.83	1.142		AB
村	9 (20.9)	11 (25.6)	13 (30.2)	8 (18.6)	2 (4.7)	24,000	1,224,000	110,081	2.60	1.158		AB

χ^2=61.023***、** p<.01

者激励金支給」事業として要介護度4・5の家族介護者に支給する10,000円が最低額である。それに対し、最高額は、石山県の川北町が「ねたきり老人等介護者福祉手当」事業として家族に支給する600,000円であり、この額は全国で2番目に高い支給額である。そして、年間支給平均額は99,632円と全国平均額を上回っている。「町」の「6万円以上9万円未満」の分布率（37.7%）は、「一般市」とほぼ同じにもかかわらず、「一般市」よりも年間支給平均額（川北町を除いても年間支給平均額は98,309円）が高くあらわれたのは、「15万円以上」（11.3%）が高く分布しているからである。

　最後に、「村」は、埼玉県の東秩父村が「ねたきり老人等手当」事業として家族に支給する24,000円が最低額である反面、最高額は、秋田県上小阿仁村が「特例居宅介護サービス」事業として家族に支給する1,224,000円で

あり、この額は全国でも最も高い支給額である。そのため、年間支給平均額
（110,081 円）も他の自治体よりも高くあらわれている。しかし、年間支給平
均額の分布をみると、「6 万円以上 9 万円未満」以下の分布率が「特例市」
の次に高く、「9 万円以上 12 万円未満」の分布率は最も低く分布している。
にもかかわらず、「村」の年間支給平均額が他の自治体よりも高いのは、秋
田県の上小阿仁村の支給額が他の市町村の支給額に比べられないほど高いか
らである。実際、上小阿仁村を除いて年間支給平均額を概算すると、87,067
円と全国年間支給平均額よりも低くあらわれており、分布の平均値も「一般
市」と同じである。

　このように、年間支給平均額と年間支給平均額の分布は、自治体別に違い
が明確であった（F 値 3.250、p<.01）。しかし、多重比較してみた結果、自
治体間の違いが明確にあらわれたのは、「政令市」と「特例市」のみであ
り、.05 有意水準で統計的に有意であった。具体的にみると、「政令市」は、
「特例市」以外の自治体との違いがなく、「特例市」は、「政令市」以外の自
治体との違いがないとあらわれた。そして、「中核市」や「一般市」、「町」、
「村」のそれぞれの自治体間も違いがないと示された。これは、自治体間の
年間支給平均額の違いがあっても、その分布には大きな違いがないことを示
しているといえる。

（4）　自治体規模からみた支給条件の状況とその違い

　自治体規模からみた支給条件の状況とその違いは、表 4-4 のようである。
「政令市」は、支給要介護度を除いて「条件なし」で介護手当を支給する市
が全くなく、すべての「政令市」では、介護手当を支給するにあたって、何
らかの支給条件を有している。それを詳しくみると、「政令市」では、支給
条件として「所得制限のみ」と「所得・居住制限」が 14 市のうち、35.7%（5
市）ずつを占め、最も高く、次に「所得・年齢・居住制限」が 14.3%（2 市）

と高く分布している。支給条件として最も少なく分布しているのは、「年齢・居住制限」（1市、7.1％）である。

「中核市」では、介護手当支給にあたって「条件なし」で行っている市は、3市であり、全体の8.1％を占めている。それ以外の市では、介護手当を支給する際に、何らかの支給条件を設けている。そのなかで、「所得制限のみ」を支給条件とする市の分布率が56.8％（21市）を占め、最も高く、次に「所得・年齢制限」が10.8％（4市）と高く分布している。続いて、「所得・年齢・居住制限」が8.1％（3市）、「年齢制限のみ」と「年齢・居住制限」、「所得・年齢制限」がおのおの6.3％（2市）ずつに分布している。

「特例市」では、支給要介護度以外の支給条件を設けず、介護手当を支給する市は4市であり、全体の12.5％を占めている。一方、介護手当を支給する際に、支給条件を設けている市のなかでは、「所得・年齢制限」を支給条件としている市の分布率（8市、25.0％）が最も高く、次に「所得制限のみ」と「所得・年齢・居住制限」が各々18.8％（6市）ずつと高くあらわれている。続いて、「年齢・居住制限」が9.4％（3市）、「年齢制限のみ」と「所得・居住制限」がそれぞれ6.3％（2市）ずつ、「居住制限のみ」が3.1％（1市）の順で分布している。

「一般市」では、「条件なし」で介護手当を支給する市は26市であり、全体の5.6％を占め、9割以上の市が介護手当を支給する際に何らかの支給条件を有している。支給条件としては、「所得制限のみ」が31.3％（146市）を占め、最も多く、次に「所得・年齢制限」が14.8％（69市）と多く分布している。続いて、「所得・居住制限」が12.9％（60市）、「所得・年齢・居住制限」が12.2％（57市）、「年齢・居住制限」が10.3％（48市）、「年齢制限のみ」が7.3％（35市）、「居住制限のみ」が5.6％（26市）の順で支給条件を有している。

「町」では、「条件なし」で介護手当を支給する町が58町であり、全体の15.3％を占めている。それ以外の町では、支給要介護度以外にも支給条件を

●表 4-4　自治体規模からみた支給条件の違い

N = 971（%）

自治体	支給条件（制限）							
	条件なし	年齢のみ	居住のみ	年齢・居住	所得のみ	所得・年齢	所得・居住	所得・年齢・居住
政令市	・	・	・	1 (7.1)	5 (35.7)	1 (7.1)	5 (35.7)	2 (14.3)
中核市	3 (8.1)	2 (5.4)	・	2 (5.4)	21 (56.8)	4 (10.8)	2 (5.4)	3 (8.1)
特例市	4 (12.5)	2 (6.3)	1 (3.1)	3 (9.4)	6 (18.8)	8 (25.0)	2 (6.3)	6 (18.8)
一般市	26 (5.6)	35 (7.3)	26 (5.6)	48 (10.3)	146 (31.3)	69 (14.8)	60 (12.9)	57 (12.2)
町	58 (15.3)	43 (11.3)	27 (7.1)	39 (10.3)	111 (29.3)	43 (11.3)	29 (7.7)	29 (7.7)
村	2 (4.7)	8 (18.6)	7 (16.3)	7 (16.3)	11 (25.6)	4 (9.3)	2 (4.7)	2 (4.7)

$\chi^2 = 89.485^{***}$、*** p<.001

有している。そのなかで、「所得制限のみ」を支給条件としている町の分布率が 29.3％（111 町）と最も高く、次に「年齢制限のみ」と「所得・年齢制限」がそれぞれ 11.3％（43 町）と高く分布している。続いて、「年齢・居住制限」が 10.3％（39 町）、「所得・居住制限」と「所得・年齢・居住制限」がおのおの 7.7％（29 町）ずつの順であり、最も分布率が低いのは 7.1％（27町）を占めている「居住制限のみ」である。

　最後に、「村」では、支給要介護度以外の支給条件を設けず、介護手当を支給する村は、2 村（4.7％）である。一方、支給条件を設けている村のなかでは、「所得制限のみ」を支給条件としている村が 11 村、25.6％と最も多く、次に「年齢制限のみ」が 8 村（18.6％）と多く分布している。続いて、「居

住制限のみ」と「年齢・居住制限」がおのおの7村（16.3％）ずつ、「所得・年齢制限」が4村（9.3％）、「所得・居住制限」と「所得・年齢・居住制限」がそれぞれ2村（4.7％）ずつの順で支給条件が分布している。

　要するに、自治体規模からみた支給条件は、全体的に「所得制限のみ」を支給条件としている自治体の分布率が高く、なかでも「中核市」では介護手当を支給する市の半分以上が「所得制限のみ」を支給条件としており、他の自治体よりも高く分布している。そして、「政令市」では「所得・居住制限」、「特例市」では「所得・年齢制限」と「所得・年齢・居住制限」、「町」では「条件なし」、「村」では「年齢制限のみ」と「居住制限のみ」、「年齢・居住制限」が他の自治体に比べて高く分布している（χ^2=89.485、p<.001）。

　こうした自治体規模別の支給条件を所得制限の有無からみると、「政令市」は全体の92.9％（13市）が所得制限を設けており、「中核市」は81.1％（30市）、「特例市」は68.2％（22市）、「一般市」は71.2％（332市）、「町」は56％（209町）、「村」は44.3％（19村）が所得制限を設けている。つまり、自治体の規模が大きいほど介護手当を支給するに際して所得制限を多く設けている傾向を示している。

2.　支給目的からみた介護手当の実施状況の違い

　ここでは、介護手当の支給目的によって支給対象や事業内容、年間支給平均額、支給条件、支給要介護度等の実施状況に違いがあるかを一元配置分散分析とt検定、クロス集計を用いて分析した。分析にあたって、支給目的のうち、同様な意味をもった「慰労」、「労い」、「激励」といった目的は「慰労」に括って行った。そして、年間支給平均額と支給要介護度は一元配置分散分析で行い、その結果にそって多重比較のDuncan法を用いて違いを確かめた。事業内容と支給条件はクロス集計で行い、カイ2乗検定で統計的有意を確かめている。また、「経済的負担軽減」とそれ以外の目的との違いがあ

るかを確かめるため、「経済的負担軽減」と「経済的負担軽減以外」に分け
て t 検定を行った。 t 検定の結果は、統計的に有意な違いがみられた変数の
みを論じる。なお、支給目的による支給要介護度の違いを分析する際には、
支給要介護度の違いを正確に測るため、「単独判断」を除いた「要介護度」
のみを用いて行った。

（1）　支給目的からみた支給対象とその違い

　支給目的からみた支給対象の違いは、表 4-5 のようである。介護手当の支
給対象は支給目的にかかわらず、主に家族介護者を対象にしている。そのな
かでも分布率が最も高い支給目的は「慰労」で、全体の 98.1％（509 市町村）
を占めており、次に高いのは「経済的負担軽減」で 96.0％（217 市町村）で
ある。
　続いて、「心身負担軽減」が 91.1％（41 市町村）、「福祉向上・増進」が
83.7％（144 市町村）の順で高く分布しており、最も低いのは「その他」
（66.7％、6 市町村）である。そして、「要介護者」を対象にしている分布率
が最も高いのは、「その他」（3 市町村、33.3％）であるが、それを除くと「福

●表 4-5　支給目的からみた支給対象の違い

N = 971（％）

支給目的	支給対象		
	家族介護者	要介護者	両方
経済的負担軽減	217（96.0）	1（0.4）	8（3.5）
心身負担軽減	41（91.1）	2（4.4）	2（4.4）
慰　　労	509（98.1）	4（0.8）	6（1.2）
福祉向上・増進	144（83.7）	18（10.5）	10（5.8）
そ　の　他	6（66.7）	3（33.3）	・

χ^2=92.173***、*** p<.001

祉向上・増進」（18市町村、10.5%）であった。

　つまり、「経済的負担経験」と「心身負担経験」、「慰労」を目的として介護手当を支給する市町村よりも、「福祉向上・増進」と「その他」を目的として介護手当を支給している市町村の方が「家族介護者」よりも「要介護者」の方をより多く支給対象としている。

　なお、家族介護者と要介護者を「両方」とも支給対象にしている場合、支給目的の分布率が最も高いのは「福祉向上・増進」である（χ=92.173、p<.001）。

（2）　支給目的からみた支給事業の状況とその違い

　支給目的からみた支給事業の状況とその違いは、表4-6のようである。「経済的負担軽減」を目的とした市町村の半分以上である58.0%（131市町村）が「家族介護慰労金事業」のみを行い、「自治体介護手当」のみの23.9%（54市町村）よりも多く行っている。また、「慰労」を目的とした市町村も「家族介護慰労金事業」のみ（253市町村、43.3%）の方が「自治体介護手当」のみ（192市町村、37.0%）よりもやや多く分布している。一方、

●表4-6　支給目的からみた支給事業の違い

N = 971（%）

支給目的	支給事業		
	家族介護慰労金事業	自治体介護手当	両方
経済的負担軽減	131（58.0）	54（23.9）	41（18.1）
心身負担軽減	18（40.0）	19（42.2）	8（17.8）
慰労	253（43.3）	192（37.0）	74（14.7）
福祉向上・増進	29（16.9）	122（70.9）	21（12.2）
その他	6（66.7）	3（33.3）	・

χ^2=92.173***、*** p<.001

「福祉向上・増進」と「その他」の目的は、「家族介護慰労金事業」のみ
（各々 29 市町村、16.9％・1 市町村、11.1％）よりも「自治体介護手当」（お
のおの 122 市町村、70.9％・8 市町村、88.9％）のみの方が多く、「心身負担
軽減」は「家族介護慰労金事業」のみ（18 市町村、40.0％）の方が「自治体
介護手当」のみ（19 市町村、42.2％）よりもやや低くあらわれている。つま
り、「経済的負担軽減」と「慰労」を目的とした市町村では、「自治体介護手
当」よりも「家族介護慰労金事業」として介護手当を支給する傾向が高く、
「心身負担軽減」と「福祉向上・増進」、「その他」の目的として介護手当を
支給する市町村では、「家族介護慰労金事業」よりも「自治体介護手当」の
方の傾向が高くあらわれている。

　そして、家族介護慰労金事業と自治体介護手当の「両方」とも行っている
市町村の支給目的は、「経済的負担軽減」が最も高い分布率を有しており、
次に「心身負担軽減」であるが、各目的別の分布率の差は大きくない（χ^2
=92.173、p<.001）。

（3）　支給目的からみた年間支給平均額の状況とその違い

　介護手当の支給目的別年間支給平均額の状況と違いは、表 4-7 のようであ
る。「経済的負担軽減」の最低額[1] は、新潟県の見附市が「家族介護支援事
業」という名称で要介護度 3 以上を介護する家族に支給する 20,000 円であ
る。それに対し、最高額は、埼玉県のときがわ町[2] が「家族介護支援手当」
という名称で要介護度 5 を介護する家族に支給するの 396,000 円である。そ
して、年間支給平均額は 101,606 円となり、「その他」を除くと、最も高い。
その年間支給平均額の分布をみると、「9 万円以上 12 万円未満」が 60.2％を
占め、最も高く、次に、「6 万円以上 9 万円未満」が 19.5％を占め、高く分
布している。

　次に、「心身負担軽減」は、青森県の青森市と大分県の津久見市が家族介

護者に支給する 20,000 円が最低額である。青森市は「家族介護慰労金」として要介護度2・3を対象にしており、津久見市は「ねたきり老人介護者手当」という名称で要介護度3以上を対象にしている。それに対し、最高額は、香川県のまんのう町と福岡県の筑紫野市、宮崎県の清武町が家族介護者に支給する 240,000 円である。まんのう町では、「在宅寝たきり老人介護家庭福祉手当」という名称で独自の判断で支給しており、筑紫野市では「在宅ねたきり老人等介護手当」という名称で、そして、清武町では「ねたきり老人等介護手当」という名称で要介護度4・5を対象にしている。「心身負担軽減」は、他の目的に比べて最低額と最高額との差が最も小さく、支給平均額は 97,689 円で全国年間支給平均額をやや上回っている。年間支給平均額の

●表 4-7　支給目的からみた年間支給平均額の違い

N = 971（%、円）

支給目的	年間支給平均額（万円）					最低額	最高額	平均額	平均値	標準偏差	F/t値	P
	6未満	6以上9未満	9以上12未満	12以上15未満	15以上							
経済的負担軽減	8 (3.5)	44 (19.5)	136 (60.2)	26 (11.5)	12 (5.3)	10,000	396,000	101,606	2.96	.815	7.668***	AB
心身負担軽減	5 (11.1)	13 (28.9)	19 (42.2)	4 (8.9)	4 (8.9)	20,000	240,000	97,689	2.76	1.069		A
慰労	73 (14.1)	129 (24.9)	248 (47.8)	42 (8.1)	27 (5.2)	6,500	360,000	90,278	2.66	.992		A
福祉向上・増進	35 (20.4)	67 (39.0)	37 (21.5)	23 (13.4)	10 (5.8)	6,000	600,000	82,965	2.45	1.131		A
その他	1 (11.1)	2 (22.2)	2 (22.2)	1 (11.1)	3 (33.4)	54,000	1,224,000	210,978	3.33	1.500		B
経済的負担軽減以外	745					6,000	1,224,000	90,662	2.62	.815	-4.412***	
経済的負担軽減	226					10,000	369,000	101,598	2.96	.815		

χ^2=275.982***、*** p<.001

分布は、「経済的負担軽減」と同様に「9 万円以上 12 万円未満」の分布
（42.2%）が最も高く、次に「6 万円以上 9 万円未満」（28.9%）であり、「9
万円以上 12 万円未満」の分布率は「経済的負担軽減」よりも低く、「6 万円
以上 9 万円未満」は「経済的負担軽減」よりも高く分布している。

　次いで、「慰労」は大阪府富田林市が「寝たきり老人見舞金」という名称
で要介護者の福祉向上を目的に支給する 6,500 円が最低額である。それに対
し、最高額は岐阜県の神戸町と輪之内町、京都府の南丹市、高知県の本山町
が家族介護者に支給する 360,000 円である。神戸町と輪之内町では、「家族
介護慰労金」という名称で要介護度 3 以上を対象にして支給しており、本山
町では「在宅介護手当」という名称で、65 歳以上の要介護度 4・5 を対象に
している。そして、南丹市では、要介護度 4・5 を対象にしている。「慰労」
を目的とした市町村の年間支給平均額は 90,278 円となり、全国年間支給平
均額よりもやや下回っている。年間支給平均額の分布は、「経済的負担軽
減」と「心身負担軽減」と同様に「9 万円以上 12 万円未満」（47.8%）と「6
万円以上 9 万円未満」（24.9%）の分布が多い。

　続いて、「福祉向上・増進」は徳島県の阿南市が家族介護者に支給する
6,000 円が最低額である。それに対し、最高額は石川県の北川町 600,000 円
である。そして、年間支給平均額は 82,965 円である。すなわち、「福祉向
上・増進」は、最低額と最高額の差が他の支給目的よりも大きく、年間支給
平均額は最も低く示されている。その分布をみると、他の目的と同様に半分
以上の市町村が「9 万円以上 12 万円未満」と「6 万円以上 9 万円未満」に分
布している。しかし、他の目的は「9 万円以上 12 万円未満」の分布率の方
が「6 万円以上 9 万円未満」の分布率よりも高くあらわれている反面、「慰
労」は、「6 万円以上 9 万円未満」の分布率（39.0%）の方が「9 万円以上 12
万円未満」の分布率（21.5%）よりも高く示されている。

　以上のような結果をまとめると、支給目的別年間支給平均額は「その他」
が 210,978 円で最も高いが、それを除いたら、「経済的負担軽減」が最も高

く、次に「心身負担軽減」、「慰労」「福祉向上・増進」の順で高くあらわれ
ている。そして、年間支給平均額の分布率において「経済的負担軽減」は
「9 万円以上 12 万円未満」以上を支給する市町村の分布率が他の目的に比べ
て高い傾向がある反面、「心身負担軽減」や「慰労」、「福祉向上・増進」は
「9 万円以上 12 万円未満」未満を支給する市町村の分布率が「経済的負担軽
減」よりも高い傾向がみられ、統計的に有意であった（F 値 7.668、
p<.001）。しかし、多重比較してみると、「経済的負担軽減」は、他の支給目
的とは統計的に有意な違いがみられなかった。つまり、統計上では「経済的
負担軽減」を目的として支給される年間支給平均額と、他の支給目的として
支給される年間支給平均額の間には違いがないと示された。

ところが、「経済的負担軽減」と「経済的負担軽減以外」の 2 つの目的に
分けて年間支給平均額の違いを t 検定してみると、「経済的負担軽減」の方
が「経済的負担軽減以外」よりも年間支給平均額が高い傾向を示しており、
統計的に有意であった（t 値 -4.412、p<.001）。

（4）　支給目的からみた支給条件の違い

支給目的からみた支給条件の違いは、表 4-8 である。「経済的負担軽減」
を目的とした市町村の支給条件は、全体の 226 市町村のうち、14 市町村
（6.2％）が要介護度以外の支給条件を設けておらず（条件なし）、そのあと
は何らかの支給条件を設けている。なかでも「所得制限のみ」を支給条件と
している市町村が 83 市町村（36.7％）と最も多く、次に多く占めている支
給条件は 45 市町村（20.4％）が設けている「所得・居住制限」である。続
いて、「所得・年齢制限」が 31 市町村（13.7％）、「所得・居住・年齢制限」
が 23 市町村（10.2％）、「年齢制限のみ」が 12 市町村（5.3％）、「年齢・居住
制限」が 11 市町村（4.9％）、「居住制限のみ」が 6 市町村（2.7％）の順であ
る。

●図 4-8　支給目的からみた支給条件の違い

N = 971（%）

支給目的	支給条件（制限）							
	条件なし	年齢のみ	居住のみ	年齢・居住	所得のみ	所得・年齢	所得・居住	所得・年齢・居住
経済的負担軽減	14 (6.2)	12 (5.3)	6 (2.7)	11 (4.9)	83 (36.7)	31 (13.7)	46 (20.4)	23 (10.2)
心身負担軽減	4 (8.9)	5 (11.1)	3 (6.7)	3 (6.7)	16 (35.5)	5 (11.1)	6 (13.3)	3 (6.7)
慰労	62 (11.9)	44 (8.5)	40 (7.7)	55 (10.6)	180 (34.7)	55 (10.6)	36 (6.9)	47 (9.1)
福祉向上・増進	11 (6.4)	28 (16.3)	11 (6.4)	31 (18.0)	20 (11.6)	35 (20.3)	11 (6.4)	25 (14.5)
その他	2 (22.2)	・	1 (11.1)	・	1 (11.1)	3 (33.3)	1 (11.1)	1 (11.1)

χ^2=127.361***、*** p<.001

　そして、「心身負担軽減」を目的とする場合、要介護度以外の支給条件を設けていない（条件なし）市町村が4市町村（8.9％）で、そのあとは要介護度以外にも何らかの支給条件を設けている。「心身負担軽減」を目的として介護手当を支給する市町村が最も多く支給条件としているのは、「所得制限のみ」（16市町村、35.5％）であり、次は「所得・年齢」（6市町村、13.3％）である。続いて、「年齢制限のみ」と「所得・年齢制限」がおのおの5市町村（11.1％）ずつ、「居住制限のみ」と「年齢・居住制限」、「所得・年齢・居住制限」がそれぞれ3市町村（6.7％）ずつである。

　次いで、「慰労」を目的とした市町村の支給条件をみると、支給要介護度以外に支給条件を設けていない（支給条件なし）市町村は62市町村、11.9％で、その分布率は他の目的（その他を除く）よりも高く、「慰労」のなかでも「所得制限のみ」（180市町村、34.7％）に続いて2番目に高くあら

●表4-9　支給目的からみた所得制限有無

N = 971

	N	平均値	標準偏差	t 値
経済的負担軽減以外	745	1.60	.491	-5.952***
経済的負担軽減	226	1.81	.393	

変数は、経済的負担軽減と所得制限なしを「1」、経済的負担軽減以外と所得制限ありを「2」として行った。
*** p<.001

　われている。「所得制限のみ」と「条件なし」に続いて支給条件として多く示されたのは、「年齢・居住制限」と「所得・年齢制限」（おのおの55市町村、10.6％ずつ）で、次いで「所得・年齢・居住制限」が47市町村（9.1％）、「年齢制限のみ」が44市町村（8.5％）、「居住制限のみ」が40市町村（7.7％）、「所得・居住制限」が36市町村（6.9％）の順で分布している。

　そして、「福祉向上・増進」を目的として、支給する際の「条件なし」に介護手当を支給する市町村は、全体172市町村のうち、11市町村、6.4％である。それ以外は支給要介護度以外にも支給条件を設けている。そのうち、「所得・年齢制限」が35市町村、20.3％を占め、最も多く、次に「年齢・居住制限」が31市町村（18.0％）と多い。続いて、「年齢制限のみ」が28市町村（16.3％）、「所得・年齢・居住制限」が25市町村（14.5％）、「所得制限のみ」が20市町村（11.6％）、「居住制限のみ」と「所得・居住制限」がそれぞれ11市町村（6.4％）ずつの順である。

　最後に、「その他」を支給目的とする場合、「所得・年齢制限」が他の支給条件よりも多く分布している。

　要するに、「経済的負担軽減」を支給目的とする場合、他の支給目的に比べて「所得制限のみ」と「所得・居住制限」を支給条件とした市町村の分布率が高く、「慰労」は、支給条件「なし」と「居住制限のみ」が他の目的よりも分布率が高くあらわれている。そして、「福祉向上・増進」は、「年齢制限のみ」や「年齢・居住制限」、「所得・年齢制限」、「所得・年齢・居住制

限」を支給条件としている市町村の分布率が高い。つまり、「福祉向上・増進」を目的とした市町村は、特に、支給条件として年齢制限の分布率が高い（χ^2=127.361、p<.001）。

　こうした結果を所得制限の有無に分けてみると、「経済的負担軽減」を目的とした市町村では全体の81.9％、「心身負担軽減」と「その他」はおのおの66.7％ずつ、「慰労」は60.7％、「福祉向上・増進」は52.9％が所得制限を設けいる。つまり、「経済的負担軽減」が他の目的よりも多く所得制限を有している反面、「福祉向上・増進」は他の目的よりも所得制限なしで介護手当を支給する市町村の分布率が高くあらわれている。さらに、支給目的を「経済的負担軽減」と「経済的負担軽減以外」に分けて所得制限の有無との関係をみた結果（表4-9）、「経済的負担軽減」を目的とする市町村の方が「経済的負担軽減以外」を目的としない市町村よりも所得制限をより多く設けていることが明らかになった（t 値 -5.952、p<.001）。

(5)　支給目的からみた支給要介護度の違い

　支給目的からみた支給要介護度の違いは、表4-10 の通りである。「経済的負担軽減」を目的とした市町村では、「要介護度4・5から」支給する市町村の分布が全体の226 市町村のうち、82.3％（186 市町村）を占め、最も多い。次に、「要介護度3 から」が11.1％（25 市町村）と多く分布している。続いて、「単独判断」が4.9％（11 市町村）、「要介護度から2」が1.3％（25 市町村）、「要介護度1」が0.4％（1 市町村）の順である。

　そして、「心身負担軽減」は、「要介護度4・5から」支給する市町村の分布が68.9％（31 市町村）を占め、最も多く分布している。次に「要介護度3 から」が15.6％（7 市町村）を占め、多い。続いて、「要介護度1 から」が6.7％（3 市町村）、「要介護度2 から」と「単独判断」がおのおの4.4％（2 市町村）ずつの順で分布している。

　次いで、「慰労」は、「経済的負担軽減」と同様に、「要介護度4・5から」（66.5%、345市町村）、「要介護度3から」（16.6%、86市町村）、「単独判断」（14.1%、79市町村）、「要介護度2から」（2.1%、11市町村）、「要介護度1から」（0.8%、4市町村）の順である。

　そして、「福祉向上・増進」は、他の支給目的と同様に最も多く分布しているのは、「要介護度4・5から」（45.3%、78市町村）であるが、次に多い分布が「要介護度3から」ではなく、「単独判断」（37.8%、65市町村）である点が他の支給目的とは異なる。その次に多く分布しているのは、「要介護度3から」（14.5%、25市町村）であり、続いて、「要介護度2から」が1.7%（3市町村）、「要支援から」が0.6%（1市町村）の順である。「その他」は、「要介護度3から」の分布率が最も高い。

　これらの結果をまとめてみると、すでに述べたように、全体的に「要介護度4・5から」介護手当を支給する市町村の分布率が高い。そのなかでも「経済的負担軽減」が他の目的に比べて高く、「要介護度3から」は「その他」を除くと、「慰労」を目的とした市町村の分布率が他の目的よりも高

●表4-10　支給目的からみた支給要介護度の違い

N = 971（%）

支給目的	支給要介護度（から）						平均値	標準偏差	F値	P
	要支援	要介護度1	要介護度2	要介護度3	要介護度4・5	単独判断				
経済的負担軽減	・	1 (0.4)	3 (1.3)	25 (11.1)	186 (82.3)	11 (4.9)	4.84	.436		CB
心身負担軽減	・	3 (6.7)	2 (4.4)	7 (15.6)	31 (68.9)	2 (4.4)	4.53	.882		AB
慰労	・	4 (0.8)	11 (2.1)	86 (16.6)	345 (66.5)	79 (14.1)	4.73	.548	4.568**	CB
福祉向上・増進	1 (0.6)	・	3 (1.7)	25 (14.5)	78 (45.3)	65 (37.8)	4.67	.626		C
その他	・	・	・	5 (55.6)	3 (33.3)	1 (11.1)	4.38	.518		A

χ^2=137.085***、** p<.01

い。そして、「単独判断」は、「福祉向上・増進」が他の目的に比べて分布率が高く示されている。「要支援から」や「要介護度１から」、「要介護度２から」といった軽症から介護手当を支給する市町村の分布率は高くないが、それぞれ「福祉向上・増進」（要支援から）、「心身負担軽減」（要介護度１からと要介護度２から）が他の目的よりも分布率が高い（F値 4.568、p<.01）。

「単独判断」を除いて、支給要介護度が高い支給目的順に並べると、「経済的負担軽減」＞「慰労」＞「福祉向上・増進」＞「心身負担軽減」＞「その他」である。しかし、支給目的別支給要介護度の違いを多重比較してみると、「経済的負担軽減」と「慰労」は、「その他」以外の支給目的との違いがなく、「心身負担軽減」は、「福祉向上・増進」以外の支給目的との違いがないとあらわれた。この結果から、支給要介護度が高い順に支給目的を並び替えると、「経済的負担軽減」・「慰労」≧「福祉向上・増進」＞「心身負担軽減」≧「その他」である。

3.　介護手当の実施状況からみた年間支給平均額の違い

ここでは、介護手当の実施状況によって年間支給平均額の違いがあるかを一元配置分散分析とクロス集計、t検定を用いて分析した。実施状況はクロス集計で行い、年間支給平均額の違いは一元配置分散分析で行ったうえで、多重比較を通じて年間支給平均額による違いを検証した。それに加えて、支給条件において所得制限有無別による年間支給平均額の違いを確かめるため、t検定を行った。そして、支給要介護度においては、「要支援から」介護手当を支給する市町村が１か所のみであったため、多重比較を通しての検証ができなかった。したがって、支給要介護度による違いは、「要支援から」から「要介護度２から」までを「軽症」、「要介護度３から」を中症、「要介護度４・５から」と「単独判断」を重症と再構成して行った。

（1）　支給対象からみた年間支給平均額の支給状況とその違い

　支給対象による年間支給平均額の支給状況と違いは、表4-11の通りである。まず、「家族介護者」を対象にして介護手当を支給する市町村において最低額は、徳島県の阿南市が「ねたきり高齢者等見舞金」という名称で家族介護者に支給する6,000円であり、最高額は秋田県の上小阿仁村が「特例居宅介護サービス」という名称で家族介護者に支給する1,224,000円である。そして、年間支給平均額は、94,563円と全国年間支給平均額（93,081円）をやや上回っている。その分布は、「9万円以上12万円未満」を支給する市町村の分布が全体の47.7%（437市町村）を占め、最も多く、次に「6万円以上9万円未満」が24.5%（225市町村）と多く分布している。続いて、「6万円未満」が11.7%（107市町村）、「12万円以上15万円未満」が10.3%（94市町村）の順であり、最も低く分布しているのは全体の5.9%（54市町村）を占めている「15万円以上」である。つまり、介護手当を支給している市町村のうち、家族介護者を対象にしている市町村では、約半分が年間「9万円以上12万円未満」を支給しており、6万円以上を加えると、約4分の3が6万円以上12万円未満の間の額を家族介護者に支給している。

●表4-11　支給対象からみた年間支給平均額支給状況とその違い

N=971（%、円）

支給対象	年間支給平均額（万円）					最低額	最高額	平均額	平均値	標準偏差	F値	P
	6未満	6以上9未満	9以上12未満	12以上15未満	15以上							
家族介護者	107 (11.7)	225 (24.5)	437 (47.7)	94 (10.3)	54 (5.9)	6,000	1,224,000	94,563	2.74	.992		B
要介護者	7 (25.0)	17 (60.7)	3 (10.7)	○	1 (3.6)	6,500	240,000	62,518	1.96	.838	14.360***	A
両方	8 (30.8)	13 (50.0)	2 (7.7)	2 (7.7)	1 (3.8)	10,000	156,000	73,727	2.04	1.038		A

*** p<.001

　一方、「要介護者」を対象に介護手当を支給している市町村では、大阪府富田林市が要介護者の福祉向上を目的に支給する 6,500 円が最低額である。それに対し、最高額は、高知県の大豊町が「在宅要介護者生活支援手当」という名称で要介護度 3 以上の要介護高齢者を対象にして、生活支援という目的で支給している 240,000 円である。そして、年間支給平均額は 62,518 円と全国年間支給平均額を下回っている。その分布をみると、「6 万円以上 9 万円未満」が全体の 60.7％（17 市町村）を占め、最も多く、次に「6 万円未満」が 25.0％（7 市町村）と多い。それから「9 万円以上 12 万円未満」が 10.7％（3 市町村）、「15 万円以上」が 3.6％（1 市町村）の順で多く分布している。つまり、「要介護者」を対象に介護手当を支給する市町村の約 8 割以上が年間 9 万円未満の額を支給している。

　最後に、家族と要介護者の「両方」ともを対象にしている市町村では、沖縄県の八重瀬町が「ねたきり老人見舞金」という名称で、65 歳以上の要介護者を対象にして、福祉向上を目的に支給する 10,000 円が最低額である。それに対し、最高額は、千葉県の成田市が「ねたきり老人等福祉手当支給」という市の単独事業として、要介護者に支給する 156,000 円である。そして、年間支給平均額は、73,727 円と全国年間支給平均額を下回っている。その分布をみると、「6 万円以上 9 万円未満」が全体の 50％を占め、最も多く、次に「6 万円未満」が 30.8％（8 市町村）と多く分布している。続いて「9 万円以上 12 万円未満」と「12 万円以上 15 万円未満」がおのおの 7.7％（2 市町村）ずつ、「15 万円以上」は 3.8％（1 市町村）の順である。

　要するに、年間支給平均額が 9 万円未満では「要介護者」のみと「両方」を対象にする傾向がある反面、9 万円以上では「家族介護者」のみを対象にする傾向がみられる。こうした支給対象別年間支給平均額の状況から、次のようなことがわかる。第 1 に、同じ対象でも市町村によって年間支給額に大きな差が生じていることである。これは、支給対象が「家族介護者」の場合、最低額（6,000 円）と最高額（1,224,000 円）の差が約 200 倍であり、「要

介護者」を対象にした場合、約 40 倍の差が生じている。第 2 に、支給対象
別年間支給額の違いである。年間支給平均額をみると、「家族介護者」のみ
を対象にしている市町村の年間支給平均額が「要介護者」のみと「両方」に
比べて高く、「両方」は「要介護者」のみを対象にしている市町村よりも高
くあらわれている。このことから介護手当を実施している市町村では「要介
護者」を対象にした場合よりも、「家族介護者」を対象にした場合の方が支
給額を高く設けており、支給対象によって年間支給額が異なっている。ま
た、これは、年間支給平均額の分布が「家族介護者」＞「両方」＞「要介護
者」の順になっていることからもいえる（F 値 14.360、p<.001）。

　ところが、年間支給平均額の分布を多重比較してみると、.05 の有意水準
で「家族介護者」は「両方」と「要介護者」との違いがあるとあらわれた
が、「両方」は「要介護者」との違いがないとあらわれた。しかし、この結
果を受け入れても、統計的に「家族介護者」と「要介護者」との違いのある
ことが有意であるとあらわれており、支給対象によって年間支給額に差があ
るという結果に変わりがないといえよう。

(2)　支給事業からみた年間支給平均額の支給状況とその違い

　介護手当の支給事業による年間支給平均額の支給状況とその違いは、表
4-12 のようである。まず、市町村の「自治体介護手当」として介護手当を支
給している市町村では、徳島県の阿南市が支給する 6,000 円が最低額であ
る。それに対し、最高額は、秋田県の上小阿仁村の 1,224,000 円である。そ
して、年間支給平均額は 88,531 円と全国年間支給平均額をやや下回ってい
る。その分布をみると、「6 万円以上 9 万円未満」が全体の 37.0％（146 市町
村）を占め、最も多く、次に「6 万円未満」が 24.8％（98 市町村）と多く分
布している。続いて、「12 万円以上 15 万円未満」が 17.0％（67 市町村）、「15
万円以上」が 10.9％（43 市町村）の順であり、最も低く分布しているのは

●表 4-12　介護手当支給事業からみた年間支給平均額の支給状況と違い

N=971（%、円）

| 支給事業 | 年間支給平均額（万円） | | | | | 最低額 | 最高額 | 平均額 | 平均値 | 標準偏差 | F値 | P |
	6未満	6以上9未満	9以上12未満	12以上15未満	15以上							
自治体介護手当	98(24.8)	14(37.0)	41(10.4)	67(17.0)	43(10.9)	6,000	1,224,000	88,531	2.52	1.320		B
家族介護慰労金	13(3.0)	18(4.2)	369(85.4)	25(5.8)	7(1.6)	20,000	360,000	100,042	2.99	.534	36.611***	C
両方	11(7.6)	91(63.2)	32(22.2)	4(2.8)	6(4.2)	10,000	396,000	84,681	2.33	.826		A

*** p<.001

10.4％（41 市町村）を占めた「9万円以上 12万円未満」である。つまり、「自治体介護手当」として介護手当を支給する市町村では、平均的に年間9万円未満を介護手当として支給するところが多く分布している。

　次いで、「家族介護慰労金事業」として介護手当を支給する市町村の状況をみると、最低額は、茨城県の利根町が要介護度3を介護する家族に支給する 20,000 円である。そして、最高額は、岐阜県の神戸町と輪之内町が家族介護者に支給する 360,000 円である。そして、年間支給平均額は、100,042円と全国年間支給平均額を上回っている。その分布をみると、「9万円以上12万円未満」が全体の85.4％（369市町村）を占め、最も多く、次に「12万円以上15万円未満」が5.8％（25市町村）と多く分布している。続いて、「6万円以上9万円未満」が4.2％（18市町村）、「6万円未満」が3.0％（13市町村）、「15万円以上」が1.6％（7市町村）の順である。つまり、「家族介護慰労金事業」として介護手当を支給する市町村では、そのほとんどが年間「9万円以上12万円未満」の間を支給している。

　最後に、自治体介護手当と家族介護慰労金事業を「両方」とも行っている市町村では、山梨県の昭和町と奈良県の葛城市、岡山県の高梁市、沖縄県の八重瀬町が支給する年間 10,000 円が最低額である。昭和町では、「ねたきり

老人等介護人手当」という名称で要介護度4・5の要介護者のうち、介護サービスを利用しながら介護を行っている家族に支給する額であり、葛城市では、「介護慰労金」という名称で所得や介護サービスを利用有無に関わらず、要介護度4・5を介護する家族に支給する額である。そして、高梁市では、「在宅介護激励慰労金」という名称で要介護度3を介護する家族に支給する額であり、八重瀬町では、65歳以上の要介護者の見舞金として支給する額である。一方、最高額は、埼玉県のときがわ町が家族介護者に支給する396,000円である。

　そして、「両方」とも実施している市町村の年間支給平均額は84,681円と全国年間支給平均額をやや下回っている。その分布をみると、「6万円以上9万円未満」が全体の63.2%（91市町村）を占め、最も多く、次に「9万円以上12万円未満」が22.2%（32市町村）と多く分布している。続いて、「6万円未満」が7.6%（11市町村）、「15万円以上」が4.2%（6市町村）、「12万円以上15万円未満」が2.8%（4市町村）の順である。つまり、自治体介護手当と家族介護慰労金事業を「両方」とも行っている市町村では、年間6万円以上9万円未満の間に支給するところが多い。

　こうした支給事業別年間支給平均額の状況をみた結果、年間支給平均額は、「家族介護慰労金事業」のみを行っている市町村が最も高く、次に「自治体介護手当」のみを行っている市町村であり、最も低いのは、家族介護慰労金事業と自治体介護手当を「両方」とも行っている市町村である。その分布率においては「家族介護慰労金事業」は、他の事業に比べて「9万円以上12万円未満」の分布率が高く、「両方」は「6万円以上9万円未満」の分布率が高くあらわれている。一方、「自治体介護手当」は「6万円未満」と「12万円以上15万円未満」、「15万円以上」の分布率が他の事業に比べて高くあらわれている。この分布率の結果からすると、「自治体介護手当」は市町村によって支給額の偏差が大きいといえる（F値36.611、p<.001）。つまり、支給する介護手当の事業によって支給額に違いがでており、統計的にも

有意であるとでている。

（3）　支給要介護度からみた年間支給平均額の支給状況とその違い

　支給要介護度からみた年間支給平均額の支給状況とその違いは、表 4-13
の通りである。まず、支給要介護度別支給状況をみると、「要支援から」介
護手当を支給する市町村は、新潟県の燕市のみである。燕市では、「在宅介
護手当」という名称で要支援 1 から支給しており、家族介護者の福祉増進を
目的としている。支給額は、介護保険の利用限度額の 100 分の 3 に相当する
額を支給しており、それを年間支給額に概算すると、要支援 1 は 17,892 円
であり、要支援 2 は 37,440 円である。そして、要介護度 1 は 59,688 円、要
介護度 2 は 70,684 円、要介護度 3 は 96,000 円、要介護度 4 は 110,160 円、
要介護度 5 は 128,988 円である。したがって、最低額は、要支援 1 の支給額
であり、最高額は、要介護度 5 に支給する額になるが、介護手当の年間支給
平均額は、42,130 円と全国年間支給額を下回っている。しかし、介護手当を
支給する市町村の 66.2％が要介護度 4・5 から支給しており、要介護度 3
（15.2％）を入れると、約 8 割が「要介護度 3 から」となる。このことから
すると、燕市の支給額は全国年間支給平均額よりも低いとはいい難い。
　次に、「要介護度 1 から」から介護手当を支給する市町村は、全国で 8 市
町村がある。そのうち、年間支給額が最も低い市町村は、群馬県の吉岡町で
ある。吉岡町では、「在宅ねたきり高齢者等介護慰労金」という名称で、要
介護度 1 を介護する家族介護者に支給する 20,000 円である。そして、要介
護度 1 に支給される介護手当の最高額は、新潟県の出雲崎町と高知県の土佐
町が支給する 60,000 円である。一方、「要介護度 1 から」支給する市町村の
最高額は、群馬県の中之条町が「在宅介護慰労手当」という名称で、要介護
度 4・5 の家族介護者に支給する 200,000 円である。
　そして、年間支給平均額は 76,739 円と全国年間支給平均額を下回ってい

●表4-13　支給要介護度からみた年間支給平均額の支給状況とその違い

N=971（%）

支給要介護度（から）	年間支給平均額（万円）					最低額	最高額	平均額	平均値	標準偏差	F値	P
	6未満	6以上9未満	9以上12未満	12以上15未満	15以上							
要支援	1(100)	・	・	・	・	17,982	128,988	42,130	1.00	・		
要介護度1	1(12.5)	5(62.5)	2(25.0)	・	・	20,000	200,000	76,739	2.13	.641		
要介護度2	7(36.8)	6(31.6)	1(5.3)	2(10.5)	3(15.8)	20,000	396,000	96,912	2.37	1.499	7.994***	n.s
要介護度3	35(23.6)	60(40.5)	22(14.9)	19(12.8)	12(8.1)	10,000	1,224,000	90,355	2.41	1.212		
要介護度4・5	41(6.4)	123(19.1)	405(63.0)	48(7.5)	26(4.0)	10,000	360,000	95,648	2.84	.811		
単独判断	37(24.3)	61(40.1)	12(7.9)	27(17.8)	15(9.9)	6,000	600,000	85,595	2.49	1.302		
軽症	9(32.1)	11(39.3)	3(10.7)	2(7.1)	3(10.7)	20,000	396,000	89,192	2.25	1.295		A
中症	35(23.6)	60(40.5)	22(14.9)	19(12.8)	12(8.1)	10,000	1,224,000	90,355	2.41	1.212	11.063***	A
重症	78(9.8)	184(23.1)	417(52.5)	75(9.4)	41(5.2)	6,000	600,000	93,726	2.77	.934		B

*** p<.001

る。その分布をみると、「6万円以上9万円未満」が全体の62.5%（5市町村）と最も多く、次に「9万円以上12万円未満」が25.0%（2市町村）と多い。それから「6万円未満」が12.5%（1市町村）の順で多く分布している。

　次いで、「要介護度2から」介護手当を支給する市町村において最低額は、青森県の青森市が「家族介護慰労金」という名称で、要介護度2・3の家族介護者に支給する20,000円である。要介護度2に支給される介護手当の最高額は、北海道の湧別町が家族介護者の経済的負担軽減を目的に支給する240,000円である。一方、「要介護度2から」支給する市町村の最高額は、

埼玉県のときがわ町が要介護度4・5の家族介護者に支給する396,000円である。そして、年間支給平均額は、96,912円と全国年間支給平均額を上回っている。その分布をみると、「6万円未満」が全体の36.8％（7市町村）を占め、最も多く、次に「6万円以上9万円未満」が31.6％（6市町村）と多く分布している。続いて「15万円以上」が15.8％（3市町村）、「12万円以上15万円未満」が10.5％（2市町村）、「9万円以上12万円未満」が5.3％（1市町村）の順で分布している。「要介護度2から」から介護手当を支給する市町村の約3分の2が年間9万円未満を支給している。

　続いて、「要介護度3から」支給する市町村の状況をみると、最低額は、岡山県の高梁市が要介護度3の家族介護者に支給する10,000円である。要介護度3に支給される介護手当の最高額は、秋田県の上小阿仁村が支給する918,000円である。そして、上小阿仁村が要介護度5を介護する家族に支給する1,224,000円が「要介護度3から」介護手当を支給する市町村の最高額である。年間支給平均額は、90,355円と全国年間支給平均額をやや下回っている。その分布をみると、「6万円以上9万円未満」が40.5％（60市町村）を占め、最も多く、次に「6万円未満」が23.6％（35市町村）と多く分布している。それから、「9万円以上12万円未満」が14.9％（22市町村）、「12万円以上15万円未満」が12.8％（19市町村）、「15万円以上」が8.1％（12市町村）の順で多く分布している。「要介護度3」から支給する市町村も「要介護度2から」支給する市町村と同様に約3分の2が年間9万円未満を支給している。

　次に、全体の支給要介護度において最もその分布率が高い「要介護度4・5から」支給する市町村では、山形県の西川町と山梨県の昭和町、奈良県の葛城市、沖縄県の沖縄市と八重瀬町が支給する10,000円が最低額である。沖縄市では要介護者を対象に支給しているが、それ以外の市町村では家族介護者を対象にしている。それに対し、最高額は、京都府の南丹市と高知県の本山町が家族介護者に支給する360,000円である。そして、年間支給平均額

は、95,648 円と全国年間支給平均額をやや上回っている。その分布をみる
と、「9 万円以上 12 万円未満」が全体の 63.0％（405 市町村）を占め、最も
多く、次に「6 万円以上 9 万円未満」が 19.1％（123 市町村）と多い。続い
て「12 万円以上 15 万円未満」が 7.5％（48 市町村）、「6 万円未満」が 6.4％（41
市町村）、「15 万円以上」が 4.0％（26 市町村）の順で多く分布している。「要
介護度 4・5 から」支給する市町村では、他の支給要介護度よりも「9 万円
以上 12 万円未満」の分布率が高くあらわれている。

　最後に、介護保険制度の要介護度認定に従わず、市町村の単独判断によっ
て介護手当を支給する市町村の年間支給平均額をみると、最低額は徳島県の
阿南市が支給する 6,000 円であり、最高額は石川県の川北町が支給する
600,000 円である。そして、年間支給平均額は 85,598 円と全国年間支給平均
額を下回っている。その分布をみると、「6 万円以上 9 万円未満」が全体の
40.1％（61 市町村）を占め、最も多く、次に「6 万円未満」が 24.3％（37 市
町村）と多い。続いて「12 万円未満 15 万円未満」が 17.8％（27 市町村）、「15
万円以上」が 9.9％（15 市町村）、「9 万円以上 12 万円未満」が 7.9％（12 市
町村）の順で多く分布している。いいかえると、市町村の「単独判断」に
よって介護手当を支給する市町村では、約 3 分の 2 が年間 9 万円未満を支給
している。

　こうした支給要介護度別年間支給平均額の状況を年間支給平均額別にみる
と、「6 万円未満」と「15 万円以上」を支給する市町村では、他の支給要介
護度よりも「要介護度 2 から」支給する市町村の分布率が高い傾向を示して
おり、「6 万円以上 9 万円未満」を支給する市町村では、「要介護度 1 から」
支給する市町村の分布率が高い傾向を示している。そして、「9 万円以上 12
万円未満」では「要介護度 4・5 から」、「12 万円以上 15 万円未満」では「単
独判断」で介護手当を支給する市町村の分布率が他の支給要介護度に比べて
高い傾向を示している。

　そして、支給要介護度別年間支給平均額の高い順でみると、「要介護度 2

から」が最も高く、次に「要介護度4・5から」である。次いで「要介護度3から」、「単独判断」、「要介護度1から」、「要支援から」の順である。しかし、年間支給平均額の分布（「単独判断」を除く）をみると、支給要介護度が重くなればなるほど、年間支給平均額の分布の平均値も高くなる傾向を示している。つまり、軽度の要介護度から介護手当を支給する市町村ほど年間支給平均額が低く、重度の要介護度から介護手当を支給する市町村ほど年間支給平均額が高くなる傾向を示している。こうした傾向は、支給要介護度を軽・中・重の3つに分けてみると、より明確であり、統計的にも有意とあらわれている（F値11.063、p < .001）。

(4)　支給条件からみた年間支給平均額の支給状況とその違い

　支給条件からみた年間支給平均額の支給状況とその違いは、表4-14のようである。支給条件別年間支給平均額の状況をみると、まず、支給条件を設けず（「条件なし」）、介護手当を支給する市町村では、山形県の西川町が「ねたきり老人及び重度障害者介護者激励金」という名称で要介護度4・5を介護する家族介護者に支給している10,000円が最低額である。それに対し、最高額は、石川県の川北町が家族介護者の福祉向上を目的に支給する600,000円である。そして、年間支給平均額は、100,148円と全国年間支給平均額を上回っている。その分布をみると、「6万円以上9万円未満」が29.0%（27市町村）と最も多く、次に「9万以上12万円未満」が25.8%（24市町村）と多く分布している。それから、「12万円以上15万円未満」が17.2%（16市町村）、「6万円未満」が16.1%（15市町村）の順であり、最も低く分布しているのは11.8%（11市町村）を占めている「15万円未満」である。支給「条件なし」の市町村では、6万円以上12万円未満の間を支給する市町村が約5割以上を占めているが、他の支給目的に比べると、15万円以上の分布率は高い方である。

　次に、「年齢制限のみ」を支給条件としている市町村では、徳島県の阿南市が支給する 6,000 円が最低額であり、最高額は、高知県の本山町が 65 歳以上の要介護者を介護する家族に支給する 360,000 円である。そして、年間支給平均額は、91,060 円と全国年間支給平均額をやや下回っている。その分布をみると、「6 万未満」と「6 万円以上 9 万円未満」がおのおの 28.1%（25 市町村）ずつを占め、最も多く、次に「12 万円以上 15 万円未満」が 21.3%（19 市町村）と多い。続いて、「15 万円以上」が 12.4%（11 市町村）、「9 万

●表 4-14　支給条件からみた年間支給平均額の支給状況と違い

N=971（%、円）

支給条件 （制限）	年間支給平均額（万円）					最低額	最高額	平均額	平均値	標準 偏差	F/ t 値	P
	6 未満	6 以上 9 未満	9 以上 12 未満	12 以上 15 未満	15 以上							
条件なし	15 (16.1)	27 (29.0)	24 (25.8)	16 (17.2)	11 (11.8)	10,000	600,000	100,148	2.80	1.247		BC
年齢のみ	25 (28.1)	25 (28.1)	9 (10.1)	19 (21.3)	11 (12.4)	6,000	360,000	91,060	2.62	1.410		AB
居住のみ	20 (32.8)	20 (32.8)	8 (13.1)	4 (6.6)	9 (14.8)	24,000	1,224,000	103,934	2.38	1.392		A
年齢・ 居住	29 (29.0)	35 (35.0)	12 (12.0)	17 (17.0)	7 (7.0)	10,000	396,000	80,572	2.38	1.262	5.488***	A
所得のみ	13 (4.3)	35 (11.7)	222 (74.0)	21 (7.0)	9 (3.0)	10,000	360,000	97,355	2.93	.690		C
所得・ 年齢	6 (4.7)	59 (45.7)	50 (38.8)	9 (7.0)	5 (3.9)	10,000	240,000	87,824	2.60	.843		AB
所得・ 居住	5 (5.0)	19 (19.0)	70 (70.0)	4 (4.0)	2 (2.0)	24,000	200,000	93,925	2.79	.686		BC
所得・年 齢・居住	9 (9.1)	35 (35.4)	47 (47.5)	6 (6.1)	2 (2.0)	20,000	180,000	87,256	2.57	.823		AB
所得制限 なし	89 (25.9)	107 (31.2)	53 (15.5)	56 (16.3)	38 (11.1)	6,000	1,224,000	92,756	2.55	1.328	-3.379***	・
所得制限 あり	33 (5.3)	148 (23.6)	389 (61.9)	40 (6.4)	18 (2.9)	10,000	360,000	93,259	2.78	.759		

*** p<.001

円以上 12 万円未満」が 10.1％（9 市町村）の順で多く分布している。つまり、「年齢」制限のみを支給条件とする市町村では、約 5 割以上が年間 9 万円未満の支給額を支給している。

　次いで、「居住制限のみ」を支給条件とする市町村では、愛知県の三好町が「ねたきり等介護手当」という名称で、要介護度 3 以上の要介護者を介護する家族に支給する 24,000 円が最低額である。一方、最高額は、秋田県の上小阿仁村の 1,224,000 円である。そして、年間支給平均額は、103,934 円と全国年間支給平均額を上回っている。その分布をみると、「6 万円未満」と「6 万円以上 9 万円未満」がそれぞれ 32.8％（20 市町村）ずつと最も多く、次に「15 万円以上」が 14.8％（9 市町村）と多く分布している。続いて、「9 万円以上 12 万円未満」が 13.1％（8 市町村）、「12 万円以上 15 万円未満」が 6.6％（4 市町村）の順で多く分布している。つまり、「居住」制限のみを支給条件とする市町村の約 3 分の 2 が年間 9 万円未満を支給している。

　そして、「年齢制限のみ」とか「居住制限のみ」とかという 2 つを支給条件とする市町村では、鹿児島県の垂水市の 10,000 円が最低額である。垂水市では、長谷川式と問題行動尺度等を用いて点数と介護時間を概算し、それにそって 2 時間の介護を要する要介護者を介護する家族に支給している。一方、最高額は、埼玉県のときがわ町が支給する 396,000 円である。そして、年間支給平均額は 80,572 円と全国年間支給平均額を下回っている。その分布をみると、「6 万円以上 9 万円未満」が全体の 35.0％（35 市町村）を占め、最も多く、次に「6 万円未満」が 29.0％（29 市町村）と多い。それから「12 万円以上 15 万円未満」が 17.0％（17 市町村）、「9 万円以上 12 万円未満」が 12.0％（12 市町村）、「15 万円以上」が 7.0％（7 市町村）の順で多く分布している。「年齢・居住制限」を支給条件とする市町村は、「居住制限のみ」を支給条件とする市町村と同様に、年間 9 万円未満を支給する市町村が約 3 分の 2 を占めている。

　次に、支給条件として所得制限を設けている市町村の年間支給額をみる

225

と、まず、「所得制限のみ」を支給条件とする市町村においては、奈良県の葛城市と岡山県の高梁市が家族に支給する 10,000 円が最低額である。しかし、葛城市では要介護度 4、高梁市では要介護度 3 の家族介護者を対象にしているが、所得制限なしで支給している。それにもかかわらず、「所得制限のみ」を市町村として取り上げたのは、2 市が所得制限なしで支給する介護手当と、所得制限を設けて支給する介護手当の 2 つの給付体系をもっているからである。厳密にいうと、一部所得制限ありになるが、本調査では支給条件の分類上、一部所得制限を所得制限と取り扱ったため、2 市の年間支給額 10,000 円を最低額としたわけである。一部所得制限を除くと、青森県の青森市と山形県の東根市、新潟県の見附市が支給する 20,000 円が最低額となる。一方、最高額は、京都府の南丹市が「介護慰労金」という名称で家族介護者に支給する 360,000 円である。そして、年間支給平均額は 97,355 円と全国年間支給平均額をやや上回っている。その支給分布をみると、「9 万円以上 12 万円未満」が全体の 74.0%（222 市町村）を占め、最も多く、次に「6 万以上 9 万未満」が 11.7%（35 市町村）と多く分布している。続いて「12 万以上 15 万円未満」7.0%（21 市町村）、「6 万円未満」が 4.3%（13 市町村）の順で多く分布しており、最も低く分布しているのは全体の 3.0%（9 市町村）を占めている「15 万円以上」である。すなわち、「所得制限のみ」を支給条件とする市町村では、約 4 分の 3 が年間「9 万円以上 12 万円未満」を支給しており、この分布率は他の支給条件を設けている市町村に比べても高い。

　次いで、「所得制限」に「年齢制限」を加えて支給条件を設けている市町村では、沖縄県の八重瀬町が 65 歳以上の要介護者に支給する 10,000 円が最低額である。一方、最高額は福岡県の筑紫野市が「在宅ねたきり老人等介護手当」という名称で、要介護度 4・5 の 65 歳以上の要介護者を介護する家族の介護負担軽減を目的に支給する 240,000 円である。そして、年間支給平均額は 87,824 円と全国年間支給平均額をやや下回っている。その支給額の分布をみると、「6 万円以上 9 万円未満」が全体の 45.7%（59 市町村）を占め、

最も多く、次に「9 万円以上 12 万円未満」が 38.8％（50 市町村）と多い。
それから「12 万円以上 15 万円未満」が 7.0％（9 市町村）、「6 万円未満」が
4.7％（6 市町村）、「15 万円以上」が 3.9％（5 市町村）の順で多く分布して
いる。つまり、「所得・年齢制限」を支給条件とする市町村の約半分近くが
年間「6 万円以上 9 万円未満」を支給しており、約 8 割以上が 6 万円以上 12
万円未満の間を支給している。

　そして、「所得・年齢制限」を支給条件とする市町村では、埼玉県の北本
市と静岡県の下田市が支給する 24,000 円が最低額である。北本市では、「在
宅重度心身障害者及び重度要介護者等介護者手当」という名称で、下田市で
は「在宅ねたきり等介護手当」という名称で支給しており、2 市は、要介護
度 4・5 の家族介護者を対象にしている。しかし、2 市とも（一部所得制限）
に所得制限なしで支給する給付体系と所得制限ありの給付体系の 2 つの給付
体系をもっており、上記の最低額は所得制限なしで支給する額である。ここ
で取り上げた理由については、上記の「所得制限のみ」で述べたことと同様
である。一部所得制限を除くと、北海道の網走市が要介護度 3 を介護する家
族に支給する 25,000 円である。一方、最高額は、熊本県の芦北町が「家族
介護慰労金」という名称で、要介護度 4・5 の家族介護者に支給する 200,000
円である。そして、年間支給平均額は 93,925 円と全国年間支給平均額をや
や上回っている。その支給額の分布をみると、「9 万円以上 12 万円未満」が
全体の 70.0％（70 市町村）を占め、最も多く、次に「6 万円以上 9 万円未満」
が 19.0％（19 市町村）と多い。続いて「6 万円未満」が 5.0％（5 市町村）、「12
万円以上 15 万円未満」が 4.0％（4 市町村）、「15 万円以上」が 2.0％（2 市
町村）の順で多く分布している。要するに、「所得・居住」を支給条件とす
る市町村では、支給額が「9 万円以上 12 万円未満」に集中する傾向をみせ
ている。

　最後に、「所得・年齢・居住制限」すべてを支給条件とする市町村におい
て、最低額は、茨城県の坂東市（「家族介護慰労金」）と広島県の東広島市

（「家族介護慰労金」）が要介護度3以上の要介護者を介護する家族に支給する20,000円である。しかし、この2市の20,000円は所得制限なしで支給されている。一部所得制限ありの市町村を除くと、富山県の魚津市と長野県の飯島町が要介護度3の家族介護者に支給する24,000円である。一方、最高額は、北海道の当麻町が「ねたきり等介護手当」という名称で要介護度4・5の家族介護者に支給する180,000円である。そして、年間支給平均額は、87,256円と全国年間支給平均額を下回っている。その分布をみると、「9万円以上12万円未満」が全体の47.4％（47市町村）を占め、最も多く、次に「6万円以上9万円未満」が35.4％（35市町村）と多い。続いて「6万円未満」が9.1％（9市町村）、「12万円以上15万円未満」が6.1％（6市町村）、「15万円以上」が2.0％（2市町村）の順で多く分布している。すなわち、介護手当支給において「所得・年齢・居住制限」を設けている市町村の多くは、年間6万以上12万円未満の間を支給している。

　こうした支給条件別に年間支給平均額の状況を比較してみると、「6万円未満」と「15万円以上」を支給する市町村では、「居住制限のみ」を支給条件とする傾向があり、「6万円以上9万円未満」は「所得・年齢制限」を支給条件とする傾向が示されている。そして、「9万円以上12万円未満」は「所得制限のみ」を支給条件とする市町村の分布率が高い傾向をみせており、「12万円以上15万円未満」は「年齢制限のみ」を支給条件する分布率が他の支給状況よりも高い傾向をみせている。

　そして、年間支給平均額は、「居住制限のみ」を設けている市町村の年間支給平均額（103,934円）が最も高く、次に支給「条件なし」（100,148円）が高い。続いて「所得制限のみ」（97,355円）、「所得・居住制限」（93,925円）、「年齢制限のみ」（91,060円）、「所得・年齢制限」（87,824円）、「所得・年齢・居住制限」（87,256円）、「年齢・居住制限」（80,572円）の順で高くあらわれている。しかし、支給条件別年間支給額の市町村間の差をみると、最低額と最高額の差額が最も大きいのは、支給「条件なし」（60倍）と「年齢

制限のみ」（60 倍）であり、次に「居住制限のみ」（51 倍）である。それから「年齢・居住制限」（39.6 倍）、「所得制限のみ」（36 倍）、「所得・年齢制限」（24 倍）、「所得・年齢・居住制限」（9 倍）、「所得・居住制限」（8.1 倍）の順で大きくあらわれている。つまり、所得制限を設けていない市町村の方が所得制限を設けている市町村よりも支給額の偏差が大きくなっている。

　統計的にその違いをみると、年間支給平均額が最も高い「居住制限のみ」は、最も低い「年齢・居住制限」と統計的有意な違いがないとあらわれている。それだけではなく、「年齢制限のみ」や「所得・年齢制限」、「所得、年齢・居住制限」との違いもないと示されている。その反面、「条件なし」と「所得制限のみ」、「所得・居住制限」とは統計的有意な違いがあるとあらわれている。そして、「条件なし」と「所得・居住制限」は、「居住制限のみ」と「年齢・居住制限」以外の支給条件と違いがないとあらわれており、「所得制限のみ」は、「条件なし」と「所得・居住制限のみ」以外の支給条件とは統計的有意な違いがあると示されている（F 値 5.488、p ＜ .001）。

　このように、支給条件別年間支給平均額の違いを所得制限有無に分けてみると、「所得制限なし」は 92,756 円であるのに対し、「所得制限あり」は93,259 円と「所得制限なし」よりも高くあらわれている。その分布においても、所得制限を設けている（「所得制限あり」）市町村では、全体的に「9 万円以上 12 万円未満」の分布率が高い（61.9％）反面、所得制限を設けていない（「所得制限なし」）市町村では「9 万円以上 12 万円未満」以外のところの分布率が、所得制限を設けている市町村よりも高くあらわれている（t値 -3.379、p<.001）。すなわち、所得制限「なし」で支給される支給額よりも、所得制限「あり」で支給される支給額の方が高く、統計的にも有意である。しかし、所得制限有無による支給額の差額は、大きくない。

4. 介護手当の実施状況からみた市町村の財政状況とその違い

　介護手当の実施状況による各市町村の財政状況の違いは、財政力指数を用いて一元配置分散分析とクロス集計で行った。その結果、市町村の財政状況による支給事業と支給要介護度の違いは統計的に有意ではなかった。したがって、ここでは、統計的に有意な結果がでた変数のみを取り上げて分析を行った。そして、有意な変数は多重比較を通して、その違いを検証した。

（1）　介護手当実施率からみた財政力指数の状況とその違い

　市町村の財政力指数による介護手当の実施状況と違いは、表 4-15 のようである。まず、実施有無別の財政力指数をみると、介護手当を実施していない（「未実施」）市町村では、市町村の財政力指数「0.3 未満」が全体の35.3％（291 市町村）を占め、最も多く、次に「0.3 以上 0.5 未満」が 25.8％（213 市町村）と多く分布している。続いて「0.5 以上 0.7 未満」は 17.6％（145市町村）、「0.7 以上 0.9 未満」は 11.3％（93 市町村）、「0.9 以上」は 10.0％（82市町村）の順で多く分布しており、平均財政力指数は .48 である。要は、介護手当を実施していない市町村では、財政力指数が低ければ低いほど介護手当の「未実施」の分布率が高くなる傾向を示している。

　一方、介護手当を実施している市町村の財政分布をみると、「0.3 以上 0.5未満」が 24.0％（233 市町村）を占め、最も多く、次に「0.5 以上 0.7 未満」が 22.9％（222 市町村）と多い。それから「0.7 以上 0.9 未満」が 18.3％（178市町村）、「0.9 以上」が 17.5％（170 市町村）、「0.3 未満」が 17.3％の順で多く分布しており、その平均は .61 である。介護手当「実施」の市町村では、約半数の財政力指数が 0.3 以上 0.7 未満であり、「0.3 未満」が最も低くあらわれているが、財政力指数が高ければ高いほど介護手当の「実施」の分布率も高くなる傾向はみられていない。

●表4-15　介護手当実施率からみた財政力指数の状況とその違い

N = 1、975（%）

実施有無	財政力指数					平均財政力指数	平均値	標準偏差	t 値
	0.3未満	0.3以上0.5未満	0.5以上0.7未満	0.7以上0.9未満	0.9以上				
未実施	291 (35.3)	213 (25.8)	145 (17.6)	93 (11.3)	82 (10.0)	.48	2.35	1.326	9.478 **
実　施	168 (17.3)	233 (24.0)	222 (22.9)	178 (18.3)	170 (17.5)	.61	2.95	1.347	

** p<.01

　こうした介護手当実施有無別の財政力指数の状況を財政力指数別に比較してみると、財政力指数が「0.3未満」と「0.3以上0.5未満」では、「実施」よりも「未実施」の分布率の方が高いが、「0.5以上0.7未満」、「0.7以上0.9未満」、「0.9以上」では「未実施」よりも「実施」の分布率の方が高くあらわれている。つまり、市町村の財政力指数が0.5未満では、介護手当を実施する市町村よりも介護手当を実施しない市町村が多く、財政力指数が0.5以上では、その逆である。市町村の財政力指数による介護手当実施有無の違いは、統計的にも有意とあらわれている（t値9.478、p＜.01）。

(2)　支給対象からみた財政力指数の状況とその違い

　支給対象からみた各市町村の財政力指数の状況とその違いは、表4-16のようである。まず、支給対象別財政力指数をみると、「家族介護者」を支給対象とする市町村の財政力指数は、「0.3以上0.5未満」が24.8%（227市町村）を占め、最も多く、次に「0.5以上0.7未満」が23.1%（212市町村）と多い。続いて「0.3未満」と「0.7以上0.9未満」がおのおの17.7%（162市町村）ずつ、「0.9以上」が16.8%（154市町村）の順で多く分布しており、

●表 4-16　支給対象からみた財政力指数の状況とその違い

N＝971（％）

支給対象	財政力指数					平均財政力指数	平均値	標準偏差	F値	P
	0.3未満	0.3以上0.5未満	0.5以上0.7未満	0.7以上0.9未満	0.9以上					
家族介護者	162 (17.7)	227 (24.8)	212 (23.1)	162 (17.7)	154 (16.8)	.61	2.91	1.340		A
要介護者	5 (17.9)	3 (10.7)	5 (17.9)	7 (25.0)	8 (28.6)	.74	3.36	1.471	6.530**	AB
両方	1 (3.8)	3 (11.5)	5 (19.2)	9 (34.6)	8 (30.8)	.78	3.77	1.142		B

** p<.01

平均財政力指数は .61 である。すなわち、「家族介護者」を対象にしている市町村の約半分が 0.3 以上 0.7 未満の間に多く分布している。

　そして、「要介護者」を対象にしている市町村の財政力指数は、「0.9 以上」が 28.6％（8 市町村）を占め、最も多く、次に「0.7 以上 0.9 未満」が 25.0％（7 市町村）と多い。続いて「0.3 未満」と「0.5 以上 0.7 未満」がおのおの 17.9％（5 市町村）ずつ、「0.3 以上 0.5 未満」の順で多く分布しており、その平均は .74 である。「要介護者」を対象とする市町村では、財政力指数「0.3 未満」の分布率の方が「0.3 以上 0.5 未満」よりも高いとはえ、全般的に財政力指数が高ければ高いほど「要介護者」を対象にする傾向を示している。

　最後に、家族と要介護者「両方」ともを対象に介護手当を支給する市町村の財政力指数をみると、「0.7 以上 0.9 未満」が 34.6％（9 市町村）を占め、最も高く、次に「0.9 以上」が 30.8％（8 市町村）と多く分布している。それから「0.5 以上 0.7 未満」が 19.2％（5 市町村）、「0.3 以上 0.5 未満」が 11.5％（3 市町村）、「0.3 未満」が 3.8％（1 市町村）の順で多く、その平均は .78

である。「両方」とも対象にしている市町村では、全般的に財政力指数が高ければ高いほど「両方」とも対象に介護手当を支給する市町村の分布率が高い傾向を示している。

　こうした支給対象別の財政力指数の状況を財政力指数別にみると、財政力指数が「0.3未満」では、「要介護者」のみを対象にする市町村の分布率が高い傾向を示しているが、「0.3以上0.5未満」と「0.5以上0.7未満」では、「家族介護者」を対象にする市町村の分布率が高い傾向を示している。そして、「0.7以上0.9未満」と「0.9以上」では「両方」ともを対象にする傾向がある。しかし、支給対象別の財政力指数の平均をみると、「家族介護者」＞「要介護者」＞「両方」の順であり、その分布も同様である。財政力指数の平均と分布の平均からする、財政力指数が高い市町村では、家族と要介護者「両方」ともを対象にして介護手当を支給しているといえる。そして、「家族介護者」のみを対象にする市町村よりも、「要介護者」のみを対象にする市町村の財政力指数が高いといえる（F値6.530、p<.01）。

　ところが、多重比較してみた結果、.05有意水準で「家族介護者」のみと「要介護者」のみを対象とする市町村の間の財政力指数の違いはないと示されており、「要介護者」のみと「両方」を対象とする市町村間の財政力指数も違いがないとあらわれている。しかし、「家族介護者」のみと「両方」の間には違いがでている。つまり、「家族介護者」のみを対象にする市町村の財政力指数よりも「両方」を対象にする市町村の財政力指数の方が高いことが明らかにされたといえる。

(3)　支給目的からみた財政力指数の状況とその違い

　支給目的からみた各市町村の財政力指数の状況とその違いは、表4-17のようである。まず、支給目的別財政力指数をみると、「経済的負担軽減」を目的とする市町村の財政力指数は「0.5以上0.7未満」が30.9%（69市町村）

を占め、最も多く、次に「0.3 以上 0.5 未満」28.3％（64 市町村）と多い。
続いて「0.3 未満」が 15.0％（34 市町村）、「0.7 以上 0.9 未満」が 14.2％（32
市町村）、「0.9 以上」が 11.9％（27 市町村）の順で多く分布しており、その
平均は .56 である。つまり、「経済的負担軽減」を目的として介護手当を支
給する市町村の財政力指数は 0.3 以上 0.7 未満の間が約 6 割を占め、多く分
布している。

　次は、「心身負担軽減」を目的とする市町村の財政力指数をみると、全体
の 24.4％（11 市町村）を占めている「0.3 以上 0.5 未満」と「0.5 以上 0.7 未満」
が最も多く、次に「0.3 未満」と「0.9 以上」がそれぞれ 22.2％（10 市町村）
ずつと多い。そして、最も少ないのは 6.7％（3 市町村）を占めている「0.7
以上 0.9 未満」であり、その平均は .59 である。「心身負担軽減」を目的とす
る市町村では、財政力指数「0.7 以上 0.9 未満」の分布率が低くあらわれて
いるが、全般的にばらついている。

　次いで、「慰労」を目的とする市町村の財政力指数をみると、「0.3 以上 0.5
未満」が 22.9％（119 市町村）を占め、最も多く、次に「0.5 以上 0.7 未満」
が 21.4％（111 市町村）と多く分布している。それから「0.7 以上 0.9 未満」
が 20.0％（104 市町村）、「0.3 未満」が 18.7％（97 市町村）、「0.9 以上」が
17.0％（88 市町村）の順で多く分布しており、平均財政力指数は .61 である。
「慰労」を目的とする市町村の財政力指数は、ある財政力指数に偏ることな
く、全体的にばらついている。

　そして、「福祉向上・増進」を目的とする市町村の財政力指数は、「0.9 以
上」が 25.0％（43 市町村）を占め、最も多く、次に「0.7 以上 0.9 未満」が
22.7％（39 市町村）と多い。続いて「0.3 以上 0.5 未満」が 21.5％（37 市町村）、
「0.5 以上 0.7 未満」が 17.4％（30 市町村）、「0.3 未満」が 13.4％（23 市町村）
の順で多く分布しており、その平均は .70 である。「福祉向上・増進」を目
的とする市町村では、約半数近くが財政力指数 0.7 以上を示している。

　最後に、「その他」の目的をみると、「0.3 未満」が 44.4％（4 市町村）と

●表 4-17　支給目的からみた財政力指数の状況とその違い

N = 971（%）

支給目的	財政力指数					平均財政力指数	平均値	標準偏差	F 値	P
	0.3未満	0.3 以上0.5 未満	0.5 以上0.7 未満	0.7 以上0.9 未満	0.9以上					
経済的負担軽減	34 (15.0)	64 (28.3)	69 (30.5)	32 (14.2)	27 (11.9)	.56	2.80	1.212	3.403 **	AB
心身負担軽減	10 (22.2)	11 (24.4)	11 (24.4)	3 (6.7)	10 (22.2)	.59	2.82	1.451		AB
慰労	97 (18.7)	119 (22.9)	111 (21.4)	104 (20.0)	88 (17.0)	.61	2.94	1.362		AB
福祉向上・増進	23 (13.4)	37 (21.5)	30 (17.4)	39 (22.7)	43 (25.0)	.70	3.24	1.389		B
その他	4 (44.4)	2 (22.2)	1 (11.1)	・	2 (22.2)	.55	2.33	1.658		A

** p<.01

最も多く、次に「0.3 以上 0.5 未満」と「0.9 以上」がそれぞれ 22.2％（2 市町村）と多く、「0.5 以上 0.7 未満」が 11.1％（1 市町村）と最も少ない。その平均財政力指数は .55 である。

　こうした支給目的別財政力指数の状況を財政力指数別（「その他」を除く）にみると、財政力指数が「0.3 未満」では、「心身負担軽減」を目的とした市町村が他の支給目的に比べて高い分布率の傾向を示しており、「0.3 以上0.5 未満」と「0.5 以上 0.7 未満」では「経済的負担軽減」を目的とする市町村の分布率が高い傾向を示している。そして、「0.7 以上 0.9 未満」と「0.9 以上」では「福祉向上・増進」を目的とする市町村の分布率が他の支給目的よりも高い傾向を示している。そして、平均財政力指数と分布の平均値をみる

と、「経済的負担軽減」＞「心身負担軽減」＞「慰労」＞「福祉向上・増進」の順になっている。要するに、「経済的負担軽減」という目的は財政力指数が低い市町村で用いられる傾向があり、「福祉向上・増進」は財政力指数が高い市町村で用いられる傾向をみせている（F 値 3.403、p＜.01）。

しかし、Duncan 法を用いて多重比較をしてみると、「経済的負担軽減」と「福祉向上・増進」との財政力指数の違いはみられていない。それだけではなく、上記の 2 つの支給目的と「心身負担軽減」と「慰労」を目的とした市町村との財政力指数の違いもないとあらわれている。すなわち、「その他」を除いた支給目的間の財政力指数の違いがなく、統計的に有意である。財政力指数の違いが明確に示されたのは、「福祉増進・向上」と「その他」のみである。

（4）　年間支給平均額からみた財政力指数の状況とその違い

年間支給平均額からみた財政力指数の状況とその違いは、表 4-18 のようである。まず、年間支給平均額別財政力指数をみると、「6 万円未満」を支給する市町村の財政力指数は、「0.5 以上 0.7 未満」が 24.6％（30 市町村）と最も多く、「0.3 以上 0.5 未満」が 23.0％（28 市町村）と多い。続いて「0.7 以上 0.9 未満」が 20.5％（25 市町村）、「0.3 未満」が 16.4％（20 市町村）、「0.9 以上」が 15.6％（19 市町村）の順で多く分布しており、平均財政力指数は .62 である。

要するに、財政力指数が「0.3 未満」から「0.5 以上 0.7 未満」にかけては、財政力指数が高くなればなるほど「6 万円未満」を支給する市町村の分布率が高くなる傾向を示していたが、0.7 以上になると、低くなる傾向をみせている。特に、「0.5 以上 0.7 未満」を基準としてみたところ、0.7 以上よりも 0.5 未満の分布率の方が高い傾向を示している。

次に、「6 万円以上 9 万円未満」を支給する市町村では、「0.3 以上 0.5 未

●表 4-18　年間支給平均額からみた財政力指数の状況とその違い

N = 971（%）

年間支給平均額（万円）	財政力指数					平均財政力指数	平均値	標準偏差	F 値	P
	0.3 未満	0.3 以上 0.5 未満	0.5 以上 0.7 未満	0.7 以上 0.9 未満	0.9 以上					
6 未満	20 (16.4)	28 (23.0)	30 (24.6)	25 (20.5)	19 (15.6)	.62	2.96	1.314		B
6 以上 9 未満	40 (15.7)	63 (24.7)	53 (20.8)	54 (21.2)	45 (17.6)	.62	3.00	1.341		B
9 以上 12 未満	64 (14.5)	109 (24.7)	103 (23.3)	81 (18.3)	85 (19.2)	.63	3.03	1.335	4.083**	B
12 以上 15 未満	23 (24.0)	23 (24.0)	21 (21.9)	12 (12.5)	17 (17.7)	.57	2.76	1.412		B
15 以上	21 (37.5)	10 (17.9)	15 (26.8)	6 (10.7)	4 (7.1)	.50	2.32	1.281		A

** p<.01

満」が全体の 24.7％（63 市町村）を占め、最も多く、次に「0.7 以上 0.9 未満」が 21.2％（54 市町村）と多い。それから「0.5 以上 0.7 未満」は 20.8％（53 市町村）、「0.9 以上」は 17.6％（45 市町村）、「0.3 未満」は 15.7％（40 市町村）の順で多く分布しており、その平均は .62 である。「6 万円以上 9 万円未満」を支給する市町村の財政力指数は、0.3 以上 0.9 未満の間に多く分布している。

　そして、「9 万円以上 12 万円未満」を支給する市町村の財政力指数は、「0.3 以上 0.5 未満」が 24.7％（109 市町村）と最も多く、次に「0.5 以上 0.7 未満」が 23.3％（103 市町村）と多く分布している。続いて「0.9 以上」は 19.2％（85 市町村）、「0.7 以上 0.9 未満」は 18.3％（103 市町村）、「0.3 未満」14.5％（64 市町村）の順で多く分布しており、その平均は .63 である。つまり、「9 万円以上 12 万円未満」を支給する市町村の財政力指数は、0.3 以上 0.7

未満の間に多く分布している。

　次いで、「12 万円以上 15 万円未満」を支給する市町村の財政力指数は、「0.3 未満」と「0.3 以上 0.5 未満」がおのおの 24.0%（23 市町村）ずつと最も多く、次に「0.5 以上 0.7 未満」が 21.9%（21 市町村）と多く分布している。それから「0.9 以上」は 17.7%（17 市町村）、「0.7 以上 0.9 未満」が 12.5%（12 市町村）の順で多く分布しており、平均財政力指数は .57 である。つまり、おおよそ財政力指数が低くなるほど「12 万円以上 15 万円未満」を支給する市町村の分布率が高くなる傾向を示している。

　最後に、「15 万円以上」を支給する市町村では、「0.3 未満」が全体の 37.5%（21 市町村）を占め、最も多く、次に「0.5 以上 0.7 未満」が 26.8%（15 市町村）と多く分布してい。続いて「0.3 以上 0.5 未満」が 17.9%（10 市町村）、「0.7 以上 0.9 未満」が 10.7%（6 市町村）、「0.9 以上」が 7.1%（4 市町村）の順で分布しており、その平均は .0 である。「15 万円以上」を支給する市町村は、財政力指数「0.3 未満」の分布率が高い反面、「0.9 以上」は低くあらわれている。

　こうした年間支給平均額別財政力指数の状況を財政力指数別にみると、財政力指数「0.3 未満」と「0.5 以上 0.7 未満」では、「15 万円以上」を支給する市町村の分布率が他の年間支給平均額に比べて高い傾向を示しており、「0.3 以上 0.5 未満」では「6 万円以上 9 万円未満」と「9 万円以上 12 万円未満」が他の年間支給平均額よりも高くなっているが、その差は大きくない。そして、「0.7 以上 0.9 未満」では「6 万円以上 9 万円未満」の分布率が、「0.9 以上」では「9 万円以上 12 万円未満」の分布率が他の年間支給平均額よりも高い傾向を示している（F 値 4.083、p < .01）。

　しかし、多重比較してみると、年間支給平均額が 15 万円未満に支給される場合には、年間支給平均額の違いによる市町村の財政力指数の違いはないとあらわれているが、年間支給平均額が 15 万円未満と 15 万円以上では、財政力指数の違いがあると示されている。要は、15 万円未満よりも 15 万円以

上を支給する市町村の財政力指数が低いとあらわれている。

(5)　支給条件からみた財政力指数の状況とその違い

　支給条件からみた財政力指数の状況と違いは、表 4-19 のようである。ま
ず、支給条件別財政力指数をみると、支給「条件なし」で介護手当を支給す
る市町村の財政力指数は、「0.3 未満」が全体の 30.1％（28 市町村）を占め、
最も多く、次に「0.3 以上 0.5 未満」が 24.7％（23 市町村）と多い。それか
ら「0.5 以上 0.7 未満」が 21.5％（20 市町村）、「0.9 以上」が 16.1％（15 市町
村）、「0.7 以上 0.9 未満」が 7.5％（7 市町村）の順で多く分布しており、そ
の平均は .55 である。つまり、財政力指数が低いほど支給条件「なし」で支
給する市町村の分布率が高くなる傾向を示している。

　次に、「年齢制限のみ」を支給条件として介護手当を支給している市町村
の財政力指数は、「0.3 未満」が 24.7％（22 市町村）と最も多く、次に「0.3
以上 0.5 未満」が 23.6％（21 市町村）と多い。続いて「0.7 以上 0.9 未満」が
19.1％（17 市町村）、「0.5 以上 0.7 未満」が 18.0％（16 市町村）、「0.9 以上」
が 14.6％（13 市町村）の順で多く分布しており、その平均は .61 である。「年
齢制限のみ」を支給条件とする市町村は、支給「条件なし」と同様に、財政
力指数が低いほど「年齢」制限のみで市町村の分布率が高くなる傾向を示し
ている。

　そして、「居住制限のみ」を支給条件とする市町村の財政力指数は、「0.5
以上 0.7 未満」が全体の 24.6％（15 市町村）を占め、最も多く、次に「0.3
以上 0.5 未満」が 21.3％（13 市町村）と多い。それから「0.7 以上 0.9 未満」
が 19.7％（12 市町村）、「0.3 未満」が 19.7％（12 市町村）、「0.9 以上」が
14.8％（9 市町村）の順で多く分布しており、その平均は .59 である。要す
るに、財政力指数が「0.3 未満」から「0.5 以上 0.7 未満」にかけては、財政
力指数が高くなればなるほど「居住制限のみ」を支給条件とする市町村の分

●表4-19　支給条件からみた財政力指数の状況とその違い

N = 971（%）

支給条件（制限）	財政力指数					平均財政力指数	平均値	標準偏差	t /F値	P
	0.3未満	0.3以上0.5未満	0.5以上0.7未満	0.7以上0.9未満	0.9以上					
条件なし	28 (30.1)	23 (24.7)	20 (21.5)	7 (7.5)	15 (16.1)	.55	2.55	1.410		
年齢	22 (24.7)	21 (23.6)	16 (18.0)	17 (19.1)	13 (14.6)	.61	2.75	1.400		
居住	12 (19.7)	13 (21.3)	15 (24.6)	12 (19.7)	9 (14.8)	.59	2.89	1.343		
年齢・居住	10 (10.0)	21 (21.0)	20 (20.0)	24 (24.0)	25 (25.0)	.68	3.33	1.326	4.577 **	n.s
所得	55 (18.3)	86 (28.7)	69 (23.0)	48 (16.0)	42 (14.0)	.58	2.79	1.304		
所得・年齢	12 (9.3)	30 (23.3)	29 (22.5)	32 (24.8)	26 (20.2)	.66	3.23	1.272		
所得・居住	14 (14.0)	20 (20.0)	29 (29.0)	20 (20.0)	17 (17.0)	.62	3.06	1.286		
所得・年齢・居住	15 (15.2)	19 (19.2)	24 (24.2)	18 (18.2)	23 (23.2)	.66	3.15	1.380		

** p<.01

布率が高くなる傾向を示しているが、「0.7以上」になると、低くなる傾向をみせている。

　続いて、「年齢・居住制限」ともに支給条件とする市町村では、財政力指数「0.9以上」が全体の25.0％（25市町村）を占め、最も多く、次に「0.7以上0.9未満」が24.0％（24市町村）と多く分布している。それから「0.3以上0.5未満」が21.0％（21市町村）、「0.5以上0.7未満」が20.0％（20市町村）、

「0.3 未満」が 10.0 ％（10 市町村）の順で多く分布しており、平均財政力指数は .68 である。つまり、財政力指数が高くなればなるほど「年齢・居住」制限を設け、介護手当を支給する市町村の分布率も高くなる傾向を示している。

　以上は、所得制限を設けず、介護手当を支給する市町村の財政力指数の状況であり、次に所得制限を設けて介護手当を支給する市町村の財政力指数をみると、まず、「所得制限のみ」を支給条件とする市町村では、財政力指数「0.3 以上 0.5 未満」が 28.7 ％（86 市町村）と最も多く、次いで「0.5 以上 0.7 以上」が 23.0 ％（69 市町村）と多く分布している。それから「0.3 未満」が 18.3 ％（55 市町村）、「0.7 以上 0.9 未満」が 16.0 ％（48 市町村）、「0.9 以上」が 14.0 ％（42 市町村）の順で分布しており、その平均は .58 である。つまり、「所得制限のみ」を支給条件とする市町村は、財政力指数 0.3 以上 0.7 未満の間に多く分布している。

　そして、「所得・年齢制限」を支給条件とする市町村では、「0.7 以上 0.9 未満」が 24.8 ％（32 市町村）と最も多く、次に「0.3 以上 0.5 未満」が 23.3 ％（30 市町村）と多く分布している。続いて「0.5 以上 0.7 未満」が 22.5 ％（29 市町村）、「0.9 以上」が 20.2 ％（26 市町村）、「0.3 未満」が 9.3 ％（12 市町村）の順で多く分布しており、その平均は .66 である。つまり、「所得・年齢」を制限して介護手当を支給する市町村の財政力指数が、「0.3 未満」の分布は多くないが、0.3 以上では財政力指数にばらつきがでている。

　次いで、「所得・居住制限」を支給条件とする市町村の財政力指数は、「0.5 以上 0.7 未満」が 29.0 ％（29 市町村）と最も多く、次に「0.3 以上 0.5 未満」と「0.7 以上 0.9 未満」がそれぞれ 20.0 ％（20 市町村）ずつと多い。それから「0.9 以上」が 17.0 ％（17 市町村）、「0.3 未満」が 14.0 ％（14 市町村）と多く分布しており、平均財政力指数は .62 である。「所得・居住制限」を設けている市町村の財政力指数は、「居住制限のみ」を支給条件とする市町村の財政力指数と同様な傾向を示している。すなわち、「0.3未満」から「0.5

以上 0.7 未満」までは、財政力指数が高くなればなるほど「所得・居住制限」を支給条件とする市町村の分布率が高くなる傾向を示しているが、「0.7以上」になると、低くなる傾向をみせている。しかし、「居住制限のみ」と異なる点は、「居住制限のみ」は財政力指数が低いところの分布率が高い反面、「所得・居住制限」ではその逆の財政力指数が高いところの分布率が高くあらわれている。

最後に、「所得・年齢・居住制限」を支給条件とする市町村の財政力指数は、「0.5 以上 0.7 未満」が 24.2%（24 市町村）と最も多く分布しており、次に「0.9 以上」が 23.2%（23 市町村）と多い。それから「0.3 以上 0.5 未満」が 19.2%（19 市町村）、「0.7 以上 0.9 未満」が 18.2%（18 市町村）、「0.3 未満」が 15.2%（15 市町村）の順で分布しており、その平均は、.66 である。「所得・年齢・居住制限」の 3 つの支給条件を設けている市町村では、財政力指数「0.5 以上 0.7 未満」と「0.9 以上」に比較的多く分布している。

こうした支給条件別の財政力指数の状況を財政力別にみると、財政力指数が「0.3 未満」では、支給条件として「条件なし」に支給する市町村の分布率が他の支給条件に比べて高い傾向を示している。「0.3 以上 0.5 未満」では「所得制限のみ」を支給条件とする市町村の分布率が高くあらわれている。そして、「0.5 以上 0.7 未満」では「所得・居住制限」、「0.7 以上 0.9 未満」においては「所得・年齢」、「0.9 以上」になると「年齢・居住制限」を支給条件とする市町村の分布率が他の支給条件よりも高くあらわれている。このように、財政力指数別の支給条件の違いがでている（F 値 4.577、p<.01）。しかし、多重比較を通した統計的違いはあらわれていなかった。そして、所得制限有無による財政力指数の違いを t 検定で分析した結果、統計的に有意ではなかった。

第3節　考察

　本章の目的は、介護手当の実施状況を通して、自治体の政策意図や財政力が介護手当の支給状況にどのような影響を及ぼしているかを明らかにすることである。この目的を明らかにするため、①自治体の規模と支給目的からみた介護手当支給状況の違いと、②介護手当支給状況からみた年間支給平均額と市町村の財政力指数の違いという2つの課題を設定した。分析は、第3章の介護手当実態データを活用し、PASW Statistic 17.0 ver. を用いて分析した。主な分析方法は、頻度分析、クロス集計分析、一元配置分散分析を用いて行った。その分析の結果に対する考察と、そこから明らかになった課題は、以下のようである。

1. 自治体規模からみた介護手当支給状況の特徴と違い

　自治体規模からみた介護手当の支給状況の違いをみると、以下のようである。

　第1に、介護手当の実施率の違いである。自治体別介護手当の実施率は、「政令市」＞「特例市」＞「一般市」＞「中核市」＞「町」＞「村」の順で高くあらわれた。これを多重比較してみた結果、「政令市」や「中核市」、「特例市」、「一般市」との間には、統計的有意な実施率の違いがみられなかった。一方、「町」と「村」との間には、統計的有意な違いがみられており、「町」と「村」は、それぞれすべての自治体と統計的有意な違いがあることが明らかになった。つまり、「一般市」以上規模の市の間には、介護手当の実施率の違いがないが、「市」と「町」、そして「村」との間には、実施率に違いがあることが明らかになった。要するに、自治体別介護手当の実施率は、「政令市」・「中核市」・「特例市」・「一般市」＞「町」＞「村」の順であり、地域の規模が大きいほど実施率が高い傾向を示していることが明らか

になった。

　第2に、支給事業の違いである。「政令市」、「中核市」、「特例市」、「一般市」では、「自治体介護手当」よりも、「家族介護慰労金事業」として行われているところが多い反面、「町」と「村」では、「家族介護慰労金事業」よりも、「自治体介護手当」として行われているところが多かった。そして、「両方」は、「特例市」の方が「町」と「村」よりも、実施する分布率が低かったが、それ以外の市では、「町」と「村」よりも高く示された。いいかえると、自治体別介護手当の事業は、人口規模が大きい大都市ほど「家族介護慰労金事業」と「両方」を行っている傾向があり、人口規模が小さいほど「自治体介護手当」として介護手当を行っている傾向を示しているといえる。

　第3に、年間支給平均額の違いである。自治体別年間支給平均額は、「村」＞「町」＞「政令市」＞「中核市」＞「一般市」＞「特例市」の順で高くあられたが、その分布の平均値は、「政令市」＞「中核市」＞「町」＞「一般市」・「村」＞「特例市」の順で高く示された。これを多重比較してみた結果、「政令市」と「特例市」の間には、統計的有意な違いがみられたが、「政令市」は「特例市」以外の自治体、「特例市」は「政令市」以外の自治体とは統計的有意な違いが示されなかった。すなわち、「政令市」の年間支給平均額は、「特例市」よりも高いことと、「政令市」は「特例市」以外の自治体、「特例市」は「政令市」以外の自治体と年間支給平均額に違いがないことが明らかになった。言い換えれば、自治体の規模による年間支給平均額の違いはほとんどないといえる。

　第4に、支給条件の違いである。自治体別支給条件をみると、「政令市」では「所得制限のみ」と「所得・居住制限」、「中核市」や「一般市」、「町」、「村」では「所得制限のみ」、「特例市」は「所得・年齢制限」が他の支給条件に比べて多く分布していた。ところが、支給条件の分布率を自治体別に比較してみると、「政令市」では「所得・居住制限」、「中核市」では「所得制限のみ」、「特例市」では「所得・年齢制限」と「所得・年齢・居住

制限」、「町」では「条件なし」、「村」では「年齢制限のみ」と「居住制限のみ」、「年齢・居住制限」が他の自治体に比べて高く分布していることが明らかになった。

　こうした自治体別支給条件を所得制限有無からみると、「政令市」＞「中核市」＞「特例市」＞「一般市」＞「町」＞「村」の順で所得制限を多く設けていた。つまり、自治体の規模が大きいほど介護手当を支給するに際して所得制限を多く設けている傾向を示している。

　以上のことをまとめると、介護手当の実施率と「家族介護慰労金事業」は、自治体の規模が大きいほど実施率が高い傾向を示していることが明らかになった。一方で、年間支給平均額は、「政令市」と「特例市」の違い以外、自治体による違いはないことが明らかになった。そして、支給条件は、上記に述べたように自治体によって異なっており、特に、所得制限有無は、自治体の規模が大きいほど所得制限を設けている傾向があった。こうした結果から、自治体別介護手当の支給状況に違いがあることが検証されたといえる。

2.　支給目的からみた介護手当支給状況の特徴と違い

　支給目的からみた介護手当支給状況の違いをみると、以下のようである。
　第1に、支給対象の違いである。全体的に支給目的にかかわらず「家族介護者」のみを対象にする傾向が高くなっているが、「福祉向上・増進」を目的とする市町村では、他の支給目的（「その他」を除く）に比べて「要介護者」のみと「両方」を対象にしている分布率が高くあらわれた。
　第2に、支給事業の違いである。「経済的負担軽減」と「慰労」を目的とする場合は、「自治体介護手当」よりも、「家族介護慰労金事業」が多くなっている。「心身負担軽減」と「福祉向上・増進」、「その他」を目的とする場

合は、「家族介護慰労金事業」よりも「自治体介護手当」の方で多く行われる傾向があった。特に、「福祉向上・増進」と「その他」を目的とする市町村の7割以上が「自治体介護手当」を実施している。そして、「両方」は、「経済的負担軽減」を支給目的とする市町村の方が他の支給目的よりも分布率が高くなっている。

　第3に、年間支給平均額の違いである。支給目的別に年間支給平均額は、「その他」＞「経済的負担軽減」＞「心身負担軽減」＞「慰労」＞「福祉向上・増進」の順で高くあらわれた。しかし、これを多重比較してみた結果、「その他」を除くと、各支給目的別年間支給平均額には、統計的有意な違いがみられなかった。ところが、「経済的負担軽減」と「経済的負担軽減以外」の支給目的に分けてt検定で分析した結果、年間支給平均額は「経済的負担軽減」が「経済的負担軽減以外」の支給目的よりも高く、統計的に有意であった。つまり、「経済的負担軽減」を支給目的とする市町村の方が、「経済的負担軽減以外」を支給目的とする市町村よりも、支給対象に年間支給平均額を高く支給していることが明らかになった。

　第4に、支給条件の違いである。支給目的別支給条件をみると、「経済的負担軽減」と「心身負担軽減」、「慰労」では「所得制限のみ」が分布率が高く、「福祉向上・増進」と「その他」では「所得・年齢制限」が他の支給条件よりも分布率が高く示された。ところが、支給条件の分布率を比較（「その他」を除く）してみると、「経済的負担軽減」という支給目的には「所得制限のみ」と「所得・居住制限」という支給条件が他の支給目的よりも高くあらわれている。「慰労」は「条件なし」と「居住制限のみ」、「福祉向上・増進」は「年齢制限のみ」と「年齢・居住制限」、「所得・年齢制限」、「所得・年齢・居住制限」が他の支給目的よりも高くあらわれた。この結果をみると、特に「福祉向上・増進」は、他の支給目的よりも年齢制限を多く設けていることがわかる。

　こうした結果をふまえて、支給目的は「経済的負担軽減」と「経済的負担

軽減以外」、支給条件は「所得制限あり」と「所得制限なし」に再構成して
ｔ検定で分析した結果、「経済的負担軽減」が「経済的負担軽減以外」の支
給目的よりも、「所得制限あり」が多くみられており、それは統計的有意な
違いであった。

　第５に、支給要介護度の違いである。「経済的負担軽減」や「心身負担軽
減」、「慰労」、「福祉向上・増進」では、「要介護度４・５から」介護手当を支
給する市町村の分布率が高く、なかでも、「経済的負担軽減」を目的とする
市町村の８割以上を占めている。しかし、「その他」を目的とする市町村で
は、「要介護度４・５から」よりも「要介護度３から」介護手当を支給する市
町村の分布率の方が高くあらわれた。一方で、「単独判断」は、「福祉向上・
増進」が他の目的に比べて分布率が高く示された。

　支給要介護度を多重比較してみると、「経済的負担軽減」と「慰労」は、
「その他」とは統計的有意な違いがみられたが、それ以外の支給目的とは統
計的有意な違いがみられなかった。そして、「心身負担軽減」は、「福祉向
上・増進」と「その他」の支給目的とは統計的有意な違いが示されたが、そ
れ以外の支給目的とは統計的有意な違いがあらわれなかった。また、「その
他」は、「心身負担軽減」とは統計的有意な違いが示されなかったが、他の
支給目的とは統計的有意な違いがみられた。

　以上のことをまとめると、支給対象においては、他の支給目的に比べて
「福祉向上・増進」を支給目的とする市町村が「要介護者」と「両方」を対
象にする分布率が高く、支給事業においては、「経済的負担軽減」と「慰
労」が「家族介護慰労金事業」を多く行う傾向を示していた。それに対し、
「心身負担軽減」と「福祉向上・増進」、「その他」は「自治体介護手当」を
行う傾向があり、「両方」は、他の支給目的よりも「経済的負担軽減」を支
給目的とする市町村の分布率が高いことが明らかになった。そして、年間支
給平均額は、「その他」を除いた支給目的間の統計的有意な違いがなかった

が、「経済的負担軽減」と「経済的負担軽減以外」の支給目的に分けてみると、「経済的負担軽減」の方が「経済的負担軽減以外」の支給目的よりも高いことが明らかにされた。支給条件は、上記で述べたように支給目的によって支給条件も多岐であったが、特に「福祉向上・増進」を支給目的とする市町村では年齢制限を多く設けていることが明らかにされた。また、「経済的負担軽減」は、「経済的負担軽減以外」の支給目的よりも所得制限を設けている市町村が多いことが明らかになった。支給要介護度においては、「その他」を除くと、「心身負担軽減」と「福祉向上・増進」の間のみに統計的有意な違いがあることが明らかになった。そして、「単独判断」は、他の支給目的の分布率よりも「福祉向上・増進」の方が高いことが明らかにされた。こうした結果から、自治体別介護手当の支給状況に違いがあることが検証されたといえる。

3.　介護手当支給状況からみた年間支給平均額の特徴と違い

　介護手当の支給状況からみた年間支給平均額の違いをみると、次のようである。

　第1に、支給対象の違いである。年間支給平均額は「家族介護者」＞「両方」＞「要介護者」の順で高くあらわれているが、これを多重比較してみた結果、「要介護者」と「両方」との間には統計的有意な違いがないとあらわれた。その反面、「家族介護者」の年間支給平均額は、「要介護者」と「両方」の年間支給平均額と統計的に有意な違いがあると示された。この結果によって、統計的に「家族介護者」のみを対象にしている市町村の方が、「要介護者」、あるいは「両方」を対象にしている市町村よりも年間支給平均額を高く設けていることが明らかになった。

　第2に、介護手当の事業の違いである。介護手当の事業は「家族介護慰労金事業」＞「自治体介護手当」＞「両方」の順で年間支給平均額が高くあら

われている。これを多重比較をしてみても、それぞれの事業間において統計的有意な違いがあると示された。つまり、「家族介護慰労金事業」を行っている市町村の方が「自治体介護手当」を行っている市町村よりも高い年間支給平均額を支給している。言い換えれば、「自治体介護手当」は、年間12万円以上の支給する市町村の分布率が「家族介護慰労金事業」よりも高かった。それにもかかわらず、「家族介護慰労金事業」よりも平均額が低くあらわれたのは、「自治体介護手当」を支給する市町村では、12万円以上よりも9万未満を支給する市町村の分布率の方が高かったからである。その結果、「自治体介護手当」の全体の平均額が「家族介護慰労金事業」よりも低くあらわれたわけであり、統計的に有意であった。

　第3に、支給条件の違いである。年間支給平均額別支給条件の違いを多重比較してみた結果、「条件なし」は、「居住制限のみ」と「年齢・居住制限」を支給条件とする市町村の年間支給平均額とは統計的有意な違いがあるとあらわれたが、それ以外の支給条件とする市町村の年間支給平均額と統計的有意な違いがあらわれなかった。つまり、支給条件を設けず介護手当を支給する市町村は、「居住制限のみ」と「年齢・居住制限」を支給条件とする市町村よりも高い年間支給平均額が支給しているが、それ以外の支給条件を設けている市町村とは年間支給平均額に違いがないと示された。そして、「年齢制限のみ」は、「所得制限のみ」とは統計的有意な違いがあるとあらわれたが、それ以外の支給条件とは統計的有意な違いが示されなかった。いいかえると、「年齢制限のみ」を支給条件とする市町村は、「所得制限のみ」を支給条件とする市町村よりも低い年間支給平均額を支給しているが、それ以外の支給条件とする市町村との年間支給平均額の差額がないとあらわれた。

　次いで、「居住制限のみ」と「年齢・居住制限」は、「条件なし」と「所得制限のみ」、「所得・居住制限」とは統計的有意な違いがみられたが、それ以外の支給条件とは統計的有意な違いがないと示された。すなわち、「居住制限のみ」と「年齢・居住制限」を支給条件とする市町村は、「条件なし」と

「所得制限のみ」、「所得・居住制限」を支給条件とする市町村よりも低い年間支給平均額を支給しているが、それ以外の支給条件とする市町村の年間支給平均額との違いはみられなかった。続いて、「所得・年齢制限」と「所得・年齢・居住制限」は、「所得制限のみ」以外のすべての支給条件とは統計的有意な違いがないとあらわれた。つまり、「所得制限のみ」が統計的有意な違いがみられており、「所得・年齢制限」と「所得・年齢・居住制限」は、「所得制限のみ」よりも低い年間支給平均額を支給していることが明らかになった。

こうした違いを所得制限有無に分けて、ｔ検定で分析した結果、統計的有意な違いがみられた。要するに、所得制限を設けず支給する市町村よりも、所得制限を設けて支給する市町村の方が年間支給平均額を高く支給している。

以上のように、支給条件によって支給される年間支給平均額は統計的に有意な違いがあることが明らかになり、特に、所得制限有無による違いがより明確であった。とはいえ、各市町村が設けている支給条件の種類による違いはみられなかった。

第4に、支給要介護度の違いである。支給要介護度を「軽症」、「中症」、「重症」の3つに再分類すると、年間支給平均額が「重症」＞「中症」＞「軽症」の順で高くあらわれた。これを一元配置分散分析を行い、多重比較した結果、年間支給平均額において「軽症」は、「中症」と統計的有意な違いがみられなかった。しかし、「重症」は、「軽症」と「中症」のおのおのと統計的有意な違いがあると示された。この結果に基づいて年間支給平均額が高い順で並び替えると、「重症」＞「中症」＝「軽症」の図式になる。つまり、年間支給平均額は、要介護者の要介護度が「軽症」と「中症」から介護手当を支給する市町村よりも、「重症」から介護手当を支給する市町村の方が高く支給されており、統計的に有意であった。

以上のことをまとめると、年間支給平均額は、「要介護者」を対象とする

方よりも「家族介護者」を対象とするの方が高く、そして「自治体介護手当」よりも「家族介護慰労金事業」の方が高いことが明らかになった。そして、支給条件においては、「所得制限なし」よりも、「所得制限あり」の方が、支給要介護度においては、「軽症」と「中症」よりも、「重症」の方が高く支給されていることが明らかになり、介護手当支給状況による年間支給平均額の違いがあることが検証された。

4. 介護手当支給状況からみた市町村の財政力指数の特徴と違い

　介護手当支給状況からみた市町村の財政力指数の違いをみると、以下のようである。

　第1に、実施率の違いである。市町村の財政力指数別介護手当の実施状況をみると、財政力指数が「0.3未満」の市町村を除いた、0.3以上の市町村では、介護手当を実施しない市町村よりも、介護手当を実施する市町村の方が多かった。これらの結果をt検定で分析した結果、介護手当を実施する市町村の財政力指数の方が、実施しない市町村の財政力指数よりも高く、統計的に有意とでた。つまり、財政力指数が低ければ低いほど介護手当を実施しない市町村が多いということである。この結果によって、介護手当の実施は市町村の財政力指数と関連性のあることが明らかになった。

　第2に、支給対象の違いである。支給対象別市町村の財政力指数は、「両方」＞「要介護者」＞「家族介護者」の順であらわれた。しかし、これを多重比較してみた結果、.05の有意水準で「家族介護者」と「要介護者」、そして「要介護者」と「両方」を対象とする市町村の間には、統計的有意な財政力指数の違いが示されなかった。「家族介護者」と「両方」との間には、統計的有意な財政力指数の違いがあらわれた。要するに、市町村の財政力指数が高いほど、家族介護者と要介護者の「両方」を支給対象にしており、財政力指数が低いほど、「家族介護者」のみを支給対象とすることが明らかに

なった。このことから、市町村の財政力指数による支給対象の違いが検証された。

　第3に、支給目的の違いである。支給目的別市町村の財政力指数は、「福祉向上・増進」＞「慰労」＞「心身負担軽減」＞「経済的負担軽減」＞「その他」の順で高くあらわれた。これを多重比較してみると、「福祉向上・増進」と「その他」の間には、統計的有意な財政力指数の違いが示された。しかし、この結果を除いた各支給目的間の財政力指数は、統計的有意な違いが示されなかった。この結果からすると、市町村の財政力指数による支給目的の違いが部分的に認められたといえる。

　第4に、年間支給平均額の違いである。年間支給平均額別市町村の財政力指数は、「9万円以上12万円未満」＞「6万円以上9万円未満」＞「6万円未満」＞「12万円以上15万円未満」＞「15万円以上」の順で高くあらわれた。これを多重比較してみた結果、年間支給平均額が「15万円以上」では、他の年間支給平均額と統計的有意な財政力指数の違いがみられた。しかし、年間支給平均額が15万円未満において、年間支給平均額による市町村の財政力指数は統計的有意な違いがみられなかった。すなわち、財政力指数は15万円未満よりも15万円以上を支給する市町村の方が低いことが明らかになった。

　第5に、支給条件別市町村の財政力指数は、統計的有意な違いがみられなかった。

　以上のように、市町村の財政力指数による介護手当の支給状況をみた結果、市町村の財政力指数によって市町村の介護手当の実施率と支給対象の違いがあることが明らかになった。しかし、支給目的と年間支給平均額は、各変数間の違いがほとんどみられることなく、部分的、つまり、支給目的では「福祉向上・増進」と「その他」、年間支給平均額では、15万円未満と15万円以上の間だけに統計的有意な違いがあることが明らかになった。そして、

支給条件は、統計的有意な違いがないことが明らかになった。

第4節　日本における介護手当の課題

1. 任意（単独）事業としての介護手当の課題

　日本における介護手当は、1969年静岡県吉田町が単独事業として家族介護者に介護手当を支給したのが初めである。しかし、それから約40年経ったいまでも法制化されず、自治体の任意事業として行っている。任意事業としての介護手当が抱えている課題を自治体間の公平性の観点から、以下の3点を指摘する。

（1）　介護手当受給機会の不平等

　2009年12月末現在、全国1,975市町村のうち、介護手当を実施している市町村は、全体の54.1％の971市町村で行われている。この実施率は、介護手当の実施率がピークを迎えた1995年以来、最も低い。しかし、介護手当の法律上の性格が市町村の任意事業である点からすると、半数以上の市町村で実施されていることは評価に値する。そして、介護手当を実施している市町村においては、介護手当が受給できるか、否かはともかく、在宅で要介護者を介護するすべての家族介護者に、介護手当が受給できる機会が与えられている。

　ところが、それを逆に考えてみると、介護手当を実施していない45.9％の824市町村で介護を行っている家族介護者は、介護手当を受ける受給資格すら与えられていないことになる。つまり、市町村の介護手当実施有無が家族介護者の介護手当受給機会を左右し、自治体間介護手当の受給機会の不平等をもたらしているといえる。それが、本章の分析によって明らかになったよ

うに、市町村の財政状況によるものだとすれば、なおさら、任意事業として介護手当の問題を指摘せざるを得ないであろう。

（2）　地域間に異なる年間支給額

　介護手当の受給において地域間の公平性の問題は、介護手当の実施有無だけではなく、年間支給額においても生じている。

　本調査の結果によると、介護サービスの未整備を補うため、特定地域のみを認めた家族ヘルパー制度があるのは、日本全国において1市町村のみであった。このことからすると、次のようなことが考えられる。介護保険制度施行後、日本全国ほとんどの地域においても同じような介護サービスを受けることができるようになった。そして、地域にかかわらず、要介護度による介護保険給付額と自己負担率が均一になっていることから、家族介護者は社会的に同じような介護環境と条件のもとで、介護を行っている。それによる家族介護者の経済的一定の損失は、どの地域においても同じように生じているということである。

　しかし、本調査で明らかになったように、介護手当として各市町村が家族介護者、あるいは要介護者に支給する年間支給額は、最低6,000円から最高1,224,000円まで市町村によって大きく異なる。同じ支給目的であっても最低額と最高額が市町村によって最小12倍から最大100倍までの差額が生じている。特に、経済的負担軽減を目的としている市町村においても年間支給平均額は最低10,000円から最高396,000円まで、市町村によって約40倍の格差があった。また、同じ支給条件においても最低額と最高額が市町村によって最小9倍から最大60倍の格差であった。

　同じような介護環境と条件のもとで介護を行い、それによって家族介護者の経済的損失がどの地域においても生じているならば、給付額の多寡はともかく、せめて家族介護者、あるいは要介護者がどの地域に住んでいても同じ

給付額を受けるようにすべきである。それが地域によって異なることは、地域間の公平性を阻害する要因につながるので、任意事業として介護手当の問題を指摘せざるを得ない。

(3)　地域によって異なる介護手当の仕組み

　介護手当の受給において地域間の公平性の問題は、市町村によって異なる介護手当の仕組みや支給条件によっても生じている。第3章で述べたように、日本における介護手当の仕組みは、大きく家族ヘルパー制度と家族介護慰労金事業、自治体介護手当の3つである。

　各介護手当の支給条件をみると、家族ヘルパー給付は、離島、山間のへき地や訪問介護見込量の確保が困難な地域のみと地域を限定している。それに対し、家族介護慰労金事業は、地域を限定していないが、非課税住民税の要介護度4・5の要介護者を介護しつつ、1年間介護サービスを利用していなかったことが支給条件となっている。この2つの支給条件は、国によって定められている。それに対し、自治体介護手当の支給条件は、支給要介護度の判定方法と基準をはじめ、介護サービス利用期間の程度、居住地域と期間、同居形態と期間、年齢、課税形態、生活保護受給有無、介護保険料及び住民税の納付状況、等であり、これらは介護手当を実施している市町村によって異なっている。

　まず、家族ヘルパー制度は、地理的状況により介護サービスへの接近が困難な特定地域の介護サービスの確保を制度的に補うための制度である。そのため、この制度は、介護サービスの確保という観点からみれば、介護サービスへの接近がたやすい地域と、そうではない地域、すなわち、地域間介護サービスの確保の不公平さを直そうとした制度であるといえる。

　ところで、家族ヘルパー制度と家族介護慰労金事業を比較してみると、家族ヘルパー制度は、介護サービスを受けようとしても、受けられない状況に

おかれている地域において、介護サービス事業所の介護専門家に代わって家族が介護を行った場合、その家族の介護行為に対する代価として給付が支給される制度である。それに対し、家族介護慰労金事業は、介護サービスを受けようとすれば、受けられるが、要介護者家庭の事情により介護サービスを1年間利用しなかった場合、家族介護者が行った介護行為を慰労するために、一定の金額を支給しているものである。つまり、家族ヘルパー制度と家族介護事業は、その目的や家族介護に対する評価、家族あるいは要介護者の介護サービス利用の選択可否、支給条件等が異なる。

　しかし、介護サービス利用について選択できるか、できないかはともかく、介護サービスを利用せずに、要介護者の介護を介護専門家ではなく、家族によって行われている点と、給付の家族介護者の介護行為に対する評価であるという2つの事実においては、家族ヘルパー制度にしろ、家族介護慰労金制度にしろ、いずれも同じである。それにもかかわらず、地域によって、家族ヘルパー制度は労働の代価として最大年間1,224,000円[3]までが支給される一方、労働の代価としてではなく、慰労金として支給される家族介護慰労金は、年間100,000円が支給されるので、その差額は12倍になっている。

　そして、家族介護慰労金事業と自治体介護手当を比較してみると、2つの介護手当は、歴史的背景だけではなく、上記に示したように支給条件も異なる。とりわけ、表4-22に示したように、介護サービス利用有無が介護手当の受給可否を左右している点が大きく異なる。介護手当を実施している市町村の中には、家族介護慰労金事業と自治体介護手当がそれぞれもった短所を補うため、両方とも行っている市町村もある。その割合は、介護手当を実施している971市町村のうち、144市町村であり、全体の14.8%を占めている。

　そうなると、全体の85.7%に相当する826（家族ヘルパー給付を支給する1市町村を除く）市町村では、家族介護慰労金か、それとも自治体介護手当かのいずれかで介護手当を行っている。そのため、家族介護者がどの地域に住んでいるかによって、介護サービスを利用しても介護手当が受けられる地

域がある反面、介護サービスを利用すると、介護手当が受けられない地域も生じるわけである。

　このように、家族介護者、あるいは要介護者が住んでいる市町村がどのような介護手当の仕組みをとっているかによって、介護手当が受けられるか、否かが左右されていることは、任意事業としての介護手当の問題であるといえる。

　以上のことを踏まえて、在宅で要介護者を介護する家族の介護問題から考えると、家族介護者の介護問題は、ある特定地域に限って生じる問題ではなく、どの地域に住んでいても同じような社会的介護環境のもとで、家族介護を行っているとすれば、誰でも身体的、精神的問題とともに、経済的問題が生じている。とりわけ、第 2 章で明らかになったように、経済的問題は、身体的・精神的問題はもちろん、社会参加にも大きく影響を及ぼしている。このことからすると、介護手当の年間支給額の水準はともかく、経済的問題を緩和する機能をもった介護手当の存在だけでも家族介護者に及ぼす影響は大きいと考えられる。

　それに、介護手当が自治体の任意事業といっても、すべてが自治体の財源のみで行われるわけではなく、国の財源も一部含まれている。一部でも国の財源が使われているならば、どの地域に住んでいても日本国内に住んでいる以上、その機会はもちろん、給付額、支給条件等は、すべての家族介護者に公平に与えるべきである。そのためには、現在のような任意事業ではなく、国の制度として法制化して介護手当を支給すべきである。

2.　年間支給額の給付水準

　第 3 章で述べたように、介護手当（家族介護慰労金事業、自治体介護手当、家族ヘルパー）の年間支給平均額は、介護手当を支給している市町村う

●表 4-20　全国介護手当の給付水準

	全国年間支給平均額	家族介護慰労金事業	経済的負担軽減	石川県川北町	秋田県上小阿仁村
年間支給平均額（A）	93,081 円	100,000 円	101,598 円	600,000 円	1,224,000 円
1ヵ月（B）	7,757 円	8,333 円	8,467 円	50,000 円	102,000 円
1日（20 日、C）	388 円	417 円	423 円	2,500 円	5,100 円
1時間（4 時間、D）	97 円	104 円	106 円	625（673）円	638（629）円
正規労働者平均賃金：A の割合	3.0%	3.2%	3.3%	19.3%	39.4%
正規労働者平均賃金（女）：A の割合	3.8%	4.1%	4.2%	24.5%	50.0%
非正規労働者平均賃金（女）：A の割合	5.4%	5.8%	5.9%	34.9%	71.1%
短時間労働者 1 時間あたり平均賃金（女）：D の割合	10.0%	10.7%	10.9%	64.2%	65.6%
全国平均最低賃金：D の割合	13.6%	14.6%	14.7%	87.7%	89.5%
全世帯 1 人あたり平均所得：A の割合	4.5%	4.8%	4.9%	28.9%	59.0%
65 歳以上のいる世帯 1 人あたり平均所得：A の割合	4.8%	5.2%	5.3%	31.2%	63.6%
特別児童扶養手当（1 級）：B の割合	15.3%	16.4%	16.7%	98.5%	200%
特別児童扶養手当（2 級）：B の割合	22.9%	24.7%	25.1%	147.9%	300%

1. 1 か月＝年間支給平均額 /12 月
2. 1 日＝ 1 か月 /20 日。1 か月は、土日等を除いて 20 日として概算した。
3. 1 時間＝ 1 日 /4 時間。本調査では、介護手当を実施している市町村のほとんどが要介護度 4・5 を対象にしている。家族介護者が要介護者 4・5 を介護するにあたって 1 日介護時間は、2010 年国民基礎生活調査によると、約 7 割が半日以上と答えた。1 日労働時間を 8 時間とすると、半日は 4 時間になる。このことからすると、家族介護者は 1 日要介護度 4・5 を介護するのに少なくても 4 時間以上を費やしていることになる。したがって、1 日最低介護時間の 4 時間を基準として概算した。
4. 上記 1、2、3 に概算したものは四捨五入で表示した額である。

5. 正規労働者平均賃金や正規労働者平均賃金（女）、非正規労働者平均賃金（女）、短時間労働者賃金（女）
　は「平成 21 年賃金構造基本統計調査（全国）結果の概況」（厚生労働省）に基づいて作成したものである。
　この調査によると、正規労働者平均賃金は 3,104,000 円や正規労働者平均賃金 2,448,000 円（女）、非正規労
　働者平均賃金（女）1,722,100 円、短時間労働者の 1 時あたり平均賃金（女）973 円である。http://www.
　mhlw.go.jp/toukei/itiran/roudou/chingin/kouzou/z2009/
6. 全国平均最低賃金は、「平成 21 年度の地域別最低賃金改正の答申状況について」に基づいており、全国平
　均最低賃金は、713 円である。http://www.mhlw.go.jp/houdou/2009/09/h0901-1.html
7. 全世帯 1 人あたり平均所得と 65 歳以上のいる世帯の 1 人あたり平均所得は『平成 22 年国民生活基礎調査』
　（厚生労働省）を参考にして作成したものである。この調査によると、全世帯 1 人あたり平均所得は、2,073,000
　円であり、65 歳以上のいる世帯の 1 人あたり平均所得は、1,924,000 円である。
　http://www.mhlw.go.jp/toukei/saikin/hw/k-tyosa/k-tyosa10/
8. 特別児童扶養手当は、2009 年度基準額であり、1 級　50,750 円　2 級　33,800 円である。
9. 秋田県上小阿仁村と石川県川北町、の年間支給平均額を 1 時間に概算したところの（　　）は、それぞれ地
　域の 2009 年度最低賃金である。

ち、全体の 84.4％が年間 120,000 円未満を支給しており、年間 150,000 円以
上の市町村は、5.5％すぎなかった。しかし、こうした介護手当の給付水準
がどの程度の水準なのかはにわかに判断しにくい。したがって、ここでは、
年間支給平均額が 1 か月あたり・1 日あたり・1 時間あたりにすると、いく
らなのかを概算し、それをもとにして次の 3 点から介護手当の給付水準をは
かろうとする。

　第 1 に、年間支給平均額を介護行為に対する労働の代価とみなした場合、
労働者の平均賃金に比べてどれほどの水準なのか。

　第 2 に、それを世帯構成員の所得としてみなした場合、世帯 1 人あたりの
平均所得に比べてどのくらいの水準なのか、

　第 3 に、社会手当としてみなした場合、介護手当の支給目的と類似した特
別児童扶養手当に比べてどれほどの水準なのか、である。つまり、介護手当
の年間支給平均額が労働者の平均賃金と特別児童扶養手当、世帯 1 人あたり
平均所得に占める割合で介護手当の給付水準をはかってみた。その結果は、
表 4-20 のようである。各年間支給平均額別給水準をみると、以下のようで
ある。

（1）「介護手当の全国年間支給平均額」と「家族介護慰労金事業」の給付水準

　介護手当を行っている市町村の「介護手当の全国年間支給平均額」は、93,081 円であり、それを 1 か月あたり、1 日あたり、1 時間あたりに概算すると、それぞれ 7,757 円、388 円、97 円である。まず、「介護手当の全国年間支給平均額」を介護行為に対する労働の代価とみなした場合、「全国年間支給平均額」は、2009 年度正規労働者平均賃金 3,104,000 円の 3.0％であり、正規女性労働者平均賃金（2,448,000 円）の 3.8％、非正規女性労働者平均賃金（1,722,100 円）の 5.4％の水準である。そして、「全国年間支給平均額」を時給で概算すると、給付額は短時間女性労働者の 1 時間あたり平均賃金（973 円）の 10.0％であり、全国平均最低賃金の 13.6％の水準であった。

　次いで、「介護手当の全国年間支給平均額」を家族介護者 1 人の平均所得とみなしてみると、その水準は、2009 年度全世帯 1 人あたり平均所得（2,073,000 円）の 4.5％の水準であり、65 歳以上のいる世帯 1 人あたり平均所得（1,924,000 円）の 4.8％と両方とも 5％にも及ばない水準であった。最後に、介護手当を社会手当とみなして、その支給目的が類似する特別児童扶養手当にてらしてみると、「介護手当の全国年間支給平均額」は、1 級特別児童扶養手当（50,750 円）の 15.3％の水準であり、2 級特別児童扶養手当（33,800 円）の 22.9％の水準に止まっている。

　そして、年間 100,000 円を支給している「家族介護慰労金事業」の給付額を 1 か月あたりに概算すると、8,333 円となり、1 日あたりは 417 円、1 時間あたりは 104 円である。その給付水準は、表4-20 をみればわかるように「全国年間支給平均額」よりもやや高いが、その差はさほど大きくなく、ほぼ同じ水準であった。

(2) 「経済的負担軽減」を目的とした年間支給平均額の水準

　本章の第 2 節で述べたように、家族介護者の「経済的負担軽減」を目的として支給している市町村の年間支給平均額 101,598 円は、「経済的負担軽減」以外を目的として支給している市町村の年間支給平均額 90,662 円よりも高い。この「経済的負担軽減」を目的とした年間支給平均額の給付水準をみると、1 か月あたりの給付額は、8,467 円であり、1 日あたりは、423 円、1 時間あたりは 106 円である。この給付水準は、上記の「全国年間支給平均額」と「家族介護慰労金事業」の給付水準よりはやや高いが、表 4-20 をみると、その水準は労働の代価としても、1 人あたりの平均所得としても、もしくは社会手当としてみても、それほど差はないことがわかる。

　それに、「経済的負担軽減」を目的としている市町村のうち、最も給付額が高い埼玉県ときがわ町の年間給付額 396,000 円を概算してみても、その水準[4] は 2 級特別児童扶養手当の給付額にも及ばなかった。

(3)　介護手当の最高額の給付水準

　介護手当を支給している市町村のうち、最低額は年間 6,000 円なので、それを労働の代価として、もしくは 1 人あたり平均所得として、あるいは、社会手当として他のものと照らし合わせるまでもなく、いかに低い水準なのかが察知できる。したがって、ここでは、家族ヘルパー給付として支給されている介護手当以外の給付として、最も高い給付額を支給している石川県川北町の例をあげて介護手当の水準をみてみよう。

　石川県川北町は、介護手当として家族介護者に年間 600,000 円を支給している。それを 1 か月あたりに概算すると、50,000 円になり、1 日あたりは 2,500 円、1 時間あたりは、625 円になる。まず、この給付額を労働の代価としてみると、年間支給平均額は、正規労働者平均賃金の 19.3％水準であり、正規

女性労働者平均賃金においては24.5％、非正規女性労働者平均賃金の34.9％の水準であった。そして、1時間あたりの給付額は、短時間女性労働者の1時間あたり平均賃金の64.2％水準であったが、全国平均最低賃金に比べると、87.7％水準で、全国平均最低賃金にかなり近い給付額であることがわかる。さらに、石川県の最低賃金と比べると、約50円の差しかなかったことから、石川県川北町の給付額は最低賃金に準じているといえる。

次に、石川県の最低賃金に準じている川北町の介護手当を家族介護者1人の所得としてみなしてみると、その水準は、全世帯1人あたり平均所得の28.9％であり、65歳以上のいる世帯1人あたり平均所得の31.2％と、1人あたり平均所得の1/3にも至らなかった。最後に、社会手当として介護手当をみると、石川県川北町の給付水準は、1級特別児童扶養手当に最も近い（98.5％）水準であり、2級特別児童扶養手当よりは高い水準であった。

(4)　労働の代価として支給される家族ヘルパー給付水準

第3章でものべたように、日本全国で家族ヘルパー給付を支給している市町村は、秋田県上小阿仁村のみである。秋田県上小阿仁村では、家族ヘルパー給付として支給する年間支給最高額が1,224,000円である。これを上記の他の給付と同じように1か月あたり、1日あたり、1時間あたりの給付額がいくらなのかを概算してみると、おのおの102,000円、5,100円、638円である。まず、労働の代価として支給されている家族ヘルパー給付を労働者の平均賃金にてらしてみると、家族ヘルパー給付は、正規労働者平均賃金の39.4％の水準であり、正規女性労働者平均賃金には50.0％、非正規女性労働者平均賃金の71.1％水準であった。そして、1時間あたりの給付水準をみると、家族ヘルパー給付は、短時間女性労働者1時間あたり平均賃金の65.6％の水準であり、全国平均最低賃金にてらしてみても、最低賃金に近い（89.5％）給付水準であった。さらに、この水準は、秋田県の最低賃金を上

回る水準であった。

　次に、家族ヘルパー給付を家族介護者の所得としてみなすと、家族ヘルパー給付は、全世帯 1 人あたり平均所得の 59.0％であり、65 歳以上のいる世帯 1 人あたり平均所得の 63.6％水準であった。最後に、社会手当として家族ヘルパー給付をみると、労働の代価として支給されている家族ヘルパー給付は、特別児童扶養手当の給付水準をはるかに上回る水準であった。

　以上のような結果を総合してみると、介護手当を実施している市町村において、わずか一部の市町村を除いたほとんどの市町村の給付額は、労働者の平均賃金はおろか、最低賃金の約 6％未満という低い水準にとどまっており、さらに、介護手当と類似する特別児童扶養手当にてらしてみても、その水準は特別児童扶養手当の約 1/4 にも及ばない水準であった。そして、その水準は、家族介護者の経済的負担軽減を目的としている市町村においてもその低さはさほど違いがなかった。

　このことから、市町村の任意事業として行われている介護手当は、家族介護者の介護行為に対する労働の代価はもとより、社会手当としての役割、家族介護者の経済的負担軽減の機能も図ることが難しいといえる。そして、現在の給付水準からすると、介護手当は単なる家族介護に対する「慰労金」にすぎないといえる。もし、介護手当が家族介護の慰労金であれば、要介護者の要介護度の重みや所得制限等、何らかの支給条件を設けて支給している現在の仕組みが不適切であると指摘せざるを得ない。それは、介護サービスを利用するか、しないか、課税か、それとも非課税か、要介護度が重いか、軽いかによらず、要介護者を介護するほとんどの家族介護者が身体的、精神的介護負担を感じているため、支給条件をもうけず、すべての家族介護者を対象にして介護手当として支給すべきだからである。

　今後、介護手当を家族介護に対する労働の代価として支給するならば、その給付水準は、すくなくとも最低賃金を上回る水準にすべきであり、社会手

当として支給するならば、他の類似する社会手当制度との公平さをかんがみ
て、他の社会手当の水準に劣らない程度の給付水準を支給すべきである。

3. 受給率と支給条件

　日本における介護手当の実施率は、介護保険制度施行以前よりも全体的に
減少傾向にあり、市町村の任意事業として行われている。しかし、市町村の
任意事業にもかかわらず、1,795全市町村のうち、54.1％の971市町村で介
護手当が行われている点においては評価すべきである。この971市町村にお
いて、実際どれくらいの家族介護者が介護手当を受給しているのか、その受
給者と受給率を明らかにした研究はない。したがって、ここでは、いくつか
の自治体を取り上げ、その受給（者）率の推移を研究した。自治体の数と自
治体の選定は、全市町村において各自治体が占める割合や、各自治体の介護
手当実施率、介護手当の仕組み、都道府県等を考慮して、16自治体を選定
した。そして、受給率は、複数の支給条件のなかで、最も基本的な条件であ
る支給要介護度のみをもとにした。その方法は、介護手当が受けられる支給
要介護度の人数のうち、実際介護手当を受けた人数が占める割合で算出し
た。その結果は、表4-21と表4-22のようである。
　16自治体のうち、介護手当受給者の数が3桁以上である自治体は、4自治
体のみである。そのなかで、介護手当の受給者の数が最も多い自治体は、岡
山県倉敷市であり、2009年に1,075人が介護手当を受けた。次に多く介護手
当を支給している自治体は京都府宇治市であり、2009年に693人の家族介
護者が介護手当を受けた。続いて、愛知県安城市が250人、埼玉県春日部市
が2007年203人に介護手当を支給している。
　ところが、介護手当の受給率は、新潟県刈羽村が支給要介護度の数41人
のうち、56.1％の23人が介護手当を受け、最も高く、次に、支給要介護度
の数84人のうち、53.0％の44人に介護手当を支給した北海道福島町であっ

●表 4-21　介護手当の受給（者）率

自治体区分	自治体名	支給要介護度数/要介護者数	事業区分	介護手当受給者（年、人数）						受給率（%）
				2004	2005	2006	2007	2008	2009	
政令市	静岡県静岡市	6,303/26,321	家族介護慰労金	・	・	・	・	・	6	0.1
中核市	岡山県倉敷市	4,417/19,983	自治体介護手当	・	・	908	920	980	1,075	24.3
特例市	埼玉県春日部市	1,480/6,157	自治体介護手当	・	・	225	203	・		13.7
一般市	宮崎県串間市	384/1,415	自治体介護手当	・	67	59	65	・	・	16.9
一般市	宮崎県串間市		家族介護慰労金	・	・	0	0	・	・	0
一般市	兵庫県豊岡市	984/3,826	家族介護慰労金	・	・	・	5	1	1	0.1
一般市	奈良県天理市	502/2,478	家族介護慰労金	1	1	0	0	・	・	0
一般市	沖縄県石垣市	609/1,675	家族介護慰労金	・	・	0	0	・	・	0
一般市	京都府宇治市	2,521/6,523	自治体介護手当	・	・	635	645	652	693	27.5
一般市	京都府宇治市		家族介護慰労金	・	・	1	1	1	1	0.04
一般市	愛知県安城市	965/3,964	自治体介護手当	・	・	・	・	248	250	27.5
一般市	山口県光市	446/2,058	家族介護慰労金			0	0	1		0.2
町	北海道福島町	83/298	自治体介護手当	45	44	・	・	・	・	25.9
町	北海道福島町		家族介護慰労金	0	0	・	・	・	・	
町	北海道標茶町	137/440	家族介護慰労金	・	・	2	1	1	1	0.7
町	長崎県新上五島町	296/1,371	家族介護慰労金	・	・	0	0	0	・	0
町	福岡県桂川町	170/788	自治体介護手当	・	・	16	18	10	13	7.6
村	岩手県野田村	53/247	家族介護慰労金	0	0	0	0	0	・	0
村	新潟県刈羽村	41/249	自治体介護手当	・	14	11	12	20	23	56.1

出典：「静岡市高齢者保健福祉計画介護保険事業計画、平成 24 年～平成 26 年度」平成 24 年 3 月、p.150、「倉敷市高齢者保健福祉計画および倉敷市介護保険事業計画」第 4 期平成 21 年～平成 23、p.12、「倉敷市高齢者保健福祉計画および倉敷市介護保険事業計画、第 5 期平成 24 年～平成 26、p.13、「野田村高齢者保健福祉計画」、平成 21 年 3 月、p.3、「あんジョイプラン 6 安城市第 6 次高齢者保健福祉計画・第 5 期安城市介護保険事業計画」平成 23 年 3 月、p.90、「春日部市第 4 期高齢者保健福祉計画及び介護保険事業計画」平成 21 年 3 月、p.31、「桂川町第 4 期高齢者保健福祉計画」平成 21 年 3 月、p.55、「桂川町第 5 期高齢者保健福祉計画」平成 24 年 3 月、p.63、「新上五島町老人福祉計画および第 4 期介護保険事業計画」平成 21 年 3 月、p.67、「串間市第 5 次串間市老人保健福祉計画第 4 期串間市介護保険事業計画 p。60、p.69、「平成 19 年度第 3 次石垣市総合計画基本計画 2010 事務事業評価シート 1」、「天理市高齢者福祉計画第 4 期介護保険事業計画」平成 21 年 3 月、p.43、「平成 21 年度 豊岡市事務事業評価シート」、「第 3 期福島町高齢者保健福祉計画・介護保険事業計画」平成 18 年 3 月、p.5 - 6、「光市高齢者保健福祉計画および第 4 期介護保険事業計画」平成 21 年 3 月、p.95、「標茶町 高齢者保健福祉・介護保険事業計画」（第 4 期）p.97、「平成 21 年度 豊岡市事務事業評価シート」、「宇治市高齢者保健福祉計画第 5 期介護保険事業計画」平成 24 年 3 月、p.53、「刈羽村高齢者保健福祉計画第 4 期介

護保険事業計画」平成24年3月 p.18、p.21、に基づいて筆者が作成したものである。

注：1. 要介護者数は、WAMNET に掲載されている 2009 年 7 月末の要介護（要支援）認定者数である。
　　　http://www.wam.go.jp/wamappl/00youkaigo.nsf/aAreaSelect?openagent&DATE=2009%2F07
　　2. 支給要介護度数は、主に表 4 − 2 の支給要介護度に基づいて作成した。しかし、市町村の単独判断
　　　の場合は、ほとんどの市町村では主に 6 か月以上ねたきり・認知症の状態が続いている者を対象に
　　　しているが、明確な基準がない。したがって、ここでは、便宜上、要介護度 4・5 として扱った。そ
　　　の数は、主に 2 を参考にして作成した。
　　3. 野田村と桂川町は、支給要介護度数と要介護者者が注 2 を通じて確認できなかった。そのため、2 村
　　　は、高齢者保健福祉計画に基づいて作成した。野田村は、「野田村高齢者保健福祉計画」、平成 21 年
　　　3 月、p.3 をもとにして給要介護度数と要介護者者が 2008 年 3 月 31 日基準となっている。そして、
　　　桂川町は、「桂川町第 5 期高齢者福祉計画、平成 24 年 3 月、p.10 をもとにして支給要介護度数と要
　　　介護者者が 2009 年 9 月末基準となっている。
　　4. 年度別介護手当受給者数欄において、「・」は、注 4 の資料で受給者の数が確認できなかったことを
　　　指す。

　た。続いて、693 人に介護手当を支給した京都府宇治市の受給率は 27.5％、
愛知県安城市は 25.9％であった。そして、16 自治体のうち、数的に最も大
勢の家族介護者に介護手当を支給した岡山県倉敷市の受給率は 24.3％であっ
た。
　一方、介護手当を支給する仕組みは設けていても、実際受給者が 1 人もい
ない自治体もあり、多くて 1 人か、2 人といった自治体も少なくない。たと
えば、沖縄県石垣市や長崎県新上五島町、岩手県野田村では、2004 年から
2009 年にわたって介護手当の受給者が 1 人もいない。そして、兵庫県豊岡
市（2009 年）や山口県光市（2008 年）、北海道標茶町（2009 年）では、1 人
しかいなかった。このように、介護手当の受給率がほぼゼロに近い自治体の
介護手当の事業をみると、ほとんど家族介護慰労金事業で介護手当を行って
いることがわかる。つまり、介護手当として家族介護慰労金を受給している
家族介護者はほとんどいないということである。これは、自治体介護手当と
家族介護慰労金事業の両方とも行っている自治体をみれば、よりわかりやす
い。たとえば、宮崎県串間市では、自治体介護手当を受けている受給者が
65 人いるのに対し、家族介護慰労金を受けている人は 1 人もいない。また、

●表 4-22　介護手当の受給（者）率からみた支給条件

自治体名	事業区分	支給条件					年間支給額
		サービス利用	年齢	居住	所得	支給要介護度	
静岡市	家族介護慰労金	利用しないこと	65歳以上	同居	非課税	要介護度4・5	100,000
倉敷市	自治体介護手当	・	65歳以上	居住期間	・	単独判断	40,000
			・	居住期間	非課税	要介護度4・5	100,000
春日部市	自治体介護手当	・	65歳以上	・	非課税	要介護度4・5	60,000
串間市	自治体介護手当	・	65歳以上	同居	・	単独判断	60,000
	家族介護慰労金	利用しないこと	・	・	非課税	要介護度4・5	100,000
豊岡市	家族介護慰労金	利用しないこと	・	・	非課税	要介護度4・5	100,000
天理市	家族介護慰労金	利用しないこと	・	・	非課税	要介護度4・5	100,000
石垣市	家族介護慰労金	利用しないこと	・	・	非課税	要介護度4・5	100、000
宇治市	自治体介護手当	・	65歳以上	同居	・	要介護度3以上	30,000
	家族介護慰労金	利用しないこと	・	同居	非課税	要介護度4・5	100,000
安城市	自治体介護手当	・	65歳以上	同居	200万以下	単独判断	60,000
光市	家族介護慰労金	利用しないこと	・	同居地域	非課税	要介護度4・5	100,000
福島町	自治体介護手当	・	65歳以上	・	無報酬	単独判断	36,000
	家族介護慰労金	利用しないこと	・	・	・	要介護度4・5	100,000
標茶町	家族介護慰労金	利用しないこと	・	同居	・	要介護度4・5	100,000
新上五島町	家族介護慰労金	利用しないこと	・	同居	非課税	要介護度4・5	100,000
桂川町	自治体介護手当	・	65歳以上	同居	・	単独判断	120,000
野田村	家族介護慰労金	利用しないこと	・	・	非課税	要介護度4・5	100,000
刈羽村	自治体介護手当		65歳以上	・	・	要介護度5	180,000

出典：資料は、「宇治市在宅高齢者介護激励金支給要綱平成 3 年 3 月 27 日告示第 31 号」、「刈羽村在宅ねたき
り老人等介護手当支給要綱平成 3 年 3 月 30 日訓令第 2 号」、「串間市ねたきり老人等介護手当支給条例
平成 18 年 3 月 28 日条例第 17 号」、「光市家族介護慰労金支給要綱平成 16 年 10 月 4 日告示第 40 号」、「倉
敷市在宅ねたきり高齢者等介護手当支給要綱平成 5 年 2 月 15 日告示第 32 号」、「福島町家族介護慰労
金支給要綱平成 13 年 4 月 2 日要綱第 7 号」、「福島町寝たきり老人等介護手当支給要綱平成 10 年 3 月
23 日要綱第 5 号」、「春日部市重度要介護高齢者手当支給条例平成 18 年 3 月 20 日条例第 5 号」、「静岡
市高齢者保健福祉計画介護保険事業計画、平成 24 年〜平成 26 年度」平成 24 年 3 月、p. 150.「平成
21 年度 豊岡市事務事業評価シート」、「平成 19 年度第 3 次石垣市総合計画基本計画 2010 事務事業評価
シート 1」、「あんジョイプラン 6 安城市第 6 次高齢者保健福祉計画・第 5 期安城市介護保険事業計画」
平成 23 年 3 月、p.77、「桂川町第 4 期高齢者保健福祉計画」平成 21 年 3 月、p.55、「天理市高齢者福祉
計画第 4 期介護保険事業計画」平成 21 年 3 月、p.43、「新上五島町老人福祉計画および第 4 期介護保
険事業計画」平成 21 年 3 月、p.67、「標茶町 高齢者保健福祉・介護保険事業計画」（第 4 期）p.97 を
もとにして筆者が作成したものである。

注1.支給条件欄において「・」は、上記の資料から確認できなかったので、ここでは支給条件がないとみなしている。

京都府宇治市も宮崎県串間市と同様な状況である。

　なぜ、このように自治体介護手当の受給者よりも、家族介護慰労金の受給（者）率の方が低いのか。それは、表4-22をみれば、明らかである。表4-22の支給条件をみると、自治体介護手当と家族介護慰労金事業は、居住制度と、所得制限、支給要介護度が共通の支給条件となっている。一方、相違の支給条件をみると、自治体介護手当は、65歳以上の要介護者を介護する家族介護者のみを対象とする年齢制限を設けている自治体が多い反面、家族介護慰労金は介護サービスを利用しないことが支給条件に加わっている点である。そして、年間支給額をみると、家族介護慰労金は、年間100,000円に対し、自治体介護手当は年間100,000円未満を支給する自治体が多い。

　しかし、この給付額の違いが介護手当の受給（者）率に及ぼす影響は大きくないと思われる。それに、福岡県桂川町と新潟県刈羽村のように、年間100,000円以上を支給している自治体も少なくない。かえって、介護サービスの利用有無が介護手当の受給（者）率を低くする原因であると思われる。それは、要介護度のなかで最も重い要介護度4・5の要介護者を介護する家族介護者が年間100,000円を受けるため、介護サービスを利用せずに介護を行う家族介護者がほとんどいないと思われるからである。

　以上のような結果から、日本の介護手当全体の受給（者）率を推移してみると、介護手当を実施している市町村のうち、約半分の市町村が家族介護慰労金事業のみを行っている。第3章で述べたように、2001年厚生労働省老人保健局「介護予防・生活支援事業の実施について」（2001年5月25日老発第213号厚生労働省老健局長）において、家族介護慰労金の受給基準として、「要介護度4又は5に相当する市町村民税非課税世帯に属する在宅の

高齢者であって過去 1 年間介護保険サービス（年間 1 週間程度のショートステ
ィの利用を除く）を受けなかったものを現に介護している家族」に支給す
ると明示している。このような支給条件をすべて満たす、特に介護サービス
を利用しない家族はほとんどいないことからすると、日本全体の介護手当受
給（者）率は、それほど高くないといえる。

　したがって、介護によって経済的に苦しんでいる家族介護者とその家庭の
経済的問題を改善、解決するためには、介護手当の受給（者）率を高くする
必要がある。そのためには、現在の支給条件、特に介護サービスの利用有無
が介護手当の受給を決めるような仕組みは、見直さなければならないであろ
う。

第 5 節　小括

　本章では、家族介護者の経済的支援という観点から任意事業で行われてい
る介護手当の課題と位置づけを明らかにすることを目的とした。その目的を
果たすために、3 つの課題を設定した。

　第 1 に、介護手当の実施状況が自治体の規模や、支給目的、年間支給平均
額、自治体の財政力指数によってどう違うのかを明からにした。統計的に有
意であった結果のみを示すと、以下のようである。

①　自治体規模による違いをみると、介護手当の実施率は、自治体の規模
　が大きいほど実施率が高く、自治体の規模が小さいほど実施率が低い傾
　向を示している。そして、支給事業は、自治体の規模が大きいほど「家
　族介護慰労金事業」を実施する傾向があり、自治体の規模が小さいほど
　「自治体介護手当」を実施する傾向がある。次いで、年間支給平均額
　は、自治体の規模による多少の違いはあったが、統計的に大きな違いは
　ない。最後に、支給条件は、自治体の規模が大きいほど所得制限を設け
　ている傾向がある反面、自治体の規模が小さいほど所得制限を設けてい

ない傾向がある。

②　支給目的からみた介護手当の実施状況の違いをみると、「福祉向上・増進」を目的とする市町村が、他の目的とする市町村よりも要介護者と家族介護者の「両方」を対象にしている傾向がある。そして、支給事業は、「家族介護慰労金事業」は「経済的負担軽減」を目的とする傾向があり、「自治体介護手当」は「福祉向上・増進」を目的とする傾向がある。続いて、年間支給平均額は、「経済的負担軽減」が「経済的負担軽減以外」を目的とする市町村よりもやや高い。最後に、支給条件は、「経済的負担軽減」が「経済的負担軽減以外」を目的とする市町村よりも「所得制限」を多く設けている傾向がある。

③　実施状況からみた年間支給平均額の違いをみると、支給対象による違いは、「家族介護者」を対象にした市町村の年間支給平均額が、「要介護者」を対象にした市町村の年間支給平均額よりも高い。そして、支給事業は、「家族介護慰労金事業」を行っている市町村の方が「自治体介護手当」を行っている市町村よりも年間支給平均額が高く、「自治体介護手当」は、「家族介護慰労金事業」と「自治体介護手当」を「両方」とも行っている市町村よりも年間支給平均額が高い。支給要介護度による年間支給平均額は、要介護者の要介護度が重度（要介護度4・5）ほど高い。しかし、中度（要介護度3）と軽度（要介護度2以下）では、違いがみられなかった。最後に、支給条件による違いは、「所得制限」を設けている市町村の方が、「所得制限」を設けていない市町村よりも年間支給平均額が高くあらわれた。

④　市町村の財政力指数から介護手当の実施率をみると、介護手当の実施率は財政力指数が高いほど実施率が高い傾向を示している。

以上のような結果が、家族介護者が住んでいる市町村によって、受給機会はもちろん、受給可否、年間支給平均額等が大きく異なっていることが明らかになった。

　第2に、全市町村のうち、介護手当が半数以上の市町村で支給されている
とはいえ、実際介護手当の受給率は、全体的に低い。なかにも「家族介護慰
労金事業」として介護手当を実施している市町村では、介護手当の受給者が
ほぼ0に近いことが明らかになった。その理由は、厳しく支給条件が設けら
れているからである。特に、介護サービス利用有無が受給率を低くする要因
になっていると推察される。しだがって、この低い受給率からすると、任意
事業としての介護手当は、「名ばかり政策」といえよう。それは、仕組みが
あっても、介護手当受給実態がほとんどないからである。

　第3に、そして、年間支給平均額は、全体の8割以上が12万円未満を支
給されている。その水準は、介護手当として最も高い石川県川北町を除く
と、全国平均最低賃金の約13%の水準であり、特別児童扶養手当（1級）の
約15%の水準にとどまっている。こうした介護手当の給付水準からする
と、家族介護者の介護行為に対する労働の代価はもちろん、社会手当として
の役割、経済的負担軽減の機能を図ることが難しい。

　したがって、任意事業として全国で行われている介護手当は、その目的が
不明な、単なる「バラマキ政策」、もしくは「人気取り政策」にすぎないと
いえよう。それは、もし、真に介護手当が家族介護者の介護をねぎらうため
の「慰労」を目的とするならば、要介護者の要介護度の重み、所得制限等の
支給条件を設けず、すべての家族介護者を対象にしてねぎらうべきであり、
労働の代価、もしくは経済的問題に対する支援ならば、少なくとも最低賃金
を上回る水準にすべきである。それとも社会手当として支給するならば、他
の類似する社会手当の給付水準を考慮して給付水準を策定すべきだと考える
からである。

【注】

1) 本調査では、支給目的の分類に際して、八重瀬町のように介護手当の仕組みが2つの場合、ま
たは支給目的が複数の場合、その支給目的の中に「経済的負担軽減」という支給目的が書かれて

あれば、「経済的負担軽減」として分類を行った。その支給目的分類上では、沖縄県の八重瀬町が要介護者に支給する 10,000 円が最低額である。しかし、八重瀬町では家族介護慰労金事業と自治体介護手当の両方を行い、家族介護慰労金事業は「経済的負担軽減」を支給目的としている反面、自治体介護手当は福祉向上を目的としていた。そのため、実際「経済的負担軽減」を目的としては年間 100,000 円を支給しており、10,000 円は福祉向上を目的として支給していた。したがって、ここでは、実際「経済的負担軽減」を目的として支給している支給額のなかで、最も低かった見附市を取り上げたわけである。

2)「ときがわ町家族介護者支援手当支給条例」（平成 20 年 3 月 12 日条例第 7 号）によれば、この事業は、家族介護者の経済的負担軽減を目的に、所得制限なく支給しているが、2008 年から 2011 年まで 3 年間の一時的事業として行われている。

3) 2009 年 12 月末、日本全国において家族ヘルパー制度として給付が支給されている市町村は、秋田県上小阿仁村しかないため、上小阿仁村を取り上げた。年間支給額は、要介護度 5 の要介護者を家族が介護した場合、給付として受けられる最大額である。

4) 埼玉県ときがわ町の年間支給平均額（396,000 円）を 1 か月あたり、1 日あたり、1 時間あたりに概算すると、おのおの 33,000 円、1,650 円、413 円である。それを労働者の平均賃金にてらすと、年間支給平均額は正規労働者平均賃金の 12.8％、正規女性労働者平均賃金の 16.2％、非正規女性労働者平均賃金の 23.3％の水準である。そして、時給に概算すると、短時間女性労働者 1 時間あたり平均賃金の 42.4％、全国平均最低賃金の 57.9％であ。また、その水準は、特別児童扶養手当（1 級）の 65.0％、特別児童扶養手当（2 級）の 97.6％である。

終 章

在宅家族介護者の所得保障の意義と必要性

　本研究では、日本の介護実態から家族介護者の経済的支援の必要性を明らかにしようと試みた。そのため、①介護サービス利用の限界と家族介護者の経済的支援、②介護手当の現状と課題の2つの研究課題を設定した。研究方法としては、文献調査、量的調査、実態調査を用いて行った。分析方法は、PASW Statistic 17.0 ver. を用いて、頻度分析、一元配置分散分析、t 検定、重回帰分析、信頼度、クロス集計、相関関係を使って分析した。二つの研究課題から経済的支援の必要性と意義を論じると、次のようである。

第1節　家族介護者の経済的支援の必要性

1. 介護サービスの利用と家族介護者の介護問題との関係からみた所得保障の必要性

(1)　介護サービスの利用が家族介護者の介護問題に及ぼしている影響

　現行介護保険制度は、要介護者の介護サービス提供のみで介護問題を改善・解決を図った制度である。2000 年制度が施行され、介護問題は改善できたのか。介護サービス別利用頻度と家族介護者の介護問題との関係から介護サービス利用が家族介護者の介護問題に及ぼしている影響を検証してみると、図終 -1 のような結果が出された。

　第1に、訪問系介護サービスは、在宅介護サービスのなかでも最も古いサービスとして、排泄や入浴、食事介助、医療的介護、生活援助といった保

健・医療・福祉サービスを総括したサービスといえよう。この介護サービスの利用が家族介護者の介護問題に及ぼす影響をみると、訪問系介護サービスを利用すればするほど身体的問題を改善する効果がみられた反面、経済的、社会的、精神的、総合的問題の改善には効果が認められなかった。

　第2に、通所系介護サービスは、在宅介護サービスなかで最も利用率が高い介護サービスとして、先行研究（筒井；2001、三田寺、2003；三田寺・早坂、2003；保坂ら、2004等）では要介護者を昼間の間、介護施設に預けることで、家族介護者の介護時間減少や社会参加の機会拡大等を通して、身体的、精神的問題の改善を促す介護サービスとして期待されている。一方、本

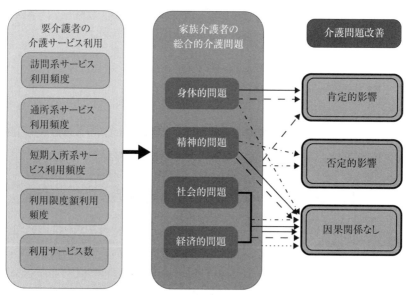

注：1. 細い矢印は訪問系介護サービスを示す.
　　2. 破線矢印は通所系介護サービスを示す.
　　3. 破線・点線矢印は短期入所系介護サービスを示す.
　　4. 点線矢印は利用限度額利用程度と利用介護サービスを示す.

●図終 -1　各介護サービス別利用頻度と家族介護者の介護負担との関係（図 2-3）流用

研究の調査では、通所系介護サービスを利用すればするほど、身体的面と総合的面を改善する効果があると出されたが、経済的、社会的、精神的問題に対する改善効果は統計的な有意差が認められなかった。

　第3に、家族介護者のレスパイト的な役割を果たしている短期入所系介護サービスは、介護サービスを利用しても介護問題の改善効果がないと出された。かえって、短期入所系介護サービスは、利用すればするほど、精神的面と総合的面に悪影響を及ぼしていることが明らかになった。統計上の有意差はでていないが、精神的面と総合的面以外の経済的、社会的、精神的面にも良い影響を与えていなかった。

　なお、介護サービス利用限度額利用程度と、利用している介護サービスの数が介護問題に及ぼす影響を検証してみたが、統計的な有意差はでていなかった。

　以上のような結果からすると、介護保険制度下における要介護者の介護サービス利用は、家族介護者の介護問題、特に身体的面において改善効果があったとはいえ、介護保険制度が等閑視した経済的問題においてはいかなる介護サービスも問題改善に向けての肯定的な影響を及ぼしていなかった。つまり、現行介護保険制度のもとで要介護者にいくら介護サービスを提供しても家族介護者の経済的問題の改善にはつながらないということが明らかになった。

(2)　家族介護者の経済的問題からみた介護問題

　このように、介護サービスを利用しても改善できず、残されている家族介護者の経済的問題が改善・解決できないと、どうなるのか。経済的問題がそのほかの介護問題に及ぼしている影響を検証した。その結果、経済的問題は、社会的、身体的、精神的、そして総合的な介護問題と正の因果関係があることが明らかになった。つまり、経済的問題が社会的、身体的、精神的、

●図終 -2　経済的負担が他の介護負担に及ぼす影響（図 2-5）流用

そして総合的な介護問題を引き起こす一つの要因として働きかけていること
が明らかになった。

　その影響の大きさは、図終 -2 のようである。経済的問題は、上記の 4 つ
の介護問題のうち、総合的な介護問題への影響が最も大きく、次に身体的問
題、精神的問題、社会的問題の順であらわれた。

　先行研究を踏まえて、この結果を分析してみると、次のようである。介護
による経済的問題は、単なる経済的問題だけにとどまらない。それによる影
響は、社会活動や社会参加等を制限し、家族介護者を社会から排除する要因
になって社会的孤立につながっている。この社会的孤立は、憂うつ、焦燥等
の精神的不安はもちろん、介護の生活への不安等、家族介護者の精神的な面
にプレッシャーをかけている。こうした精神的な面がまた身体的な面にも影
響を与えると、総合的な介護問題も深刻になるということを意味する。介護
問題を改善・解決するためには、まず、経済的問題を改善・解決しない限
り、困難であることが明らかになった。

2.　介護手当の実態からみた経済的支援の必要性

　家族介護者の経済的問題に対して、日本はどう取り組んでいるのか。家族

　介護者の経済的問題にかかわる日本の施策としては、オムツ等の介護用品支給（現物給付）、介護休業給付制度、家族ヘルパー制度、介護手当等が取り上げられるが、なかでも、介護による経済的損失に対して直接的な効果の蓋然性が高いのは、介護休業給付制度、家族ヘルパー制度、介護手当である。この三つの施策のなかで、本研究では、介護手当に焦点をあてた。

　日本における介護手当は、まだ国の制度として法制化されておらず、市町村の任意（単独）事業として行われている。任意事業として介護手当は、1969年静岡県吉田町からはじまった。それ以来、各市町村へ徐々に広がり、1995年には、全市町村の82％が介護手当を支給するまでに至る。その以後、市町村の合併や財政健全化政策、受給率低迷、介護サービスの充実等の理由から介護手当の実施率は減少に向かっている。本調査によると、2009年12月末1,975市町村のうち、全体の54.1％にあたる971市町村で介護手当が実施されており、主に家族介護者を対象にしている。そして、支給目的は家族介護をねぎらうための「慰労」を目的に支給する市町村が多く、介護事業は、自治体単独事業よりも家族介護慰労金事業の方が多い。年間支給平均額は最低額6,000円であり、最高額1,224,000円と最低額と最高額の差額が約200倍以上であったが、全国年間支給平均額は93,081円で、約半分が「9万円以上12万円未満」を支給していた。支給条件は、ほとんど市町村で要介護度4・5から支給しており、所得制限を多く設けていた。こうした実施状況は、①自治体の規模、②支給目的、③年間支給平均額、④市町村の財政力指数の4点を軸にして検討を行った。

　第1に、自治体規模からみた介護実施状況をみると、介護手当の実施率と「家族介護慰労金事業」は、自治体の規模が大きいほど実施率が高い傾向を示している。そして、支給条件においても、自治体の規模が大きいほど所得制限を設けている傾向があった。しかし、年間支給平均額は、「政令市」と「特例市」の違いがあり、「政令市」の方が「特例市」よりも高かったが、それ以外の中核市や、一般市、町、村の間では年間支給平均額の違いがなかっ

た。

　第2に、介護手当の支給目的による介護手当の実施状況をみると、支給対象は、他の支給目的に比べて「福祉向上・増進」を支給目的とする市町村が「要介護者」と「両方」を対象にする分布率が高く、支給事業においては、「経済的負担軽減」と「慰労」が「家族介護慰労金事業」を多く行う傾向を示していた。それに対し、「心身負担軽減」と「福祉向上・増進」、「その他」は「自治体介護手当」を行う傾向があり、「両方」は、他の支給目的よりも「経済的負担軽減」を支給目的とする市町村の分布率が高いことが明らかになった。そして、年間支給平均額は、「経済的負担軽減」と「経済的負担軽減以外」の支給目的に分けてみると、「経済的負担軽減」の方が「経済的負担軽減以外」の支給目的よりも高いことが明らかにされた。支給条件は、支給目的によって支給条件も多岐であったが、特に「経済的負担軽減」は、「経済的負担軽減以外」の支給目的よりも所得制限を設けている市町村が多いことが明らかになった。

　第3に、年間支給平均額からみた介護手当の実施状況をみると、年間支給平均額は、「要介護者」よりも「家族介護者」の方が、そして「自治体介護手当」よりも「家族介護慰労金事業」の方が高いことが明らかになった。そして、支給条件においては、「所得制限なし」よりも、「所得制限あり」の方が、支給要介護度においては、「軽症」と「中症」よりも、「重症」の方が高く支給されていることが明らかになり、介護手当支給状況による年間支給平均額の違いがあることが検証された。

　第4に、市町村の財政力指数からみた介護手当の実施状況の違いをみると、市町村の財政力指数による介護手当の支給状況をみた結果、市町村の介護手当の実施率と支給対象の違いがあることが明らかになった。しかし、支給目的と年間支給平均額は、各変数間の違いがほとんどみられることなく、部分的、つまり、支給目的では「福祉向上・増進」と「その他」、年間支給平均額では、15万円未満と15万円以上の間だけに統計的有意な違いがある

ことが明らかになった。そして、支給条件は、統計的有意な違いがないことが明らかになった。

　このように、任意事業として行われている介護手当は、自治体の規模や、支給目的、年間支給平均額、そして、市町村の財政力指数によって実施状況が異なっている。それに、各市町村が介護慰労金事業家か、自治体介護手当か、それとも両方とも行っていても、実際の受給率は、自治体介護手当の場合、ほとんどの市町村が支給要介護度の約25％にも及ばなく、家族介護慰労金事業は0に等しい。もし介護手当を受給したとしても、その水準は、全国年間支給平均額を基準としてみると、正規労働者平均賃金の3.0％、非正規女性労働者平均賃金の5.4％、短時間女性労働者の1時間あたり賃金の10.0％の水準であり、介護手当と性格が類似する特別扶養児童手当（2級）に比べても22.9％の水準にとどまっている。経済的負担軽減を目的に支給している市町村の給付水準も全国年間支給平均額と大きな差はなかった。

　こうした実態からすると、任意事業としての介護手当は、家族介護者がどのよう地域に住んでいるかによって受給対象になれるか、それともなれないかという受給機会の公正性問題だけでなく、もし受給機会があったとしても、厳しい支給条件によって受給することがきわめて難しい仕組みになっていると言わざるを得ない。また、給付水準においても家族介護者の経済的問題を改善するには十分とはいいきれない。そのため、これらの課題を改善しない限りでは、家族介護者の経済的問題を改善することは困難である。

　したがって、上記の課題を改善するためには、市町村の任意事業としてではなく、国の制度として行う必要があり、その給付水準は、家族介護者が介護期だけではなく、介護が終わったあとの生活に対しても生活できるような水準で支給すべきである。そのためには、家族介護者の介護行為を社会的労働として認め、労働の代価として支給するのが妥当であろう。

3.　海外における家族介護者の所得保障の動向

　2005 年、OECD 報告書（Long-term Care for Older People）によると、長期にわたって介護を要する高齢者の介護問題は、高齢化が急速に進んでいる日本だけの問題ではなく、OECD 諸国が共通に関わっている問題である。高齢者の介護問題に対する OECD 諸国の対応は、それぞれの国の社会経済情勢やイデオロギー、文化、生活様式などによってその形態や財源、適用対象、自己負担の有無等によって異なる。しかし、在宅介護を進めている点は、共通している。

　しかし、多くの国では、在宅介護方針を推進するとともに、要介護者と家族介護者の選択肢を認め、多様な現金給付プログラムを設けている。いくつかの国をとりあげてみると、次のようである。

　第 1 に、日本と同様に、介護問題を社会保険方式で対応しているドイツでは、家族介護者を前提として介護保険制度が設計された。そのため、要介護者と家族介護者が介護を選ぶことができるように現金給付を設けている。しかし、ドイツでは、現金給付は、介護サービスの一環として支給されるため、その支給対象は家族介護者ではなく、要介護者である。つまり、介護手当は要介護者本人に受給され、家族ないし親族、あるいは親しい友人、知人等を選択して、介護サービスを受けることもできる。その際、家族等の介護者が行った介護サービスに対しては要介護者本人から支給されるという仕組みをとっている。

　それだけでなく、家族介護者を支援する他の施策も組み合わされている．たとえば、在宅介護給付の中に代替介護の給付がある。これは介護者が休暇、病気、その他の理由で介護に支障を生じた場合に代替介護要員（代替ホームヘルパー）に要する費用を給付するもので、年 4 週間の範囲で 2,800 マルクまでの給付となっている。また、家族介護者の社会保障として、介護保険の保険者が介護従事者期間中の年金保険料を負担することや、労働災害保

険の対象とすること等が定めている。何よりも家族介護労働を社会的に認めて労働者と同様に考えていて、評価、支援しているところである。

　第2に、韓国の老人長期療養保険制度では、現物給付を原則としながら、一部現金給付を認めている。そのため、家族介護者が要介護者の介護を行った場合、家族介護者は、介護労働の代価として「家族療養給付」を受けることができる。「家族療養給付」は、同居家族訪問療養と家族療養費の2つがある。

　まず、同居家族訪問療養給付は、訪問療養給付の一種として、療養保護士の代わりに、同居家族が自宅で要介護者を介護する際、同居家族が行った介護行為を一部認めて、それを補償する給付である。家族介護者の介護行為が認めるためには、在宅で介護を行う家族が戸籍の上で、事実上、要介護者と同居していること、療養保護士（介護福祉士に相当する）1級の資格を有することが条件になっている。この条件を満たした家族介護者に限って、同居家族が行った身体活動支援だけを1日120分未満まで認めている。このような条件があることから、すべての家族介護者が対象になるわけではない。

　そして、家族療養費は、補完的現金給付の一つとして、その対象は、①島嶼・僻地等、長期療養機関が顕著に足りない地域で、保健福祉家族部長官が認めて公示した地域に居住する者、②自然災害、その他、これと類似する事由によって長期療養機関が提供する長期療養給付を利用することが難しいと保健福祉家族部長官が認めた者、③身体、精神または、人格障害等大統領令で定める事由により、家族等から長期療養を受けなければならない者、である（療養法、第24条）。

　現在（2008年）保健福祉家族部長官が定めた地域は、島嶼が375か所、僻地が258か所である。家族療養費給付を受ける際には、その他の現物給付を受けることができない。1か月給付額は150,000ウォンである。

　第3に、フランスの場合、家族による介護は、介護給付制度によって対応している。具体的には60歳以上の要介護度認定を受けた高齢者に「介護サ

－ビスを提供する者への報酬」という形で家族介護者（ただし、配偶者は除外）も含み、友人、知人などにも支給される。もともと介護給付は、介護サービスの雇用を増大することが目的である。そのため、家族介護者への給付だけではなく、家族サービス事業者への支払いに使ったり、施設で介護サービスを受けている高齢者には給付が施設に直接支払われる。最も、要介護高齢者の死亡後に一定額以上の遺産を継承した相続人は、生存中に支払われた介護給付を回収されていた。なお、2002年以降の新介護給付制度は、財源として「目的税」の導入が実現したため、①介護給付に関する所得制限の廃止、②要介護度認定を受ける人はすべて受給権を保障、③介護給付を一定額以上の遺産から回収することを廃止するなど、より柔軟な規定となっている。

　それ以外にも、イギリスやスウェーデン等でも、一定の条件さえ満たせば、在宅家族介護者の介護を社会的労働として認め、労災保険や年金等、社会保障制度の適用対象とする制度もある。

第2節　家族介護者の所得保障の意義

1．介護の社会化の実現

　「介護の社会化」、「利用者本位」、「選択」というキーワードで介護保険制度実施から10年以上経過する間に、在宅介護の担い手も多様な家族の形態へと変化している。同居（二世帯同居も含む）、近居、遠距離からの介護あり、在宅、地域密着型サービスを利用しながら、老夫婦、老老の親子間相互で支え合う介護家族もいる。また、老親の年金収入を頼りとして同居介護をする未婚の息子のケースもある。要介護者の重度化、長期化により小家族の限界、拡大家族での連携介護の限界など、困難さが増しているのが現状である。最近では夫、息子による男性介護者の増加により、男性介護者の会も発足している。女性とはまた違う悩みをもった男性ならではの支えあい、活動

の活発化が期待される。女性のみに介護の過剰負担がかけられ、それがあたりまえであるという性役割分担としての家族介護の姿が変わりつつある。

　このように、家族介護者の役割と形態は多様化してきたが、介護に対する選択、つまり、介護をやる選択と、やらない選択が自由にできるか。「介護の社会化」は自由な「選択」から始まると思われる。家族のなかには、老親の介護をやりたくても経済的状況からできない人も少なくない。家族介護者の所得保障は、介護がやれるという選択を自由にする点において、「介護の社会化」を促進する機能をもっているといえる。

2.　介護期及び老後の生活安定

　介護保険制度が施行され、多様な介護サービスが利用しやすくなっても、介護による家族介護者の離・転職者はとどまることなく、増加している。日本の総務省の就業構造基本調査によると、介護のための離・転職者は1999年に87,700人であったのが、2007年には144,800人となり、毎年増加しつつある．介護が家族介護者の経済的活動を阻害していることは先行研究からも明らかになっている。岩本ら（2001）の研究によると、家庭内に要介護者が発生すると、要介護者1人に介護者0.1人が仕事を断念せざるを得なくなり、それによる家計所得は、要介護状態の場合に、約11%、寝たきり状態の場合に、約15%減少すると報告している．これが介護の長期化とともに、要介護状態が悪化して介護にかかる費用が増加すると、家族介護者世帯の所得減少はますます大きくなる。それに加えて、「社会保障構造改革」（1996）と「社会福祉基礎構造改革」（1998）は、医療や社会福祉サービス利用に対する自己負担増と年金受給額の引き下げ、保険料増を惹き起こし、さらに家族介護者の経済的問題は大きくなる。

　その影響は、介護期間中に要介護者が利用する介護サービス利用量を抑制させたり、「生活の質」へ及んだりすることだけではなく、家族介護者とそ

の他の家族構成員の生活の質にも及ぼしている。また、その影響は介護の期間中だけの問題にとどまらず、介護が終わった後の家族介護者とその他の家族構成員の老後や経済的生活はもとより、その社会全体にも影響を及ぼしている。言い換えると、経済的問題は、高齢者介護の特徴上、介護がいつ終わるかがわからないため、介護する家庭と介護しない家庭の所得格差を拡大させるだけにとどまらない。老後生活の重要な収入源である年金のための保険料を経済的困窮のゆえに未納したり、あるいは厚生年金等から国民年金へと移ることで無年金になったり年金受給額が減ったりする等、老後の所得問題を引き起こすおそれもある。こうした老後の不安定な経済状況は、社会的排除や社会的孤立等を助長させかねなく、または、医療・福祉サービス利用を抑制させ、要介護者発生率を高める等、二次的な社会問題まで惹き起こすと思われる.

　したがって、家族介護者の所得保障は、こうした問題がおきないように、また、介護期だけではなく、介護がおわったあとの生活を安定させる機能をもっている点で大きな意味がある。

第3節　残された研究課題

　本研究が持つ限界点と残された課題を指摘すると、次のようである.

　第1に、本研究では、在宅で認知症高齢者を介護する家族介護者を対象にして、介護サービス利用が家族介護者の介護問題に及ぼす影響と、経済的問題がほかの介護問題に及ぼす影響を明らかにした。しかし、介護問題を抱えている家族介護者は、認知症高齢者を介護する家族介護者のみではない。それ以外の要介護者を家族介護者も認知症高齢者を介護する家族介護者と同様に介護問題を抱えている。

　したがって、認知症要介護者を介護する家族介護者のみを対象にして分析した本研究の調査結果は、一般化することには多少無理がある。そのため、

本調査の結果を一般化・理論化するためには、認知症要介護者だけでなく、それ以外の要介護者を介護する家族介護者まで調査対象を拡大する必要がある。

　第 2 に、本研究では、家族介護者の所得保障において、介護期だけでなく、介護後の所得保障問題まで視野に入れて家族介護者の所得保障の必要性を論じた。しかし、調査対象をみると、現在介護を行っている家族介護者のみを対象にしている。そのため、介護後の家族介護者の経済的問題に関する実証的な分析が欠けている。

　したがって、今後、介護期だけではなく、介護後の所得保障を論じるためには、経済的問題を抱えている家族介護者の生活が介護後、どうなっているのか。事例研究を通してその経緯を実証的に分析する必要がある。

　第 3 に、研究としては、初めて全市町村を対象にして介護手当の実態と課題を明らかにした点においては、評価できよう。調査の結果から、秋田県の上小阿仁村、埼玉県のときがわ町、新潟県の燕市、津南町、長野県の中川村、宮田村、京都府の南丹市、高知県の大富町等のいくつかの市町村では、介護保険制度の家族介護慰労金を上回る給付額や支給対象の拡大等、支給条件の緩和を行い、介護手当を積極的に実施していることが明らかになった。しかし、これらの市町村がなぜ他の市町村と異なって、積極的に実施することができたのか、その背景と形成過程、今後の展望等は、明確にされていない。

　したがって、今後、こうした点を明らかにするためには、事例研究を通して介護手当を積極的に実施している市町村と、そうではない市町村とを比較する必要がある。

　第 4 に、本研究の終章で、海外における家族介護者の所得保障について述べたとはいえ、十分とはいい難い。したがって、今後、家族介護者の所得保障の必要性に対する妥当性をさらに高めるために、国際比較の観点から、日本の経済的支援の位置づけや課題を明確する必要がある。

参考文献

【あ】

相野谷安孝・石川満・林泰則・ほか（2002）『緊急提案 介護保険見直しの焦点は何か』あけび書房

足立正樹編著（2000）『各国の介護保険』法律文化社

阿部志郎・井岡勉編（2003）『社会福祉の国際比較 - 研究の視点・方法と検証』有斐閣

安部良・中林美奈子、梶田逸子・ほか（2001）「家族介護者のショートステイサービス利用実態に関する調査」『富山医科薬科大学看護学会誌』4、109-115.

荒井由美子（1998）「Zarit 介護負担スケール日本語版の応用」『医学あゆみ』186（13）、930-931.

荒井由美子（2002）「在宅介護における介護負担と介護負担が介護者に及ぼす影響」『ジ - ピ - ネット（GP net）』49（8）、24-31.

荒井由美子（2005）「家族介護者の介護負担と居宅ケアの質の評価」『精神科』7（4）、339-344.

荒井由美子・杉浦ミドリ（2001）「介護保険制度は痴呆性高齢者を介護する家族の介護負担を軽減したか」『老年精神医学雑誌』12（5）、465-470.

新名理恵（1992）「痴呆性老人の家族介護の負担感とその軽減」『老年社会科学』14、38-44.

Pete Alcock and Gary Craig（2001）「INTERNATIONAL SOCIAL POLICY」（= 2003 埋橋孝文・所道彦・清水弥生・ほか共訳『社会政策の国際的展開 - 先進諸国における福祉レジーム』晃洋書房）

井岡勉（2002）「第4章 在宅福祉サービスの政策的展開」三浦文夫・高橋紘士・田端光美・ほか編『講座戦後社会福祉の総括と二一世紀への展望 III政策と制度』ドメス出版、210-230.

池田心豪（2010）「介護期の退職と介護休業 - 連続休暇の必要性と退職の決定要因」『日本労働研究雑誌』No.597、88-103.

石川恒夫・吉田克己・江口隆裕編（1997）『高齢者介護と家族 - 民法と社会保障法の接点 -』信山社

石田一紀（2004）「介護保険制度の（見直し）を問う - 介護福祉労働・要介護認定・現金給付 -」『月刊ゆたかなくらし』265、5-15.

一番ヶ瀬康子監修・高橋史子・林伸子・ほか（2001）『介護福祉ハンドブック デイサービスセンターの今日と明日』一橋出版

一瀬貴子（2004）「高齢家族介護者の〈ストレス発生過程〉に及ぼす〈介護に対して抱く生き甲斐感〉の影響」『関西福祉大学研究会』7号、91-107.

伊藤周平（2005）『「改正」介護保険と社会保障改革』山吹書店

伊藤周平（2007）「権利・市場・社会保障：生存権の危機から再構築へ」青木書店

伊藤周平（2008）『介護保険法と権利保障』法律文化社

今井裕美・飯田澄美子・松下和子・ほか（1988）「在宅要介護老人をとりまく介護者・家族関係に関する研究」『聖路加看護大学紀要』14、54-65.

今福恵子・深江久代・渡邊輝美・ほか（2004）「家族介護者による介護工夫とその関連要因」『静岡

県立大学短期大学部研究紀要』18、1-11.

岩本康志編（2001）『社会福祉と家族の経済学』東京経済新報社

永和良之助編著（2005）「高齢者福祉論」高菅出版

G. Esping-Andersen（1990）「The Three Worlds of Welfare Capitalism、Polity、Press」（= 2006 岡沢憲芙、宮本太郎訳『福祉資本主義の三つの世界 比較福祉国家の理論と動態』ミネルヴァ書房）

G. Esping-Andersen（1999）「Social Foundations of Postindustrial Economies」（= 2001 渡辺雅男渡辺景子訳『ポスト工業経済の社会的基礎—市場・福祉国家・家族の政治経済学』、桜井書店）

遠藤 忠・佐々木心彩・長嶋紀一（2008）「要介護（要支援）高齢者を居宅において介護している家族介護者の支援に関する心理学的検討 - 介護に関する話し合いや勉強会への参加状況と主観的 QOL および介護負担感について」『日本大学文理学部人文科学研究所研究紀要』75、175-188.

植村英晴・柳田正明（2006）「イギリスの介護施策と障害者施策」『海外社会保障研究』154、37-45.

上田照子（2004）「介護保険制度下における在宅要介護高齢者の家族の介護負担」『流通科学大学論集 - 人間・社会・自然編』16（3）、175-180.

内海静子（2004）「痴呆性高齢者とその家族の生活：通所事業所のサービス活動を通して」Quality nursing10（10）、915-921.

上野千鶴子（2011）『ケアの社会学 - 当事者主権の福祉社会へ』太田出版

漆博雄（1997）「第6章 老人医療の有料化と公的介護保険」八代尚宏『高齢化社会の生活保障システム』137-157.

OECD（2005）「Long-term Care for Older People」（= 2006 浅野信久訳『高齢者介護』新社会システム総合研究所）

尾之内直美（2004）「特集痴呆介護負担軽減のためのシステム 痴呆介護の負担軽減に向けたシステムの検討 - ほけ老人をかかえる家族の会愛知県支部の活動から」『老年精神医学雑誌』15（8）、949-955.

尾之内直美（2005）「家族会から生まれた介護教室オノウチ式家族支援プログラムによる家族支援」『訪問看護と介護』10（6）、485-492.

大塩まゆみ（1990）「在宅要介護老人の介護手当について」『総合社会保障』28（5）、74 - 84.

大塩まゆみ（1996）『家族手当の研究 - 児童手当から家族政策を展望』法律文化社

大泉哲子・高橋美岐子・藤沢緑子・ほか（2001）「高齢者虐待問題と専門職の課題に関する考察」『日本赤十字秋田短期大学紀要』5、1-10.

緒方泰子・橋本廸生・乙坂佳代（2000）「在宅要介護高齢者を介護する家族の主観的介護負担」『日本公衛誌』4、307-319.

緒方智子・三原博光（2003）「痴呆性老人に対する虐待の問題とその予防について」『山口県立大学看護学部紀要』7、149-153.

大友信勝（1998）『ボケが病院でつくられる - 介護と闘う家族 -』旬報社

大山直美・鈴木みずえ・山田紀代美（2001）「家族介護者の主観的介護負担における関連要因の分析」『老年看護学』6（1）、58-66.

尾上美保（2003）「在宅での家族介護者に対する情緒的サポートに関する実証的研究－高齢者介護における事例調査を通して－」『山形短期大学紀要』35、93-120.

小川栄二（1991）「第1章 家庭奉仕員派遣事業の実態と課題」河合克義編著（1991）『増補改訂版 これからの在宅福祉サービス - 住民のためのあるべき姿を求めて』あけび書房、18-55.

沖田裕子（2005）「認知症をめぐる現状と課題－本人と家族に何が起きているのかを知り、専門職の役割を考える」『訪問看護と介護』10（6）、438-443.

岡本多喜子（1989）「《特集：痴呆性老人の家族介護に関する研究》精神症状に問題のある老人の介護者にみる社会福祉サービスの利用要因」『社会老年学』29、44-50.

奥村芳孝・伊澤知法（2006）「スウェーデンにおける障害者政策の動向－高齢者ケア政策との異同を中心に－」『海外社会保障研究』154、46-59.

おちともこ（2010）『シングル介護 - ひとりでがんばらない！50のQ&A』NHK出版生活人新書

小原真知子（2001）「家族介護におけるソーシャルワークアセスメントの研究－高齢者家族介護の事例を通して」『久留米大学文学部紀要 社会福祉学科創刊号』1・2、31-41.

大和三重（2004）「介護保険制度3年後の課題－家族介護者のエンパワメントの必要性－」『関西学院大学社会学部』96号、179-191.

【か】

家計経済研究所編（2003）『介護保険導入後の介護費用と家計』財務省

「家族の会」調査報告書（2004）「痴呆の人の『思い』に関する調査」社団法人呆け老人をかかえる家族の会

加藤悦子（2005）『介護殺人 - 司法福祉の観点から』クレス出版

加藤佳子（2008）「高齢者の在宅介護継続を可能にする要件と介護継続意思に関連する要因」『岡山女子短期大学研究紀要』41、71-82.

加藤佳子・上田智子（2008）「高齢者の在宅介護継続のための要件と在宅介護継続意思に関連する要因－三年間の実態調査から」『法政論集』227、969-1005.

加藤久恵・兵藤好美（2006）「「介護者の会」参加によってもたらされる介護への影響－現役介護者の変化と介護終了者との相互作用－」『岡山大学医学部保健科学紀要』16、67-78.

神垣真澄・白澤政和（1990）「在宅痴呆性老人介護者の介護時間についての研究」『大阪市立大学社会福祉研究会研究紀要』7、59-72.

唐沢かおり（2006）「家族メンバーによる高齢者介護の継続意志を規定する要因」『社会心理学研究』22（2）、172-179.

唐沢かおり（2009）「高齢者介護における人間関係と家族介護者の精神的健康」『人間環境学研究』7（1）、1-7.

河合幸尾（1985）「第2章 日本における社会福祉の展開」、一番ヶ瀬康子・高島進編『講座社会福祉2 社会福祉の歴史』有斐閣、80-134.

菊池いづみ（2006）「家族ヘルパー派遣の決定要因 - 全村調査より」『大原社会問題研究雑誌』No.572、33-48.

菊池いづみ（2010）『家族介護への現金支払い - 高齢者介護政策の転換をめぐって -』公職研

菊地和則・中野いく子・中谷陽明・ほか（1996）「在宅要介護高齢者に対する家族（在宅）介護の質の評価とその関連要因」『日本老年社会科学会』18（1）、50-62.

鬼崎信好・増田雅暢・伊奈川秀和（2002）『世界の介護事情』中央法規

岸田研作・谷垣静子（2007）「在宅サービス何が足りないのか？- 家族介護者の介護負担感の分析 -」『医療経済研究機構』19（1）、21-35.

北素子（2002）「要介護高齢者家族の在宅介護プロセス：在宅介護のしわ寄せによる家族内ニーズの競合プロセス」『日本看護科学会誌』22（4）、33-43.

北浜伸介・武正誠一・嶋田智明（2003）「公的介護保険が患者の身体・心理面及び介護者の介護負担度に与えれ影響」『神戸大学保健紀要』第19巻、15-25.

木林身江子（2004）「痴呆性高齢者のQOLと愛吾者の介護負担感の関係」『静岡県立大学短期大学部研究紀要』第18号、191-200.

北村美波・西崎未和（2008）「在宅介護を継続している家族介護者が継続意欲を持つ要因」『川崎市立看護短期大学紀要』13（1）、1-10.

김영종（2005）『사회복지조사방법론（社会福祉調査方法論）』학지사

久世淳子・樋口京子・加藤悦子・ほか（2007）「NFU版介護負担感尺度の作成 – 介護保険制度導入前後の介護負担感に関する横断研究 –」『日本福祉大学情報社会科学論集』10、11-19.

桑原裕一・鷲尾昌一・荒井由美子・ほか（2002）「要介護高齢者を介護する家族の負担とその関連要因：福岡県京築地区における介護保険制度発足前後の比較」『J. Natl. Inst. Public Health』51（3）、154-167.

健康保険組合連合会（2000）『痴呆性（ぼけ）老人を抱える家族』全国実態調査報告書

權順浩（2007）「家族介護者の介護をどう評価すべきなのか - 介護手当をめぐる議論を中心に -」『龍谷大学大学院紀要 社会学・社会福祉学』14、79-95.

權順浩（2007）『在宅介護における家族介護者の現状と課題 - 介護保険制度成立以前と以後の比較を通して -』『龍谷大学社会学部紀要』31、1-14.

權順浩（2010）「韓国老人長期療養保険制度における在宅療養給付の現状と課題 - 家族介護者の生活保障の観点から -」『総合社会福祉研究』36、98-108.

厚生省（1996）「高齢者介護保険制度の創設について」ぎょうせい

厚生労働省（2002）『全国介護保険担当課長会議資料』No.2（http://www.mhlw.go.jp/topics/kaigo/kaigi/030908/sankou1.html、2009.7.23）

厚生労働省（2003）『全国介護保険担当課長会議資料』参考資料（http://www.mhlw.go.jp/topics/kaigo/kaigi/030908/sankou1.html、2009.7.23）

厚生労働省 a『平成 19 年度国民生活基礎調査』（http://www.mhlw.go.jp/toukei/saikin/hw/k-tyosa/k-tyosa07/2-3.html、2010.12.8）

厚生労働省 b『平成 21 年度国民生活基礎調査』（http://www.mhlw.go.jp/toukei/saikin/hw/k-tyosa/k-tyosa09/index.html、2010.12.8）

厚生労働省 c『平成 18 年度賃金構造基本統計調査（全国』（http://www.mhlw.go.jp/toukei/itiran/roudou/chingin/kouzou/z06/kekka1-2.html、2010.12.8）

厚生省労働省 d『 平成 21 年賃金構造基本統計調査（全国）結果の概況』（http://www.mhlw.go.jp/toukei/itiran/roudou/chingin/kouzou/z2009/index.html、2010.12.26）

小原美紀（2008）「親の介護と子の市場労働」『OSIPP』DP-2008-J-006、1-24.

小山剛（2004）「特集 痴呆介護負担軽減のためのシステム 家族・スタッフの介護負担軽減のためのケアマネジャーの役割」『老年精神医学雑誌』15（8）、936-942.

近藤克則（2000）「要介護高齢者は低所得層になぜ多いか - 介護予防策への示唆 -」『社会保険旬報』2073、6-11.

小室豊允・浅野仁編著（1989）『老人の在宅介護』中央法規出版

【さ】

斎藤久美子・木田和幸・木立るり子・ほか（2003）「在宅要介護高齢者を介護する介護者の介護負担感とその影響要因」『弘前大学医学部保健学科紀要』2、37-44.

齋藤純子（2009）「ドイツの介護休業法」『外国の立法』242、71 – 86.

坂田周一（1989）「《特集：痴呆性老人の家族介護に関する研究》在宅地方性老人の家族介護者の介護継続意志」『社会老年学』29、37-43.

坂爪聡子（2004）「介護の経済的視点：家族介護と介護サービス」『京都女子大学現代社会研究』6、39-47.

坂本重雄・山脇貞司編著（1996）『高齢者介護の政策課題』勁草書房

笹川拓也（2000）「高齢者の家族介護に関する事例研究」『吉備国際大学大学院社会学研究科論叢』2、1-19.

佐分厚子・黒木保博（2007）「家族介護者の家族会参加による介護への適応モデル」『日保学誌』10（2）80-88.

佐分厚子・黒木保博（2008）「家族介護者の家族会参加における 3 つの主要概念の関連性 – 共感・適用・家族介護継続意図を用いた構造方程式モデリング」『社会福祉学』49（3）、60-69.

佐藤豊道（1989）「《特集：痴呆性老人の家族介護に関する研究》痴呆性老人の特徴と家族介護に関する基礎的分析 – 特集への序論 -」『社会老年学』29、3-15.

澤田梢・島津明人・鈴木伸一（2005）「高齢者の在宅介護者における負担感と肯定的評価・ソーシャルサポートとの関連」『広島大学大学院心理臨床教育研究センター紀要』4、110-117.

塩田祥子（1999）「地方性高齢者の在宅介護者の負担と在宅ケアの課題」『皇學館大学社会福祉論

集』1、53-64.

冷水豊（1989）「《特集：痴呆性老人の家族介護に関する研究》痴呆性老人の家族介護に伴う客観的困難の類型」『社会老年学』29、17-26.

清水谷諭・野口晴子（2003）「長期間介護はなぜ解消しないのか？-要介護者世帯への介護サービス利用調査による検証」ESRI Discussion Paper Series No.70 .

清水谷諭・野口晴子（2004）『介護・保育サービス市場の経済分析』東洋経済新報社

柴原君江・内田健夫（2001）「高齢者・障害者に対する地域ケアネットワークづくりに関する研究－介護保険制度実施後の介護問題の変化」『人間福祉研究』4、49-66.

島津淳（2008）『介護保険制度と政策形成過程』kumi

杉澤秀博・中谷陽明・杉原陽子（2005）『介護保険制度の評価-高齢者・家族の視点から』三和書籍

鈴木久美子（2002）「主介護者以外の家族員が介護から受ける影響の特質」『自治医大看護大紀要』9、13-19.

鈴木玉緒（2007）『家族介護のもとでの介護殺人・心中事件」『広島法学』31（2）、101-118.

鈴木規子・谷口幸一・浅川達人（2004）「在宅高齢者の介護をになう女性介護者の「介護の意味づけ」の構成概念と規定要因の検討」『老年社会学』26（1）、68-77.

関根聴（2007）「高齢者介護をめぐる家族危機」『大阪女学院短期大学紀要』37、19-33.

全国介護保険事務研究会編著（1999）『介護保険と在宅サ-ビスーショートステイを中心として-』大成出版社

全国社会福祉協議会編著（1979）『在宅福祉サービスの戦略』全国社会福祉協議会

全国社会福祉協議会老人福祉施設協議会編（1986）『よりよい処遇のための事例シリーズ6 老人のデイケア』全国社会福祉協議会

総務省統計局『平成19年度家計調査』（http://www.stat.go.jp/data/kakei/2007np/gaikyo/index.htm、2010.12.8）

【た】

高見千恵・水子学・忠津佐和代・ほか（2003）「在宅高齢者の介護保険サービス利用状況の実態」『川崎医療福祉学会誌』13（2）、369-374.

高見千恵・忠津佐和代・中尾美幸・ほか（2005）「在宅高齢者の介護サービスに対する評価」『川崎医療福祉学会誌』14（2）、297-304.

高木修・田中泉（2003）「高齢者の在宅介護における援助授受の実態解明-主たる介護者を対象にした『介護に関するアンケ-ト調査』により-」『関西大学社会学部紀要』34（3）、129-171.

高崎絹子（2003）「ライフサイクルと介護をめぐる家族関係-高齢者虐待事例への家族介入と支援ネットワ-ク」『日本女性心身医学会雑誌』8（3）、248-260.

高橋和子・小林淳子（2003）「高齢者夫婦世帯における介護者のインフォーマルサポートの事態と

精神的健康の関連」『老年間語学』8（1）、5-13.

武政誠一・出川瑞枝・杉本雅晴・ほか（2005）「在宅高齢脳卒中片麻痺者の家族介護者の QOL に影響を及ぼす要因について」『神大保健紀要』21、23-30.

田近栄治・菊池潤（2005）「介護保険による要介護状態の維持・改善効果 - 個票データを用いた分析 -」『李刊社会保障研究』41（3）、248-262.

田近栄治・菊池潤（2006）「介護保険の何が問題か - 制度創設過程と要介護状態改善効果の検討」『財務省財務総合政策研究所「フィナンシャル・レビュー」』、157-186.

立松麻衣子・齋藤功子・西村一郎（2001）「在宅介護者の介護負担感とショートステイ利用効果」『日本家政学会誌』52（7）、617-626.

田中荘司（1990）「第 1 章 デイサービス事業とは」岩田克夫・田中荘司『デイサービスのすすめ - 開設・実践の手引き』全国社会福祉協議会、1-19.

田中共子・兵藤好美・田中宏二（2002）「在宅介護者のソーシャルサポートネットワークの機能 - 家族・友人・近所・専門職に関する検討」『社会心理研究』18（1）、39-50.

田中清美・武政誠一・嶋田智明（2007）「在宅要介護者を介護する家族介護者の QOL に影響を及ぼす要因」『神大保健紀要』23、13-22.

田中道子・赤木陽子・多久島寛孝・ほか（2007）「認知症高齢者の家族看護に関する研究 - 家族看護の 6 段階の発展過程と社会的支援 -」熊本保健科学大学保健科学研究誌 4、11-19.

장혜경（2005）『가족내 돌봄노동에 대한 사회적 지원방안 연구』한국여성개발원（チャンヘギョン（2005）『家庭内の介護労働に対する社会的支援法案研究』韓国女性開発院）

筒井孝子（2001）『介護サービス論 - ケアの基準化と家族介護のゆくえ』有斐閣

筒井孝子（2004）『高齢社会のケアサイエンス』中央法規

筒井孝子・東野定律・柳漢守・ほか（2008）「要介護高齢者の主介護者におけるソーシャル・サポートの評価に関する研究」『介護経営』3（1）、2-9.

東京都老人総合研究所社会福祉部門編（1996）『高齢者の家族介護と介護サービスニーズ』光生館

【な】

内閣府（2003）『高齢者介護に関する世論調査』（http://www8.cao.go.jp/survey/h15/h15-kourei/index.html、2007.3.20）

内閣府（2006）『在宅介護の現状と介護保険制度の見直しに関する調査』

内閣府国民生活局物価政策課（2002）『介護サービス市場の移送の効率化のために - 「介護サービス価格に関する研究会」報告書』

永井眞由美（2005）「認知症高齢者の家族介護力評価とその関連要因」『老年看護学』10（1）、34-40.

永瀬伸子（2000）「家族ケア・女性の就業と公的介護保険」『李刊社会保障研究』36（2）、187-199.

中原純（2005）「痴呆性高齢者の家族介護における負担感 - 介護者の態度と介護状況を通して -」『日本老年ケアと行動科学』10（2）、71-76.

中谷陽明（1999）「特集 痴呆老人の介護負担 痴呆性老人を介護する家族を支えるためのソーシャルワーカーの役割－介護保険の実施を踏まえて－」『老年精神医学雑誌』10（7）、819-823.

中谷陽明・東条光雅（1989）「《特集：痴呆性老人の家族介護に関する研究》家族介護者の受ける負担 - 負担感の測定と要因分析」『社会老年学』29、27-36.

長津美代子（2009）「親の介護は夫婦関係にどのように影響しているか－介護の困難性、介護サポートネットワーク、介護への価値付与との関連から」『群馬大学教育学部紀要芸術・技術・体育・生活科学編』44、153-162.

成見沙和・名和朋香・前里香緒里（2005）「仕事と介護の両立 - 介護休業制度の改革」ISFJ2005、政策フォーラム発表論文

成木弘子・飯田澄美子・野地有子・ほか（1996）「後期高齢者の主介護者における介護負担軽減に関する研究－主観的な介護負担感を構成する要素の検討」『聖路加看護大学紀要』22、1-13.

西向咲子・濱下智巳・北窓千夏・ほか（2002）「女性介護者の就労継続を阻害する要因と利用者要因」『神戸大学保健紀要』18、27-41.

西本真弓・七條達弘（2004）「親との同居と介護外勤女性の就業に及ぼす影響」『李刊家計経済研究』61、62-72.

日本地域福祉学会編著（1997）『地域福祉事典』中央法規

【は】

馬場純子（1998）「在宅痴呆性老人の家族介護者の負担感－継続評価による変化の想定とその要因分析の試み－」『人間福祉研究』1、97-116.

萩原清子（2000）『在宅介護と高齢者福祉のゆくえ』白桃書房

萩原清子（2001）「高齢者の在宅介護と家族介護支援体制の課題」『関東学院大学文学部紀要』93号、49-82.

萩原清子（2002）「在宅要介護高齢者と家族介護者支援政策研究の課題」『関東学院大学文学部紀要』95号、127-143.

萩原清子（2005）「家族介護者支援と介護者の権利」『関東学院大学文学部紀要』106、1-23.

渡辺晴子（1998）「ソーシャル・サポート・ネットワークのパースペクティブ」『社会問題研究』48（1）、117-138.

服部真理子（2004）「家族介護の変化と課題 - 介護保険制度の関連から -」『社会福祉研究』第88号、67-73.

濱島淑恵・宮川雅充（2008）「家族介護者の介護負担感と各種生活活動に対する主観的評価の関連－就労している家族介護者への支援制度の検討」『人間関係学研究』15（1）、1-12.

早坂聡久（2002）「要介護高齢者及び家族介護者を支援するサポートシステムに関する研究－家族介護者の孤独感と関連する要因分析をとおして」『現代福祉研究』2、83-102.

林葉子（2000）「在宅介護における主介護者のパ - ソナリティと介護負担との関係」『お茶の水女子

大学生活社会科学研究会生活社会科学研究』7、51-63.

林葉子（2005）「夫を在宅で介護する妻の介護役割受け入れプロセスにおける夫婦関係の変容－修正版グラウンデッド・セオリー・アプローチによる33事例の分析－」『老年社会学』27（1）、43-54.

박병현（2007）『복지국가의 비교－영국、미국、스웨덴、독일의 사회복지역사와 변천（福祉国家の比較－イギリス、アメリカ、スウェーデン、ドイツの社会福祉歴史と変遷）』공동체

東清巳・重富寛美・池本めぐみ（2000）「在宅介護における家族介護者の介護負担感と影響要因及びインフォ‐マルサポ‐トとの関係」『熊本大学教育学部紀要』49、11-21.

樋口京子・梅原健一・久世淳子・ほか（2009）「家族介護者の「介護に対する評価」の構造に関する研究」『日本福祉大学健康科学論集』12、39-47.

樋口美雄・黒澤昌子・酒井正・ほか（2006）『介護が高齢者の就業・退職決定に及ぼす影響』RIETI Discussion Paper Series 06-J-036

久塚純一（2001）『比較福祉論』早稲田大学出版部

平山亮（2010）「アメリカの家族介護支援」『男性介護ネット1周年協賛企画 男性介護研究会シンポジウム資料集』（立命館大学人間科学研究所）、27-39.

東野定律・筒井孝子（2003）「介護保険制度実施後の痴呆性高齢者に対する在宅の家族介護の実態」『東保学誌』5（4）、244-257.

東野定律・中島望・筒井孝子・ほか（2010）「続柄別にみた家族介護者の負担感と精神的健康の関連性」『静岡大学経営と情報』22（2）、97-108.

広瀬美千代・岡田進一・白澤政和（2006）「家族介護者の介護に対する認知的評価に関連する要因－介護に対する肯定・否定両側面からの検討－」『社会福祉学』47（3）、3-15.

廣部すみえ（2000）「介護者の介護負担に関する研究課題（1）－主観的介護負担とその関連要因－」『福井県大学看護短期大学部論集』第10・11号、67-80.

黄京蘭・関田康義（2004）「介護サ‐ビスに対する家族介護者の意識と評価に関する分析」『厚生の指標』51（7）、9-15.

兵藤好美・田中宏二・田中共子（2001）「介護者の自助グループにおける心理的機能に関する研究ノート」『岡山大学教育学部研究集録』118、173-180.

深江久代・今福恵子（1998）「痴呆性老人を介護する家族の危機適応過程」『静岡県立大学短期大学研究紀要』12（2）、239-250.

副田あけみ（1994）「第3章 デイサービスの展開」針生誠吉・小林良二編『高齢社会と在宅福祉』日本評論社、59-86.

福地義之助・冷水豊編著（1993）『高齢化対策の国際比較』第一法規

藤井憲子・水渓雅子（2002）「介護保険制度による通所サービスに対する利用者家族の満足度」『岐阜医療技術短期大学紀要』18、39-53.

藤田利治・石原伸哉・増田典子（1992）「要介護老人の在宅介護継続の阻害要因についてのケース・コントロール研究」『日本公衛誌』9、687-694.

藤田惠美子・浅沼佐紀・藤原佐和子・ほか（2002）「痴呆性老人を介護する嫁の介護負担間と認識段階との関係」『神戸大学保健紀要』第 18 巻、13 - 25.

古川孝順（2003）「2 比較社会福祉学の視点と方法」阿部志郎・井岡勉編（2003）『社会福祉の国際比較 - 研究の視点・方法と検証』有斐閣

古橋エッ子（1993）「第 6 章 育児・介護に対する休業保障」社会保障研究所『女性と社会保障』東京大学出版会、113-133.

古橋エッ子（1999）『介護休業 - 家族の介護が必要になったとき』岩波ブックレット No.475

古橋エッ子（2006）「高齢者虐待の実態と法的対応の課題」『日本法政学会政論シンポジウム』295-306.

呆け老人を抱える家族の会（1999）『介護費用に関する実態報告書』京都府支部

呆け老人を抱える家族の会（2006）『認知症の介護世帯における費用負担』調査報告書

保坂恵美子・松尾誠治郎・佐藤祐一・ほか（2004）「介護保険における痴呆性老人を抱える家族の介護負担と介護サービス評価について」『久留米大学文学部紀要社会福祉学科編』4、1-16.

干場功（2005）「若年発症者をめぐる現状と課題② 家族会の活動を通して支えあう」『訪問看護と介護』10（6）、481-484.

堀勝洋（1981）「日本型福祉社会論」『季刊社会保障研究』Vol.17、No.1、37 - 50.

堀田聰子（2008）『訪問介護員の定着・能力開発と雇用管理』東京大学社会科学研究所人材ビジネス研究寄付部門研究シリーズ No.11

本間昭（1999）「痴呆性老人の介護者にはどのような負担があるのか」『老年精神医学雑誌』10（7）、787-793.

望月紀子・新田静江・清水祐子（2005）「通所サービス利用高齢者の家族介護者に対する情緒教育的支援の介護負担感にみられる効果」『Yamanashi Nursing Journal』3（2）、27-32.

Abraham Monk and Carole Cox（1991）「Translated from the Auburn House edition of HOME CARE FOR THE ELDERLY」（= 1995、村川浩一・他訳『在宅ケアの国際比較―欧米 7 カ国にみる高齢者保健福祉の新機軸』中央法規出版）

【ま】

増田雅暢（2003）『介護保険見直しの争点 - 政策過程から見える今後の課題 -』法律文化社

増田雅暢編著（2008）『世界の介護保障』法律文化社

真鍋一史（2003）『国際比較調査の方法と解析』慶応義塾大学出版会

三田寺裕治（2000）「在宅要介護高齢者の家族介護者の介護ストレスとその対処行動に関する研究」『ユニベ - ル財団』、253-268.

三田寺裕治（2002）「要援護高齢者を介護する家族介護者の介護ストレスに関する研究」『淑徳短期大学研究紀要』41、83-96.

三田寺裕治（2003）「要援護高齢者の在宅介護継続を規定する要因 - 家族介護者の主観的要因を中

心に -」『淑徳短期大学研究紀要』42、87-101.

三田寺裕治・早坂聡久（2003）「家族介護者による在宅福祉サービスの評価」『構成の指標』第 50
　　巻第 10 号、1-22.

三富紀敬（2000）『イギリスの在宅介護者』ミネルヴァ書房

三富紀敬（2008a）「介護者支援に関するヨーロッパ生活労働諸条件改善財団の 93 年提言」『静岡大
　　学経済研究』13（3）、85-91.

三富紀敬（2008b）『イギリスのコミュニティケアと介護者 - 介護者支援の国際的展開 -』ミネル
　　ヴァ書房

三富紀敬（2010）『欧米の介護保障と介護者支援 - 家族政策と社会的包摂、福祉国家類型論 -』ミ
　　ネルヴァ書房

南山浩二（1997）「家族ケアとストレス - 要介護老人・精神障害者家族研究における現状と課題」
　　『家族社会学研究』9、77-90.

宮上多加子（2003）「痴呆性高齢者の家族介護に関する構造的分析（第一報）」『高知女子大学紀要
　　社会福祉学部編』52、25-37.

宮上多加子（2004a）「家族の痴呆介護実践力の構成要素と変化のプロセス - 家族介護者 16 事例の
　　インタビューを通して -」『老年社会科学』26（3）、330 - 339.

宮上多加子（2004b）「痴呆性高齢者を介護する家族の介護実践力向上に関する研究 - 家族会開放の
　　生涯学習資源としての意義 -」『高知女子大学紀要社会福祉学部編』、13 - 21.

宮上多加子（2007）「家族介護者の認知症介護に関する認識の変容プロセス」『高知女子大学紀要社
　　会福祉学部編』56、1-11.

宮永和夫編（2006）『若年認知症 - 本人・家族が紡ぐ 7 つの物語』中央法規

武藤宏典（2005）「介護保険制度における在宅介護 -「介護の社会化」とは -」『香川大学経済政策研
　　究』1（1）、25-44.

Sharan B. Merriam（1998）「QUALITATIVE RESEARCH AND CASE STUDY APPLICATIONS
　　IN EDUCATION」、堀薫夫、久保真人、成島美弥訳（2004）、『質的研究法入門 - 教育
　　における調査法とケーズスタディ』ミネルヴァ書店

【や】

矢島雅子（2003）「痴呆性高齢者の在宅介護支援の現状」『社会分析』30、145-162.

安田肇・近藤和泉・佐藤能啓（2001）「わが国における高齢者障害者を介護する家族の介護負担に
　　関する研究 - 介護者の介護負担間、主観的幸福感床 - ビングの関連を中心に -」『リハ
　　ビリテーション医学』38、481 - 489.

山田篤裕（2004）『居宅介護サービスの公平性 -『国民生活基礎調査（平成 13 年）』介護票に基づく
　　分析 -」「李刊社会保障研究」40（3）、224-235.

山下袈裟雄編（2001）『在宅ケア論』みらい

矢吹知之・加藤伸司・吉川悠貴・ほか（2006）「介護家族と施設職員の相互参加による教育的支援

プログラムの有効性に関する研究」『認知症介護研究・研修仙台センター研究年報』6、115-127.

結城美智子・飯田澄美子（1996）「在宅要介護高齢者の介護者における家族・身内とのかかわりと介護負担感との関連」『老年看護学』1（1）、42-54.

湯原悦子（2010a）「イギリスとオーストラリアの介護者法の検討 - 日本における介護者支援のために」『日本福祉大学社会福祉論集』第122号、41-52.

湯原悦子（2010b）「オーストラリアの家族介護支援」『男性介護ネット1周年協賛企画 男性介護研究会シンポジウム資料集』（立命館大学人間科学研究所）、17-26.

喜田安哲（2005）『データ分析とSPSS1- 基礎編 -』北樹出版

喜田安哲（2006）『データ分析とSPSS2- 展開編 -』北樹出版

【ら】

Giovanni Lamura、Hanneli Döhner、Christopher Kofahl（Eds.）（2008）『Family Carers of Older People in Europe、A Six-Country Comparative Study』、EUROFAMCARE

労働政策研究・研修機構（2005）『介護休業制度の導入・実施の実態と課題 - 厚生労働省「女性雇用管理基本調査」結果の再分析』労働政策研究報告書 No.21

労働政策研究・研修機構（2006a）『仕事と生活の両立 - 育児・介護を中心に』労働政策研究報告書 No.64

労働政策研究・研修機構（2006b）『介護休業制度の利用拡大に向けて - 介護休業制度の利用状況等に関する研究報告書』労働政策研究報告書 No.73

【わ】

和田勝編（2007）『介護保険制度の政策過程 – 日本・ドイツ・ルクセンブルク国際共同研究』東洋経新報者

渡辺晴子（1998）「ソーシャル・サポート・ネットワークのパースペクティブ」『社会問題研究』48（1）、117-138.

渡辺晴子（2005）「痴呆性高齢者のソーシャル・サポート・ネットワーク：社会的行動に関連する生活の質の人間関係要因とその特徴」『日本生命済生会』地域福祉研究 33、112-123.

資料1

相関関係

N=68

	①	②	③	④	⑤	⑥	⑦	⑧	⑨	⑩	⑪	⑫	⑬
介護負担①	1												
社会的負担②	.804**	1											
身体的負担③	.858**	.560**	1										
精神的負担④	.842**	.574**	.749**	1									
経済的負担⑤	.614**	.362**	.545**	.523**	1								
月収⑥	-.281*	-.272*	-.194	-.186	-.266*	1							
割合⑦	.346**	.334*	.301*	.212	.278*	-.364**	1						
介護費用額⑧	.132	.198	.182	.077	.053	.071	.713**	1					
訪問系⑨	-.203	-.109	-.275*	-.260*	-.140	.411**	-.020	.056	1				
通所系⑩	-.293*	-.202	-.214*	-.231	-.130	-.189	-.080	-.018	-.370**	1			
短期入所系⑪	.315**	.227	.342**	.278*	.308*	-.017	.257	.408**	-.266*	.019	1		
サービス数⑫	-.166	-.110	-.075	-.245*	.017	-.011	.137	.221	.259*	.291*	.274*	1	
利用限度額⑬	.019	-.019	.062	-.065	.205	.043	.296*	.454**	.070	.219	427**	.191	1

注1.　*p＜.05，　**p＜.01

2.　これらの結果は本稿の調査データを用いて相関関係を分析したものである．

資料2

雇用状態と仕事の変化のクロス表

			仕事の変化1			合計
			変わりがない	正規職から契約・パートへ	介護のため辞めた	
雇用状態	正規職	N	8	・	・	8
		%	11.8%	・	・	11.8%
	契約職・派遣	N	2	2	・	4
		%	2.9%	2.9%	・	5.9%
	パート（アルバイト）	N	3	2	・	5
		%	4.4%	2.9%	・	7.4%
	自営業	N	3	1	2	6
		%	4.4%	1.5%	2.9%	8.8%
	無職	N	25	・	20	45
		%	36.8%	・	29.4%	66.2%
合計		N	N	5	22	68
		%	%	7.4%	32.4%	100.0%

注1.　カイ2乗＝31.717，p＜0.001

2.　これらの結果は本稿の調査データを用いてクロス集計をしたものである．

資料3
都道府県別実施状況一覧（1）

都道府県	市町村数	制度有無			制度名称						事業		
		実施	未実施	実施率(%)	介護慰労	介護手当	激励金	見舞金	支援金	その他	単独事業	介護慰労金	両方
北海道	179	85	94	47.5	45	37	1	・	2	・	30	46	9
青森県	40	14	26	35.0	13	・	・	・	1	・	3	10	1
宮城県	35	17	18	48.6	15	2	・	・	・	・	4	13	・
岩手県	35	19	16	54.3	16	3	・	・	・	・	5	13	1
秋田県	25	13	12	52.0	12	・	・	・	・	1	1	9	3
山形県	35	14	21	40.0	9	1	4	・	・	・	5	7	2
福島県	59	16	43	27.1	9	4	3	・	・	・	8	6	2
茨城県	44	34	10	77.3	31	3	・	・	・	・	5	23	6
栃木県	30	23	7	76.7	5	18	・	・	・	・	13	2	8
群馬県	36	30	6	83.3	27	3	・	・	・	・	5	9	16
埼玉県	70	58	12	82.9	10	46	・	・	2	・	38	4	16
千葉県	56	41	15	73.2	25	9	・	・	7	・	8	32	1
東京都	62	16	46	25.8	13	2	1	・	・	・	2	13	1
神奈川県	33	14	19	42.4	10	1	・	3	・	・	3	9	2
新潟県	31	24	7	77.4	3	20	・	1	・	・	16	2	6
富山県	15	13	2	86.7	1	6	・	・	5	1	9	・	4
石川県	19	6	13	31.6	5	1	・	・	・	・	3	2	1
福井県	17	7	10	41.2	2	1	・	・	4	・	4	3	・
山梨県	28	12	16	42.9	11	1	・	・	・	・	5	4	3
長野県	80	38	42	47.5	27	8	・	・	3	・	31	4	3
岐阜県	42	22	20	52.4	17	2	2	・	1	・	13	8	1
静岡県	37	30	7	81.1	16	13	・	・	・	1	11	17	2
愛知県	60	35	25	58.3	14	16	・	3	1	1	15	13	7
三重県	29	17	12	58.6	10	7	・	・	・	・	3	10	4
滋賀県	26	5	21	19.2	・	・	4	・	1	・	5	・	・
京都府	26	17	9	65.4	11	・	4	1	1	・	5	9	3
大阪府	43	23	20	53.5	18	・	・	3	2	・	5	18	・
兵庫県	41	37	4	90.2	13	23	・	・	1	・	7	26	4
奈良県	39	11	28	28.2	10	1	・	・	・	・	・	9	2
和歌山県	30	12	18	40.0	10	2	・	・	・	・	2	10	・
鳥取県	19	6	13	31.6	5	・	・	・	1	・	1	5	・
島根県	21	6	15	28.6	6	・	・	・	・	・	・	5	1
岡山県	27	20	7	74.1	10	7	2	・	・	1	5	7	8
広島県	23	16	7	69.6	12	2	2	・	・	・	3	10	3
山口県	20	12	8	60.0	7	・	・	5	・	・	3	7	2
徳島県	24	11	13	45.8	9	1	・	1	・	・	2	8	1
香川県	17	14	3	82.4	3	8	・	2	1	・	8	3	3
愛媛県	20	19	1	95.0	6	13	・	・	・	・	15	3	1
高知県	34	15	19	44.1	3	6	・	・	6	・	11	3	1
福岡県	66	31	35	47.0	10	17	3	・	・	1	21	9	1
佐賀県	20	8	12	40.0	4	3	・	1	・	・	5	3	・
長崎県	23	10	13	43.5	5	・	・	5	・	・	4	5	1
熊本県	47	21	26	44.7	9	12	・	・	・	・	12	9	・
大分県	18	15	3	83.3	5	9	・	1	・	・	6	4	5
宮崎県	28	17	11	60.7	4	13	・	・	・	・	11	4	2
鹿児島県	45	31	14	68.9	5	25	・	・	・	1	21	4	6
沖縄県	41	16	25	39.0	12	2	・	2	・	・	3	12	1
計	1,795	971	824	54.1	523	348	26	28	39	7	395	432	144

＊秋田県の平均額は上小阿仁村を除いて概算した額である（91,528）。石川県の川北町を除くと 944,000

都道府県別実施状況一覧 (2)

都道府県	対象	支給対象			認知症対象		支給目的						
		家族	要介護者	両方	対象	対象外	経済的負担軽減	心身負担軽減	慰労	労い	激励	福祉向上増進	その他
北海道	85	83	2	・	83	2	24	4	25	18	1	10	3
青森県	14	14	・	・	14	・	・	2	12	・	・	・	・
宮城県	17	17	・	・	17	・	・	・	10	7	・	・	・
岩手県	19	19	・	・	19	・	10	3	4	2	・	・	・
秋田県	13	13	・	・	13	・	3	・	9	・	・	・	1
山形県	14	14	・	・	14	1	5	・	3	・	5	1	・
福島県	16	16	・	・	16	・	5	・	1	1	・	9	・
茨城県	34	32	2	・	34	・	3	1	12	・	2	16	・
栃木県	23	23	・	・	23	・	1	1	3	9	4	5	・
群馬県	30	30	・	・	30	・	・	・	30	・	・	・	・
埼玉県	58	32	10	16	58	・	11	2	4	6	・	35	・
千葉県	41	39	・	2	41	・	18	2	11	・	・	9	・
東京都	16	15	1	・	16	・	8	・	7	・	1	・	・
神奈川県	14	14	・	・	14	・	3	・	10	1	・	・	・
新潟県	24	24	・	・	24	・	7	3	7	1	・	5	・
富山県	13	9	2	2	13	・	2	・	1	・	・	10	・
石川県	6	6	・	・	6	・	1	・	2	・	1	2	・
福井県	7	6	1	・	7	・	・	1	2	・	・	3	・
山梨県	12	12	・	・	12	・	2	・	5	3	2	・	・
長野県	38	38	・	・	38	・	1	・	23	8	1	5	・
岐阜県	22	22	・	・	22	・	2	・	5	13	・	2	・
静岡県	30	30	・	・	30	・	3	2	11	11	・	3	・
愛知県	35	33	1	1	35	・	1	6	17	・	・	11	・
三重県	17	15	・	2	17	・	5	・	8	1	・	3	・
滋賀県	5	5	・	・	5	・	・	・	・	4	1	・	・
京都府	17	17	・	・	17	・	4	・	6	1	3	3	・
大阪府	23	20	3	・	23	・	5	1	14	・	1	2	・
兵庫県	37	37	・	・	37	・	27	・	8	1	・	1	・
奈良県	11	10	・	1	11	・	3	1	6	1	・	・	・
和歌山県	12	12	・	・	12	・	2	1	7	・	・	1	1
鳥取県	6	6	・	・	6	・	3	・	3	・	・	・	・
島根県	6	6	・	・	6	・	1	3	2	・	・	・	・
岡山県	20	20	・	・	20	・	7	・	4	4	・	5	・
広島県	16	16	・	・	16	・	2	・	12	・	1	1	・
山口県	12	11	1	・	12	・	・	・	10	・	2	・	・
徳島県	11	11	・	・	11	・	1	・	9	・	・	1	・
香川県	14	14	・	・	14	・	3	1	3	・	5	2	・
愛媛県	19	19	・	・	19	・	7	1	4	・	4	6	・
高知県	15	13	2	・	15	・	2	3	5	1	2	1	1
福岡県	31	31	・	・	31	・	5	3	9	11	・	3	・
佐賀県	8	8	・	・	8	・	1	・	・	5	・	2	・
長崎県	10	10	・	・	10	・	・	・	3	5	・	・	・
熊本県	21	21	・	・	21	・	13	・	8	・	・	・	・
大分県	15	15	・	・	15	・	6	3	2	3	・	1	・
宮崎県	17	17	・	・	17	・	6	2	1	4	・	4	・
鹿児島県	31	29	1	1	31	・	2	・	5	17	・	7	・
沖縄県	16	14	1	1	16	・	9	1	4	・	・	2	・
計	971	917	28	26	968	3	226	45	342	146	31	172	9

都道府県別実施状況一覧（3）

都道府県	対象	支給平均額（万円）							最低額	最高額	平均額
		3 未満	3以上 6未満	6以上 9未満	9以上 12未満	12以上 15未満	15以上 18未満	18 以上			
北海道	85	・	9	10	44	13	1	8	25,000	360,000	104,614
青森県	14	・	3	1	10	・	・	・	20,000	100,000	85,000
宮城県	17	1	2	1	13	・	・	・	24,000	100,000	85,294
岩手県	19	1	・	3	14	・	・	1	18,000	180,000	95,474
秋田県	13	・	1	2	8	1	・	1	30,000	1,224,000	165,564
山形県	14	4	1	2	7	・	・	・	10,000	100,000	68,750
福島県	16	・	3	4	6	2	・	1	30,000	180,000	87,016
茨城県	34	2	7	6	17	2	・	・	20,000	180,000	78,010
栃木県	23	・	6	6	9	2	・	・	20,000	144,000	76,971
群馬県	30	・	1	14	11	3	1	・	20,000	300,000	87,917
埼玉県	58	・	7	32	10	6	1	2	20,000	396,000	82,012
千葉県	41	・	1	3	30	4	3	・	30,000	158,400	102,388
東京都	16	・	1	1	13	・	・	1	60,000	300,000	102,500
神奈川県	14	1	2	5	6	・	・	・	10,000	100,000	75,357
新潟県	24	・	3	14	6	・	・	1	20,000	180,000	76,641
富山県	13	1	4	7	・	1	・	・	24,000	120,000	58,641
石川県	6	・	1	2	2	・	1	1	36,000	600,000	178,667
福井県	7	・	・	3	3	1	・	・	60,000	120,000	84,286
山梨県	12	2	5	3	1	1	・	・	10,000	120,000	54,250
長野県	38	・	12	10	8	6	・	2	24,000	180,000	81,706
岐阜県	22	1	2	10	5	2	・	2	20,000	360,000	100,455
静岡県	30	・	4	8	15	3	・	・	24,000	120,000	84,800
愛知県	35	2	2	18	13	・	・	・	24,000	100,000	75,060
三重県	17	・	1	5	9	2	・	・	24,000	120,000	90,020
滋賀県	5	1	・	4	・	・	・	・	20,000	60,000	52,000
京都府	17	1	4	3	8	・	・	1	20,000	360,000	80,196
大阪府	23	・	・	2	18	1	・	・	6,500	120,000	90,717
兵庫県	37	・	・	・	24	12	・	1	100,000	180,000	109,892
奈良県	11	・	1	1	9	・	・	・	10,000	100,000	93,030
和歌山県	12	・	1	2	9	・	・	・	48,000	100,000	91,000
鳥取県	6	・	・	1	5	・	・	・	60,000	100,000	93,333
島根県	6	・	・	1	4	・	・	1	60,000	240,000	106,667
岡山県	20	・	4	4	9	1	1	1	10,000	200,000	93,200
広島県	16	・	・	5	10	1	・	・	20,000	120,000	89,688
山口県	12	・	2	3	7	・	・	・	30,000	105,000	82,167
徳島県	11	1	・	2	8	・	・	・	6,000	100,000	84,364
香川県	14	・	1	7	4	1	・	1	15,000	240,000	90,964
愛媛県	19	・	・	13	5	・	・	1	36,000	180,000	80,228
高知県	15	・	・	5	5	3	・	2	60,000	360,000	116,400
福岡県	31	・	・	1	9	9	1	11	60,000	264,000	147,807
佐賀県	8	・	・	2	4	2	・	・	50,000	144,000	94,625
長崎県	10	・	2	5	3	・	・	・	25,000	100,000	71,450
熊本県	21	・	1	2	9	7	・	2	50,000	240,000	112,857
大分県	15	・	1	7	5	2	・	・	20,000	120,000	85,133
宮崎県	17	・	・	3	4	4	・	6	60,000	240,000	143,177
鹿児島県	31	・	5	12	11	3	・	・	20,000	144,000	79,371
沖縄県	16	1	1	1	12	1	・	・	10,000	120,000	90,313
計	971	21	101	255	442	96	9	47	6,000	1,224,000	93,081

都道府県別実施状況一覧（4）

都道府県	対象	所得制限			支給条件（制限）									要介護度（から）					
		なし	一部	あり	なし	所得	一部所得	年齢	居住	所得年齢	所得居住	所得年齢居住	年齢居住	要支援	要介護1	要介護2	要介護3	要介護4,5	単独判断
北海道	85	27	2	56	15	35	1	2	4	6	10	10	2	・	・	2	12	58	14
青森県	14	2	・	12	1	11	・	・	1	1	・	・	・	・	・	1	・	12	1
宮城県	17	3	・	14	・	7	・	・	1	1	・	6	2	・	・	・	・	14	3
岩手県	19	4	・	15	2	11	・	・	2	・	4	・	・	・	・	・	・	1	18
秋田県	13	5	1	7	2	5	1	1	2	・	2	・	・	・	・	・	3	10	・
山形県	14	6	1	7	5	5	1	1	・	・	1	1	・	・	・	・	・	12	2
福島県	16	5	・	11	5	・	1	5	・	3	1	2	3	・	・	・	1	11	3
茨城県	34	10	2	22	1	4	・	8	・	14	4	2	1	・	・	1	9	21	3
栃木県	23	9	7	7	3	2	1	1	3	3	6	2	2	・	・	・	8	13	2
群馬県	30	11	15	4	・	・	5	10	・	12	・	2	1	・	2	・	・	27	1
埼玉県	58	28	12	18	2	1	・	7	2	14	1	13	18	・	・	1	5	32	20
千葉県	41	10	・	31	1	11	・	3	・	8	11	2	5	・	・	・	1	35	5
東京都	16	2	1	13	1	4	・	1	・	・	7	3	・	・	・	1	1	14	・
神奈川県	14	5	2	7	2	4	1	2	1	1	2	1	・	・	・	・	1	10	3
新潟県	24	13	4	7	4	1	1	4	2	2	3	3	4	1	2	・	11	6	4
富山県	13	3	1	9	2	・	・	1	7	・	3	・	・	・	・	・	4	7	2
石川県	6	4	・	2	1	1	・	2	1	・	1	・	1	・	・	・	2	3	1
福井県	7	1	1	5	・	2	・	・	3	・	・	1	1	・	・	1	2	3	1
山梨県	12	12	・	・	1	・	・	1	2	・	・	・	8	・	・	・	1	7	3
長野県	38	28	・	10	5	3	・	3	8	・	2	5	12	・	1	4	25	5	3
岐阜県	22	16	・	6	5	4	・	1	8	2	・	・	2	・	・	・	8	10	4
静岡県	30	12	1	17	1	5	・	3	2	1	7	5	7	・	1	・	7	20	3
愛知県	35	12	6	17	5	13	3	3	2	4	1	2	・	・	1	・	8	22	4
三重県	17	4	3	10	2	4	1	1	2	3	2	1	・	・	・	1	・	13	2
滋賀県	5	5	・	・	・	・	・	・	3	・	・	・	2	・	・	・	1	3	1
京都府	17	5	・	12	・	7	・	1	2	・	5	・	2	・	・	・	5	12	・
大阪府	23	2	・	21	・	7	・	2	・	4	6	4	・	・	・	・	20	3	・
兵庫県	37	6	4	27	2	17	・	3	・	5	2	4	2	・	・	・	4	32	1
奈良県	11	・	1	10	・	8	1	・	・	1	・	1	・	・	・	・	・	11	1
和歌山県	12	3	・	9	2	9	・	・	・	・	・	・	1	・	・	・	・	11	1
鳥取県	6	1	・	5	1	3	・	・	・	1	・	・	・	・	・	・	1	5	・
島根県	6	・	・	6	・	・	・	・	・	2	・	・	・	・	・	・	・	6	・
岡山県	20	5	6	9	1	5	2	1	1	1	4	3	2	・	・	・	3	14	3
広島県	16	2	3	11	1	7	2	1	・	1	3	1	・	・	・	・	2	12	2
山口県	12	4	2	6	1	6	1	2	・	1	・	・	1	・	・	・	・	9	3
徳島県	11	2	1	8	1	8	1	1	・	1	・	・	・	・	・	・	1	8	2
香川県	14	6	3	5	3	2	1	2	・	2	2	1	1	・	・	・	・	7	7
愛媛県	19	2	4	13	・	3	1	1	・	4	・	9	1	・	・	・	2	8	9
高知県	15	4	・	11	3	7	・	1	・	2	1	1	・	・	1	1	4	7	2
福岡県	31	16	・	15	7	11	・	6	1	4	・	・	2	・	・	・	5	21	5
佐賀県	8	3	・	5	1	3	・	・	1	2	1	・	・	・	・	・	1	3	4
長崎県	10	6	1	3	2	1	・	3	・	1	2	・	1	・	・	・	1	6	3
熊本県	21	9	・	12	3	9	・	3	2	・	3	・	1	・	・	1	3	13	4
大分県	15	5	5	5	・	2	・	2	1	4	3	1	2	・	・	・	1	13	1
宮崎県	17	9	2	6	2	2	・	1	3	2	1	4	・	・	・	・	1	11	5
鹿児島県	31	15	5	11	1	・	7	2	8	・	1	5	・	・	・	6	2	12	11
沖縄県	16	2	1	13	・	11	・	2	・	2	1	・	・	・	・	・	1	11	3
計	971	344	97	530	93	274	26	89	61	129	100	99	100	1	8	19	148	643	152

地域別介護手当実施状況一覧（1）

地域	市町村数	制度有無			制度名称						支給事業		
		実施	未実施	実施率（%）	介護慰労	介護手当	激励金	見舞金	支援金	その他	単独事業	介護慰労金	両方
北海道・東北	408	178	230	43.6	119	47	8	・	3	1	56	104	18
関東	331	216	115	65.3	121	82	1	3	9	・	74	92	50
中部	329	187	142	52.1	96	58	2	4	14	3	107	53	27
近畿	234	122	112	52.1	72	33	8	4	5	・	27	82	13
中国	110	60	50	54.5	40	9	4	5	1	1	12	34	14
四国	95	59	36	62.1	21	28	・	3	7	・	36	17	6
九州・沖縄	288	149	139	51.7	54	81	3	9	・	2	83	50	16
計	1,795	971	824	54.1	523	348	26	28	39	7	395	432	144

地域別介護手当実施状況一覧（2）

地域	対象	支給対象			認知症対象		支給目的						
		家族	要介護者	両方	対象	対象外	経済的負担軽減	心身負担軽減	慰労	労い	激励	福祉向上増進	その他
北海道・東北	178	176	2	・	175	3	47	9	64	28	6	20	4
関東	216	185	12	18	216	・	44	6	77	16	7	65	1
中部	187	179	5	3	187	・	19	12	73	36	4	41	2
近畿	122	116	3	3	122	・	46	3	49	8	5	10	1
中国	60	59	1	・	60	・	13	3	31	4	3	6	・
四国	59	57	2	・	59	・	13	3	16	9	6	11	1
九州・沖縄	149	145	2	2	149	・	44	9	32	45	・	19	・
計	971	917	28	26	968	3	226	45	342	146	31	172	9

地域別介護手当実施状況一覧（3）

地域	対象	支給平均額（万円）							最低額	最高額	平均額
		3未満	3以上6未満	6以上9未満	9以上12未満	12以上15未満	15以上18未満	18以上			
北海道・東北	178	6	19	23	102	16	1	11	10,000	1,224,000	101,299
関東	216	3	25	67	96	17	5	3	10,000	396,000	86,619
中部	187	6	33	74	53	14	1	6	10,000	600,000	82,235
近畿	122	4	7	17	77	15	・	2	6,500	360,000	93,619
中国	60	・	6	14	35	2	1	2	10,000	240,000	91,417
四国	59	1	1	27	22	4	・	4	6,000	360,000	92,743
九州・沖縄	149	1	10	33	57	28	1	19	10,000	264,000	107,651
計	971	21	101	255	442	96	9	47	6,000	1,224,000	93,081

地域別介護手当実施状況一覧（4）

地域	対象	所得制限			支給条件（制限）									要介護度（から）					
		なし	一部	あり	なし	所得	一部所得	年齢	居住	所得年齢	所得居住	所得年齢居住	年齢居住	要支援	要介護1	要介護2	要介護3	要介護4,5	単独判断
北海道・東北	178	52	4	122	26	79	3	5	10	11	18	19	7	・	・	3	17	135	23
関東	216	75	39	102	10	26	7	32	6	52	31	25	27	・	2	3	25	152	34
中部	187	101	13	73	24	29	4	14	27	20	13	19	37	1	5	4	67	85	25
近畿	122	25	8	89	6	52	4	7	6	12	14	13	8	・	・	1	11	102	8
中国	60	12	11	37	4	25	5	4	1	4	9	5	3	・	・		6	46	8
四国	59	14	8	37	7	20	3	5	・	8	3	11	2	・	1	1	7	30	20
九州・沖縄	149	65	14	70	16	43	・	22	11	22	12	7	16	・	・	7	15	93	34
計	971	344	97	530	93	274	26	89	61	129	100	99	100	1	8	19	148	643	152

あとがき

　本書は、龍谷大学大学院社会学研究科より、博士（社会福祉学）の学位を授与された博士論文「在宅家族介護者の所得保障に関する研究」（2014年3月14日）に加筆・修正を加えたものである。

　私が家族介護者の介護問題について関心をもつようになったのは、学部時代、恩師の博士論文を読んでからである。その頃、韓国では、家族介護者の介護負担軽減と要介護者の心身機能の維持・向上を目的としたデイサービス事業が地域ごとに普及されていく時期であった。社会福祉実習を認知症型デイサービスセンターで行ったこともあり、デイサービスセンターがその目的通りにデイサービスを利用すれば、本当に家族介護者の介護負担が軽減されているのかというところに疑問を抱いた。

　その理由で、卒論では、デイサービスを利用している家族介護者を対象として、デイサービス利用による介護負担の傾向を調べた。その結果、デイサービスを利用し始めてから3か月までは介護負担が軽減される傾向がみられたが、3か月以降になると、徐々に重くなる傾向がみられた。その結果から、要介護者への支援のみで家族介護者の介護負担の軽減は困難であり、介護負担を改善するためには、家族介護者への直接的な支援が必要であることに気が付いた。

　卒業後、韓国のある地域の老人総合福祉館に社会福祉士として就職し、デイサービス事業を担当することになった。利用定員が7人である小規模の認知症型デイサービスであった。そのとき、はじめて、家族介護者の生々しい声で、そして自分の目で在宅介護に対する苦労・困難、おかれた介護環境、家族に対する思いなど、家族介護の現実を実感することができた。

　社会福祉士として、どうすれば家族の介護問題を少しでも改善できるか悩んだ末、①家族との信頼関係の構築と情緒的連帯感を形成するため、2週間に1回の定期面談と、②心理的安定感を保ってもらうための24時間相談体

制、③身体的・精神的な面をサポートするため、認知症の進行や症状別受け方やかかわり方、介護方法などの情報提供などを行った。

　社会福祉現場職員だからこそ、できることもある反面、その限界もあった。その限界を乗り越えていくために、日本への留学を決めた。

　2005年、大学院に入学したが、当時日本では、介護保険制度が実施され、介護サービスが利用しやすくなったため、家族の介護問題は改善されたという雰囲気が圧倒的であった。その理由なのかどうかわからないが、家族の介護問題に関する研究も量的に一気に減っている時期でもあった。

　日本の家族介護の現実においては、滋賀・京都・大阪「認知症の人と家族の会」のつどいに参加して、家族との交流を通して知ることができた。「認知症の人と家族の会」は、調査のご協力もいただいた。心から感謝申し上げたい。特に、滋賀支部には、長年にわたってお世話になり、そのつどいに参加させていただき、家族介護について多くの話をしていただき、ときには温かい励ましのお言葉も多くいただいたので、家族介護者の皆様にお礼を申し上げたい。

　私が家族の介護問題のなかでも所得問題に注目したのは、本書の初めのところに書いているが、2005年、京都で起きた認知症の母親と息子の心中未遂事件がきっかけであった。先進国であり、社会保障制度の充実や経済大国といわれている日本で介護の経済的問題が原因で心中を図ったという事件は、私にとって大きなショックであった。

　それがきっかけで研究をはじめ、本書が出版されるようになった。本書を出版するに至るまで多くの方々からお力添えをいただいた。特に、大友信勝先生と松渓憲雄先生、川田誉音先生、故山辺朗子先生に心より感謝申し上げたい。

　大友先生には、東洋大学の先生の研究室で初めてご挨拶を差し上げてから今日まで大変お世話になっており、どう感謝すればよいのか、言葉では言い表せないほど多くの教えを賜った。先生が龍谷大学を定年退職されるまで主

指導、定年退所後は、副指導をお引き受けいただいた。日本の制度・政策は
もちろん、日本の文化や歴史など、何か気になったことがあれば、アポイン
トもとらず、いきなり先生の研究室に伺い、ご質問させていただいたことが
何度もあった。その度、お忙しいにもかかわらず、丁寧に教えていただき、
それが今の私の糧になっている。また、博士論文があまり進まず、留学生活
に対する懐疑、将来への不安などもあって、日本での生活を片付けて帰国し
ようと思ったこともあった。そのとき、「権さんに是非博士号をとってもら
いたい。私も頑張るから、もう一年一緒に頑張ろう」という先生の温かい励
ましのお言葉がなかったら、私が博士学位をとることも、今の自分も存在し
なかったと思う。先生には、社会福祉に関する知識だけでなく、研究者とし
て、教育者として、そして、ひとりの人間としてどう生きるべきなのかを教
えていただいた。博士論文の書籍化を最も薦めていただいたのも先生であ
る。敬愛する先生に心よりお礼を申し上げたい。

そして、大友先生が主催される社会福祉原論研究会の皆様にも多くのご助
言と励ましのお言葉をいただいたので、心より感謝申し上げたい。

松渓先生には、長年にわたっての副指導と、大友先生が龍谷大学を定年退
職されてから主指導をお引き受けいただいた。私が関西弁に慣れたのは、先
生のおかげである。来日して東京で日本語の勉強をしたこともあり、関西弁
には慣れていなかった。正直に言うと、何を言っているのか、理解できない
ことも多かった。日本の社会保障制度を学ぶために、先生にお願いして、学
部授業を聴講したことがある。意図したわけではなかったが、早口で関西弁
の授業を毎週受けると、自然に慣れるようになった。先生は、先生に書いた
ものを出すと、真っ赤になって返ってくることが多かったため、大学院生の
なかでは「赤ペン」先生といわれるほど、厳しい指導を受けた。でも、い
ま、文書を書くときや学生を指導するとき、その時の厳しい教えに大変救わ
れている。一方で、2005年、私が龍谷大学社会学研究科に入ったときは、
留学生が私しかいなかったので、一人で寂しい思いをするのではないか、

けっこう気にかけていただき、精神的に支えていただいた。先生に対する感謝の気持ちは、すべて言い表せることはできないが、わずかでありながら、心より感謝の気持ちを伝えたい。

　川田先生には、先生が龍谷大学を定年退職されるまで副指導をお引き受けいただいた。研究指導を受けるため、先生の研究室に伺うと、あまり時間がないとおっしゃりながらも、指導が始まると、辞書や関連文献まで調べながら、書いた文書の意図や一つひとつの表現まで、丁寧かつ細かく一度に2時間以上もご指導を受けたことが少なくない。先生のおかげで言葉の使い方や重要性、学生とのかかわり方などを教えていただいた。先生の丁寧で優しいご指導は忘れられない。心より感謝申し上げたい。

　山辺先生には、川田先生の定年退職後、副指導をお引き受けいただいた。先生には、博士論文の指導だけでなく、悩みごとがあると、いつも気軽く相談にのっていただき、精神的サポートまでいただいた。しかし、先生は、残念ながら、私が博士学位をとってからまもなく永遠の眠りについてしまわれた。先生の安らかな眠りを願いつつ、先生のご指導に心より感謝を申し上げたい。

　さらに、あいり出版の石黒憲一氏には、本書の出版を快くお引き受けいただいた。ご多忙の中、打ち合わせの時間を賜り、出版・編集に関するご助言・ご指導をいただいた。心より感謝申し上げたい。

　本書は、上記の方々をはじめ、筆者にかかわったすべての方々の支えあってこそ実現したものである。改めてお礼を申し上げたい。

　最後に、いつも後ろで支えてくれた愛する家族に本書を捧げたい。

2020 年 11 月 8 日

權　順浩

【プロフィール】

權　順浩（クォン　スンホ）　社会福祉学博士

2014 年　龍谷大学大学院社会学研究科博士後期課程社会福祉学専攻終了
現　神戸親和女子大学講師

主著
韓国における新たな自立支援戦略、高菅出版、2013 年（共著）
社会福祉研究のこころざし、法律文化社、2017 年（編著）

家族介護と経済的支援
_____
2020 年 12 月 15 日　初版　第 1 刷　発行　　　　　　定価はカバーに表示しています。

編　者　　權　順浩
発行所　　（株）あいり出版
　　　　　〒600-8436　京都市下京区室町通松原下る
　　　　　　　　　　　元両替町 259-1　ベラジオ五条烏丸 305
　　　　　電話／ＦＡＸ　075-344-4505　http://airpub.jp/
発行者　　石黒憲一
印刷／製本　モリモト印刷（株）
_____
©2020　ISBN978-4-86555-082-5　C3036　Printed in Japan